Verkehrsmanagementzentralen in Kommunen

Lizenz zum Wissen.

Sichern Sie sich umfassendes Technikwissen mit Sofortzugriff auf
tausende Fachbücher und Fachzeitschriften aus den Bereichen:
Automobiltechnik, Maschinenbau, Energie + Umwelt, E-Technik,
Informatik + IT und Bauwesen.

Exklusiv für Leser von Springer-Fachbüchern: Testen Sie Springer
für Professionals 30 Tage unverbindlich. Nutzen Sie dazu im
Bestellverlauf Ihren persönlichen Aktionscode C0005406 auf
www.springerprofessional.de/buchaktion/

**Jetzt
30 Tage
testen!**

Springer für Professionals.
Digitale Fachbibliothek. Themen-Scout. Knowledge-Manager.

- Zugriff auf tausende von Fachbüchern und Fachzeitschriften
- Selektion, Komprimierung und Verknüpfung relevanter Themen
  durch Fachredaktionen
- Tools zur persönlichen Wissensorganisation und Vernetzung

www.entschieden-intelligenter.de

Springer für Professionals

Michael Sandrock · Gerd Riegelhuth
(Hrsg.)

Verkehrsmanagement-
zentralen in Kommunen

Eine vergleichende Darstellung

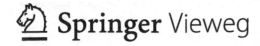 Springer Vieweg

Michael Sandrock
TelematicsPRO e.V.
Berlin
Deutschland

Gerd Riegelhuth
Hessen Mobil
Wiesbaden
Deutschland

ISBN 978-3-658-04390-2
DOI 10.1007/978-3-658-04391-9

ISBN 978-3-658-04391-9 (eBook)

Die Deutsche Nationalbibliothek verzeichnet diese Publikation in der Deutschen Nationalbibliografie; detaillierte bibliografische Daten sind im Internet über http://dnb.d-nb.de abrufbar.

Springer Vieweg
© Springer Fachmedien Wiesbaden 2014

Springer Vieweg ist eine Marke von Springer DE. Springer DE ist Teil der Fachverlagsgruppe Springer Science+Business Media
www.springer-vieweg.de

Vorwort

Verkehrsmanagementzentralen zählen zu den Selbstverständlichkeiten einer kommunalen Verkehrsüberwachung und der entsprechenden Verkehrsbeeinflussung. Gleich wie sie konzipiert oder eingekauft wurden, ist die Spannbreite der technischen und administrativen Konstruktionsmerkmale sehr unterschiedlich, schließlich sind auch die Großstädte unterschiedlich agglomeriert.

Das gestiegene Fahrzeugaufkommen, die Komplexität der verkehrlichen Struktur und das Interesse der Verkehrsteilnehmer an umfassenden Verkehrsinformationen – dies sind Gründe genug, einen Blick in die Ausrüstung und Strategie einiger ausgewählter Verkehrsmanagementzentralen zu werfen. Die beiden Herausgeber haben beispielhaft für ausgewählte Metropolen wie Frankfurt, Stuttgart und Berlin eine vergleichende Darstellung zur unterschiedlichen Herangehensweise an die Informationsbewältigung initiiert und zusammen mit den Autoren praxisrelevante Fallsituationen, die Rahmengrößen für Effizienz und Wirksamkeit zusammengestellt, untersucht und mit Empfehlungen versehen.

Unser besonderer Dank gilt den Autoren, die den umfassenden redaktionellen Aufwand „nebenbei" zu ihren Tagesaufgaben geleistet haben. Dieser Informationsband wird durch weitere VMZ-Beschreibungen ergänzt werden. In Vorbereitung ist z. B. eine Darstellung von Verkehrsmanagementzentralen für Fernstraßen.

Im Juni 2014   Gerd Riegelhuth, Leiter von Hessen-Mobil und Michael Sandrock,
                                         Vorsitzender TelematicsPRO e. V.

Inhaltsverzeichnis

Autorenverzeichnis

Dorothee Allekotte Frankfurt am Main, Deutschland

Dirk Herrmann Stuttgart, Deutschland

Heiko Jentsch Frankfurt am Main, Deutschland

Jürgen Kimmling TU Dresden, Dresden, Deutschland

Ralf Kohlen Berlin, Deutschland

Jörg Lange Berlin, Deutschland

Gerd Riegelhuth TelematicsPRO e. V., Berlin, Deutschland

Ralf Thomas Stuttgart, Deutschland

Dr. Joachim Wahle Krefeld, Deutschland

Einleitung

Gerd Riegelhuth

Deutschland ist aufgrund gesellschaftspolitischer Entwicklungen der letzten Jahrzehnte und seiner wirtschaftlichen Strukturen wie kaum ein anderes Land in Europa auf ein leistungsfähiges und funktionierendes Verkehrssystem angewiesen. In Verbindung mit einer zunehmenden Globalisierung der Märkte führt das zu einer stetig zunehmenden Verkehrsnachfrage, bei der zum einen die Grenzen der Leistungsfähigkeit der Verkehrsinfrastruktur und zum anderen auch die damit einhergehenden Belastungen für das Umfeld sichtbar werden. Lösungsansätze zur Verbesserung dieser Situation, die vorwiegend den Ausbau der Verkehrsinfrastruktur allein zum Ziel haben, finden aus ökonomischen und ökologischen Gründen kaum noch Akzeptanz in der Bevölkerung. Auf der anderen Seite sind in den großen Ballungszentren, insbesondere im städtischen Umfeld, die negativen Auswirkungen einer stetig steigenden Verkehrsnachfrage besonders spürbar. Diese Situation verlangt nach zukunftsfähigen Gesamtkonzepten, um einerseits die individuellen Mobilitätswünsche befriedigen zu können, andererseits aber auch die Standortqualität zu sichern. Viele Städte gehen daher schon länger den Weg, zuständigkeitsübergreifende Mobilitätsstrategien zu realisieren, um die vorhandenen Verkehrsnetze sicher, effizient und nachhaltig zu nutzen. Die Grundlage dazu bilden häufig politische Leitbilder. Das darauf aufbauende operative Handlungsspektrum umfasst sowohl Maßnahmen in der Verkehrsplanung als auch im dynamischen Verkehrsmanagement, die vorrangig den straßengebundenen Verkehr betreffen und damit auch Verkehrsmittel des Öffentlichen Verkehrs (ÖV) einbeziehen. Nachfolgend findet sich eine Auswahl von Verkehrsmanagementmaßnahmen, die im städtischen Umfeld in Frage kommen.

G. Riegelhuth (✉)
TelematicsPRO e. V., Berlin, Deutschland
E-Mail: gerd.riegelhuth@mobil.hessen.de

© Springer Fachmedien Wiesbaden 2014   1
M. Sandrock, G. Riegelhuth (Hrsg.), *Verkehrsmanagementzentralen in Kommunen*,
DOI 10.1007/978-3-658-04391-9_1

Individualverkehr

- Lichtsignalsteuerung, auch mit einer Beschleunigung des ÖPNV
- Streckensteuerung, beispielweise durch Wechselspursignalisierung
- Dynamische Parkleitsysteme
- Statisches Parkraummanagement
- Dynamische Verkehrsinformation im Straßenraum
- Maßnahmen zur Verkehrsinformation
- Netzsteuerung mit Hilfe von dynamischen Wechseltextanzeigen
- Zuflussdosierung auf Zulaufstrecken
- Maßnahmen zur Verkehrsinformation
  - Verkehrsfunk (Verkehrswarndienst)
  - Internetangebot und andere Medien
  - Dynamische Verkehrsinformationsdienste und Zielführungssysteme

Öffentlicher Personennahverkehr

- Betriebliche Verkehrssteuerung sowohl im Regelverkehr als auch bei Störfällen oder Ereignissen
- Dynamische Anschlusssicherung
- Maßnahmen zur Verkehrsinformation
  - Kundeninformation im Regelverkehr (u. a. Fahrplaninformationen, Mobilitätszentralen, Kundenschalter, Zugbegleiter, telefonische Hotline, Internet, Smartphone)
  - Kundeninformation im Störfall (u. a. Haltestellenanzeigen, ServicePoint an Bahnhöfen, Internet-Fahrplanauskunft)

Die Maßnahmen und Strategien im Verkehrsmanagement müssen zwangsläufig in enger Wechselwirkung zur vorhandenen verkehrstechnischen Infrastruktur sein, um eine optimale Ausnutzung der Infrastruktur zu gewährleisten. Dies kann durch die angemessene Berücksichtigung der betrieblichen und organisatorischen Aspekte unterstützt werden. Unter Bedienung der oben genannten Maßnahmen zur Verkehrssteuerung bzw. Verkehrsinformation beeinflussen Verkehrsmanagementzentralen in erster Linie das Verkehrsangebot, zunehmend aber auch die Verkehrsnachfrage durch Verkehrsinformationen oder gar Serviceleistungen wie intermodales Von-Tür-zu-Tür-Routing. Durch eine permanente Orientierung an aktuellen Situationen in Verbindung mit darauf abgestimmten dynamischen Maßnahmen wirken Verkehrsmanagementzentralen quasi als Verkehrsmakler, Abb. 1.

Eine Planung von Verkehrsmanagementstrategien, die an die vorhandenen organisatorischen und technischen Rahmenbedingungen angepasst ist, kann in der Umsetzung ihre optimale Wirkung entfalten. Sie orientiert sich dem Grunde nach an den folgenden Ausgangssituationen:

Abb. 1 Verkehrsmanagementzentrale als Verkehrsmakler [1]

- Periodische Überlastung des Straßennetzes durch erhöhtes Verkehrsaufkommen, vornehmlich im Berufsverkehr,
- Störungen des Verkehrsablaufs infolge vorhersehbarer (geplanter) Ereignisse, wie beispielsweise Baustellen und Veranstaltungen,
- Störungen des Verkehrsablaufs infolge generischer Ereignisse, wie zum Beispiel Unfälle, Umwelteinflüsse oder Störungen der Infrastruktur.

Die in Städten zur Anwendung kommenden Basistechnologien (Lichtsignalanlagen, Parkleitsysteme etc.) wurden häufig in größeren Zeitzyklen implementiert und haben sich im Einzelfall bewährt. Ein wesentliches Merkmal dynamischer Verkehrsmanagementstrategien ist jedoch die Betrachtung ganzer Netzabschnitte, sogenannter strategischer Verkehrsnetze. Diese bilden die Ausgangsbasis für die Verkehrsanalyse und die darauf aufbauende Ableitung von Maßnahmen im Verkehrsmanagement. Strategische Netze konzentrieren sich zunächst einmal auf diejenigen Netzelemente in einer Stadt, die eine große Bedeutung für die Abwicklung der städtischen und der darüber hinausgehenden regionalen Verkehrsbeziehungen haben. Sie umfassen neben den eigentlichen Netzbestandteilen Elemente und Orte, die im Verkehrsmanagement für die Umsetzung von Strategien auch im Hinblick auf multi- und intermodale Ansätze von Bedeutung sind. Dazu gehören unter anderem:

- Strategische Knoten des jeweiligen Netzes als Entscheidungspunkte für die Netzsteuerung,
- P+R-Anlagen als Verknüpfungspunkte zwischen den Verkehrsträgern ÖPNV und IV,
- Parkmöglichkeiten mit strategischer Bedeutung.

Betrachtet man in diesem Zusammenhang städtische Netze, kann sich eine optimale Wirkung von Verkehrsmanagementstrategien nur einstellen, wenn die verkehrstechnischen Systeme interoperabel sind. Dies bedarf in erster Linie eines koordinierten Betriebs, der am einfachsten über eine direkte technische Vernetzung zu erzielen ist, wenn standardisierte Schnittstellen verwendet werden. Diesen Weg haben viele Städte gewählt und die Aufgaben in *Verkehrsmanagementzentralen* konzentriert, so dass alle Handlungsebenen der Systemarchitektur dort abgedeckt werden. Die Aufgaben werden hier in der Regel mit eigenem Personal erledigt, das mit technischen Dienstleistungen durch Unternehmen der Privatwirtschaft unterstützt wird; Aufgaben können aber auch ganz oder teilweise beliehen sein.

Darüber hinaus sind Kooperationen mit Dienstleistern möglich, die vom Datenaustausch bis hin zur Abstimmung von Rahmenbedingungen hinsichtlich der Informationspräsentation gegenüber den Verkehrsteilnehmern bzw. Kunden angebotener Mobilitätsdienstleistungen geht. Ziel dabei sollte es in erster Linie sein, die Widerspruchsfreiheit von Informationen zu gewährleisten, wobei dies in vielen Fällen erst in Ansätzen verfolgt wird. Zu unterschiedlich sind die Geschäftsinteressen der Anbieter individueller Serviceleistungen (meist gegen Entgelt) und am Verkehrssystemoptimum orientierten kollektiven Verkehrslenkungsentscheidungen der Verkehrsmanagementzentralen. Abbildung 2 zeigt das Grundprinzip einer möglichen Kooperation.

Wesentliches Merkmal von Verkehrsmanagementzentralen ist die Abdeckung der kompletten Wertschöpfungskette (s Abb. 3) im Verkehrsmanagement, um im eigenen Verant-

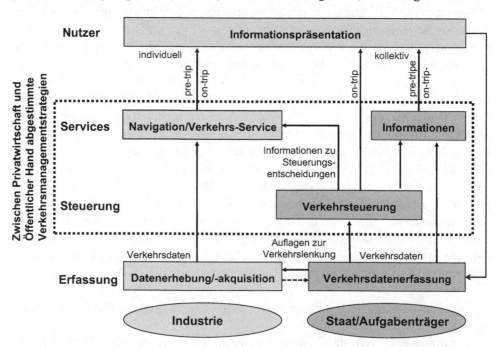

Abb. 2 Zusammenwirken von individueller Mobilitätsdienstleistung und kollektiver Verkehrslenkung [2]

Abb. 3 Wertschöpfungskette der Verkehrsbeeinflussung

wortungsbereich Maßnahmen des Verkehrsmanagements über die angeschlossenen Systeme realisieren zu können.

Die zeitaktuelle Erfassung von Daten über den Verkehr bildet die Grundlage für alle weiteren Prozessschritte zur Aktivierung von verkehrstechnischen Systemen auf Basis vordefinierter Verkehrsmanagementstrategien. Dazu werden diese Daten entweder über eigene Systeme detektiert oder über Zukauf erworben, in die Verkehrsmanagementzentrale übertragen und dort im Rahmen der Datenverarbeitung zu einem Gesamtverkehrslagebild (Analyse) aufbereitet. Teilweise fließen dabei auch Prognosen mit unterschiedlichem Zeithorizont ein. Auf dieser Basis werden Entscheidungen für die Steuerung und Lenkung oder Information des Verkehrs generiert und an die angeschlossenen Verkehrsleit- und -informationssysteme übertragen.

Zentrale Aufgabe bei der Realisierung von Verkehrsmanagementmaßnahmen ist zunächst die Verbesserung der Verkehrseffizienz im eigenen Zuständigkeitsbereich. Darüber hinaus ist es für Städte von entscheidender Bedeutung, Strategien auch mit anderen Verkehrs- und Aufgabenträgern in einer Region abzustimmen. Durch den damit verbundenen übergreifenden Strategieansatz und das gemeinsame Handeln kann beispielsweise optimal auf hohe Nachfragen durch die täglichen Pendlerströme oder durch An- bzw. Abreiseverkehre zu Großveranstaltungen vorausschauend reagiert werden. Dadurch sind Verkehrsmanagementzentralen von Städten häufig in Netzwerke mit anderen Betreibern und Dienstleistern eingebunden. Ein systemisches Beispiel zeigt Abb. 4.

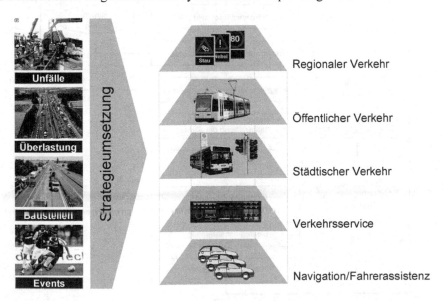

Abb. 4 Strategieebenen einer Kooperation im Mobilitäts-/Verkehrsmanagement [3]

Ausgangspunkt für die Entwicklung von Verkehrsmanagementstrategien sind wiederkehrende Problemsituationen, die sich durch bestimmte Verkehrszustände oder Ereignisse
im Verkehrsnetz ergeben. Im städtischen Verkehrsmanagement erfordern vor allem jene
Problemsituationen zuständigkeitsübergreifende Strategien, deren Folgen nicht mehr von
nur einer Verkehrsmanagementzentrale in eigener Zuständigkeit bewältigt werden können. Das sogenannte Strategiemanagement übernimmt in diesen Fällen die Koordinierung
zuständigkeitsbereichsübergreifender Strategien, die sich aus Maßnahmen im Verantwortungsbereich verschiedener Akteure zusammensetzen.

Das Konzept basiert auf einem dezentralen Koordinierungsansatz, d. h. jeder beteiligte Partner bleibt für die Problemerkennung, Strategieentwicklung und Umsetzung von
Maßnahmen in seinem Verantwortungsbereich zuständig. Es findet jedoch jeweils eine
vorherige gegenseitige Strategiebewertung und -abstimmung durch die Partner statt. Einzelne Abläufe können dabei technisch unterstützt werden. Dieses betrifft insbesondere das
Prozedere der koordinierten Aktivierung/Deaktivierung von Strategien. Hierzu kann als
Tool ein sogenannter Intermodaler Strategie-Manager eingesetzt werden.

Der gesamte Prozess im Strategiemanagement umfasst mehrere gemeinsame Prozessschritte, die in Abb. 5 dargestellt sind, aber prinzipiell variieren können.

Wesentlich ist eine umfassende Bestandsaufnahme in Form einer sogenannten Engstel-
lenanalyse. Unter Berücksichtigung bestehender politischer Ziele und Leitbilder lassen
sich darauf aufbauend Strategien ableiten. Diese werden nach Möglichkeit für Korridore
oder Sektoren (Quartiere) entwickelt, um einen Wirkungszusammenhang zu gewährleisten. Um dies bereits im Vorfeld abschätzen zu können, werden sie einer integrierten Stra-

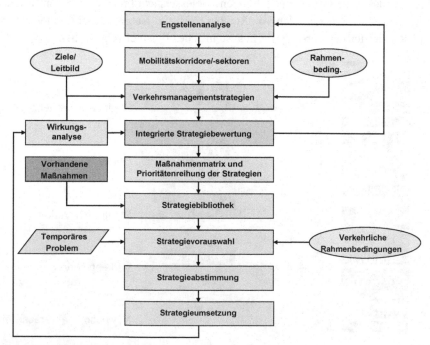

Abb. 5 Ablauf im Strategiemanagement

tegiebewertung unterzogen und in Bezug auf ihre Wirksamkeit in eine Prioritätenreihung gebracht. Auf dieser Grundlage werden bei den in den Strategieprozess eingebundenen Institutionen (Verkehrsmanagementzentralen) Strategiebibliotheken eingerichtet, um im Ereignisfall eine schnelle Strategieaktivierung gewährleisten zu können. Dadurch wird eine zeitaufwändige Strategievorauswahl im Einzelfall entbehrlich. Die Reaktionszeit bei aufgetretenen Verkehrsproblemen kann erheblich verkürzt werden, weil quasi für alle im Vorfeld identifizierten Störfälle eine Art Drehbuch zur Verfügung steht. Wenn ein bestimmtes Ereignis eingetreten bzw. prognostiziert ist, werden aus der Strategiebibliothek in Frage kommenden Strategien vorausgewählt. Ziel ist es dabei, die mit der höchsten Priorität umzusetzen, um größtmögliche Wirkungen zu erzielen.

Das Strategiemanagement zielt auf die Vermeidung oder Minimierung von Störungen im Verkehr, die für einen absehbaren Zeitraum die Mobilität einschränken. In diesem Kontext sind auch Aktivitäten der Verkehrsmanagementzentralen auf dem Gebiet des Baustellenmanagements zu sehen. Hier geht es um eine pro-aktive Planung von Eingriffen in den Verkehr zur Durchführung von Bau- oder Unterhaltungsarbeiten unter gleichzeitiger Vermeidung oder Minimierung von Störungen im Verkehrsablauf. Dazu bietet es sich an, einerseits Regeln und damit den Rahmen für diese Planungen vorab zu definieren und andererseits sowohl Prozesse als auch eine Abschätzung der verkehrlichen Wirkung mittels entsprechender Planungs- und Bewertungstools in den Verkehrsmanagementzentralen zu unterstützen.

Verkehrsmanagementzentralen können, wenn ein nachhaltiger Betrieb gewährleistet ist, einen wesentlichen Beitrag zur Optimierung des Verkehrssystems Straße unter Einbeziehung anderer Verkehrsträger leisten. Es gilt jedoch, die Anforderungen, die sich aus verkehrlichen, betrieblichen und baulichen Belangen sowie feststehenden und unwägbaren Rahmenbedingungen ergeben, zu berücksichtigen. Damit bilden Verkehrsmanagementzentralen auf städtischer Ebene einen Kernbaustein zur Sicherstellung der Mobilität der Bürgerinnen und Bürger und können wesentlich die Attraktivität eines Standorts beeinflussen.

Literatur

1. Riegelhuth, G.: „Die Rolle der Verkehrszentrale Hessen im Rahmen der Mobilitätssicherung"; Festschrift 50 Jahre Hessisches Landesamt für Straßen- und Verkehrswesen, Wiesbaden 2004
2. Riegelhuth, G.: „Requirements for the Organization of Traffic Information Process Chain", BASt-Kolloquium „Qualität von on-trip Verkehrsinformationen im Straßenverkehr", Bergisch Gladbach 2011
3. Riegelhuth, G.: „Kooperative Systeme – Sicher und staufrei in die Zukunft"; Festschrift „100 Jahre Max-Erich Feuchtinger und Bruno Wehner", Stuttgart 2009
4. Riegelhuth, G.: „Länderübergreifende Verkehrssteuerung in Autobahnkorridoren"; Deutscher Straßen- und Verkehrskongress, Düsseldorf 2008

Die Integrierte Verkehrsleitzentrale Stuttgart

Ralf Thomas und Dirk Herrmann

Die Landeshauptstadt Stuttgart liegt inmitten einer wirtschaftlich dynamischen Region mit hohem Verkehrsaufkommen. Im Vergleich zu 1970 hat sich die Zahl der gemeldeten Kraftfahrzeuge auf über 330.000 verdoppelt. Aufgrund der Stuttgarter Talkessellage lässt sich die vorhandene Infrastruktur aber nicht im selben Maß erweitern. Die Folge: Immer mehr Autos, Busse, Bahnen, aber auch Fußgänger und Radfahrer teilen sich dieselbe Verkehrsfläche. Daher sind neue Konzepte gefragt, um diese Ströme intelligent und umweltverträglich durch die Stadt zu leiten und das Verkehrsnetz optimal auszunutzen, zumal der Verkehr einen wichtigen Standortfaktor für Stuttgart und die Region darstellt.

Mit der Integrierten Verkehrsleitzentrale (IVLZ) geht die Landeshauptstadt Stuttgart neue Wege im Verkehrsmanagement. Seit Frühjahr 2006 steuern und lenken das Amt für öffentliche Ordnung, das Tiefbauamt, die Stuttgarter Straßenbahnen AG (SSB AG) und das Polizeipräsidium Stuttgart den Verkehr in einer gemeinsamen Leitstelle. Dieses Konzept ist bundesweit einmalig. Die Grundlage für die Zusammenarbeit bildet eine gemeinsame technische und organisatorische Infrastruktur. Qualifizierte Fachkräfte aller vier Partner arbeiten auf strategischer und operativer Ebene zusammen und können sich so schnell und effizient abstimmen. Damit ist die IVLZ imstande, zum Beispiel über flexible Ampelschaltungen oder dynamische Informationstafeln, schnell in das Verkehrsgeschehen einzugreifen. Staus werden verhindert oder aufgelöst und die Pünktlichkeit bei Bussen und Bahnen weiter verbessert. Für Großveranstaltungen oder Großbaustellen entwickeln die Partner im Vorfeld Verkehrskonzepte aus einer Hand.

R. Thomas (✉) · D. Herrmann
Stuttgart, Deutschland
E-Mail: Ralf.Thomas@stuttgart.de

D. Herrmann
E-Mail: dirk.herrmann@arcormail.de

© Springer Fachmedien Wiesbaden 2014
M. Sandrock, G. Riegelhuth (Hrsg.), *Verkehrsmanagementzentralen in Kommunen*,
DOI 10.1007/978-3-658-04391-9_2

1 Organisationsform und Rahmenbedingungen

1.1 Aufgabenstellung und Ziele

Mit der Integrierten Verkehrsleitzentrale (IVLZ) geht die Landeshauptstadt Stuttgart seit 2006 neue Wege. Das Verkehrsmanagement nutzt dabei einen integrierten Ansatz, um den öffentlichen Verkehr zu stärken sowie den individuellen Verkehr zu verflüssigen und sicherer zu machen. Dadurch soll Mobilität bei minimiertem Verbrauch an Energie, Verkehrsfläche und Reisezeiten nachhaltig gewährleistet werden und sich zu einem positiven Standortfaktor entwickeln.

Dabei bildet die IVLZ das zentrale Element des Stuttgarter Verkehrsmanagements. Sie steuert durch eine abgestimmte Kombination von Verkehrslenkung, Kapazitätsmanagement und Verkehrsinformation Verkehre und ermöglicht eine optimale Verkehrsmittelwahl in der Landeshauptstadt. Grundlage hierfür ist eine umfassende Ermittlung und Vorhersage der Gesamtverkehrslage, auf deren Basis Steuerungsstrategien präventiv entwickelt werden. Die IVLZ fungiert dabei als Mobilitätszentrale (Abb. 1) für das Stadtgebiet Stuttgart und ist zuständig für die Belange aller Verkehrsträger und der Umwelt.

Die Ziele des integrierten Verkehrsmanagements sind:

- Der reibungslose Ablauf des Gesamtverkehrs und die Reduzierung von Staus unter Berücksichtigung aller Verkehrsträger und der Umwelt
- Die Verlagerung der Fahrten vom motorisierten Individualverkehr auf den öffentlichen Personennahverkehr
- Die Koordination und das Management bei Veranstaltungen und Baustellen
- Die Realisierung einer Verkehrsvorschau in den Medien
- Die Ausweisung von Alternativrouten
- Die Reduzierung des Parksuchverkehrs durch dynamische Parkleitinformationen

Abb. 1 Bild Leitstelle für Sicherheit und Mobilität Stuttgart

- Die Schaffung besserer Dispositionsgrundlagen für den Wirtschaftsverkehr
- Die Verbesserung der Qualität der Verkehrsmeldungen
- Die Optimierung der Fahrgastinformation (vor Fahrtantritt und unterwegs)
- Eine emissionsabhängige Verkehrssteuerung

Die Grundlage für die Zusammenarbeit bildet eine gemeinsame technische und organisatorische Infrastruktur. Qualifizierte Fachkräfte von vier Partnern arbeiten auf strategischer und operativer Ebene zusammen und können sich so schnell und effizient abstimmen.

1.2 Rechtliche Grundlagen und sachliche Zuständigkeit

Die IVLZ wird im Sinne der Straßenverkehrsbehörde für das Straßennetz der Landeshauptstadt Stuttgart tätig. Für die Straßenverkehrsbehörde und die Polizei gelten die Zuständigkeiten gemäß § 44 der Straßenverkehrsordnung (StVO). Im Rahmen ihrer Tätigkeit für die IVLZ wird den Mitarbeitern des Tiefbauamtes und der Stuttgarter Straßenbahnen AG (SSB) per Vertrag die Anordnungsbefugnis übertragen.

Für den Betrieb und die gemeinschaftliche Ausstattung der IVLZ wurde zwischen den Partnern ein Betriebsvertrag abgeschlossen. Die Ziele, Aufgaben, Tätigkeiten und die Arbeitsweise der Integrierten Verkehrsleitzentrale sind in einer Betriebsordnung geregelt. Grundlage hierfür sind die Gemeinderatsbeschlüsse aus den Jahren 2000 und 2001 zum „Aufbau einer integrierten Verkehrsleitzentrale (IVLZ)". Innerhalb der Stadtverwaltung ist das Amt für öffentliche Ordnung das federführende Amt für die IVLZ und stellt die IVLZ-Leitung, während für die Bereitstellung und den Betrieb der technischen Infrastruktur im öffentlichen Straßenraum das Tiefbauamt zuständig ist.

1.3 Organisation

Als integrierte Verkehrsleitzentrale setzt sich die IVLZ aus mehreren Partnern zusammen, die gemeinsam das operative Verkehrsmanagement in der Landeshauptstadt Stuttgart betreiben.

In diesem Zuge sind die Partner der IVLZ:

- das Amt für öffentliche Ordnung der Landeshauptstadt Stuttgart
- das Tiefbauamt der Landeshauptstadt Stuttgart
- die Stuttgarter Straßenbahnen AG (SSB AG)
- das Polizeipräsidium Stuttgart

Die IVLZ ist als Sachgebiet 4 an die Dienststelle „Verkehrsregelung und -management" des Amts für öffentliche Ordnung angebunden.

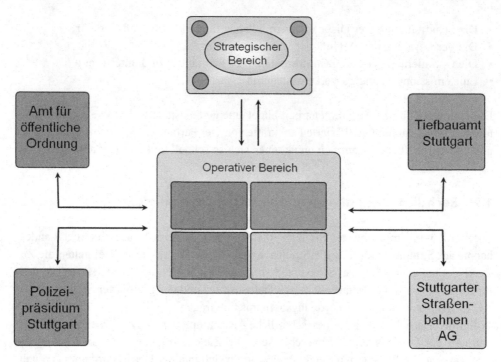

Abb. 2 Organisationsschema der Integrierten Verkehrsleitzentrale Stuttgart

Organisatorisch untergliedert sich die IVLZ in einen operativen und strategischen Bereich (Abb. 2), der jeweils von den Partnern der IVLZ ebenfalls paritätisch besetzt wird.

Im Folgenden werden die einzelnen Hierarchieebenen und Bereiche der IVLZ näher vorgestellt.

1.3.1 Lenkungsgruppe

Die Lenkungsgruppe ist aufsichtsführendes Gremium der IVLZ. Diese tritt gemäß Betriebsvertrag mehrmals im Jahr zusammen. Hier werden die Leitbilder festgelegt und die Strategien für die Zukunft fixiert. Konzepte in Bezug auf die Weiterentwicklung und Arbeit der IVLZ, die von der Arbeitsebene entwickelt wurden, werden hier vorgestellt, diskutiert und beschlossen. Dieses Gremium stellt auch das Bindeglied zu den politischen Ebenen der Stadt dar.

Die IVLZ-Lenkungsgruppe setzt sich zusammen aus

- dem Bürgermeister für Recht, Sicherheit und Ordnung der Landeshauptstadt Stuttgart
- dem Bürgermeister des technischen Referats der der Landeshauptstadt Stuttgart
- dem technischen Vorstand der Stuttgarter Straßenbahnen AG
- dem Polizeipräsident des Polizeipräsidiums Stuttgart

1.3.2 Aufbaugruppe

Die Belange der Weiterentwicklung und grundsätzliche Angelegenheiten der IVLZ werden in der Aufbaugruppe behandelt und bei Bedarf der Lenkungsgruppe zur weiteren Beratung und/oder Beschlussfassung vorgelegt.

Die Aufbaugruppe setzt sich zusammen aus:

* dem Dienststellenleiter des Amt für öffentliche Ordnung, Straßenverkehrsbehörde, Verkehrslenkung und -management
* dem Dienststellenleiter des Tiefbauamtes, Dienststelle Hauptverkehrsstraßen und Verkehrsmanagement
* dem Fachbereichsleiter Betriebssteuerung der Stuttgarter Straßenbahnen AG
* dem Verkehrsreferenten für Vollzugsaufgaben des Polizeipräsidiums Stuttgart
* der Leitung der IVLZ
* den strategischen Mitarbeitern der IVLZ

1.3.3 Leitung der IVLZ

Die Leitung der IVLZ besitzt die Verantwortung über die Gesamtkoordination für das operative Verkehrsmanagement in der Landeshauptstadt Stuttgart. Diese Stelle gehört organisatorisch zum Amt für öffentliche Ordnung.

Die Leitung der IVLZ umfasst unter anderem folgende Aufgaben:

* Leitung des Dienstbetriebes im operativen Bereich
* Ergebniskontrolle der operativen Maßnahmen
* Koordinierung und Organisation des strategischen Bereichs
* Planung, Abstimmung und Festlegung der Dienstzeiten, der Schichtpläne und der Urlaubsregelung sowie die Aus- und Weiterbildung der Mitarbeiter des operativen Bereichs
* Öffentlichkeitsarbeit für die Belange der IVLZ
* Entwicklung und Optimierung von Verkehrsregelungsstrategien in Zusammenarbeit mit dem strategischen Bereich
* Stellungnahmen zu verkehrsrelevanten und den Aufgabenbereich der IVLZ betreffenden Planungen
* Weiterentwicklung der IVLZ
* Koordination bei Forschungsprojekten, Mitarbeit in Fördervorhaben

1.3.4 Strategischer Bereich

Im strategischen Bereich der IVLZ werden grundsätzliche Fragen des Verkehrsmanagements erörtert, die Erfahrungen aus dem operativen Betrieb ausgewertet und darauf aufbauend entsprechende Strategien entwickelt. Die Mitarbeiter des strategischen Bereichs der IVLZ bringen das nötige Fachwissen der einzelnen Partner in die Entwicklungs- und Entscheidungsprozesse ein.

Zur Aufgabenkoordination und Qualitätskontrolle werden auf der strategischen Ebene regelmäßige Treffen („jour fixe") unter Vorsitz des Leiters der IVLZ durchgeführt. Die Mitarbeiter des strategischen Bereiches sind in fachlichen und grundsätzlichen organisatorischen Belangen die Ansprechpartner für die Fachdienste der einzelnen Partner und für die IVLZ-Leitung.

Das Aufgabenspektrum der IVLZ-Strategen umfasst unter anderen folgenden Bereich:

- Analyse von Verkehrssituationen und Erarbeitung von Vorschlägen zur Optimierung der Verkehrsabwicklung für alle Verkehrsträger, unter anderem auch in Bezug auf die Umweltgesichtspunkte
- Konzeption und detaillierte Ausarbeitung von Steuerungsstrategien und verkehrslenkenden Maßnahmen
- Erarbeitung von Verbesserungsvorschlägen in Bezug auf die allgemeine Verkehrsregelung und Verkehrssicherheit
- Erarbeitung und Umsetzung eines integrierten Verkehrsmanagements zur effektiven Steuerung der technischen Systeme
- Ausarbeitung von Konzepten mit regionalen Ansätzen sowie deren Abstimmung mit den zuständigen Landesbehörden
- Koordinierung aller polizeilichen Angelegenheiten (taktisch, organisatorisch, personell) im Zusammenhang mit der IVLZ
- Abstimmung von baulichen Maßnahmen an Lichtzeichenanlagen/Revisionen mit dem Tiefbauamt, der EnBW und den Signalbaufirmen.
- Umsetzung und Koordinierung der notwendigen Verkehrsregelungseinsätze durch die Polizei.
- Beratung städtischer Fachbereiche und der Fachdienste der IVLZ-Partner. Hierdurch fließt die operative Erfahrung der IVLZ in die Planungen der Fachdienststellen direkt ein
- Stellungnahmen zu verkehrsrelevanten Planungen im Rahmen der jeweiligen Zuständigkeit
- Weiterentwicklung der IVLZ
- Mitarbeit bei Forschungsprojekten
- Mitwirkung bei der Beantwortung von Gemeinderats- und Bürgeranfragen

1.3.5 Operativer Bereich

Der operative Bereich der IVLZ ist innerhalb des Leitraums mit vier Bedienplätzen ausgestattet (Abb. 3). Jeder IVLZ-Partner besetzt dabei einen Bedienplatz.

Die Betriebszeiten der IVLZ sind derzeit:

Montag – Freitag 6:00 Uhr bis 24:00 Uhr
Samstag 09:00 Uhr bis 24:00 Uhr
Sonntag 11:00 bis 21:45 Uhr

Abb. 3 Leitraum der Integrierten Verkehrsleitzentrale. (Quelle: Fotograf Herr Herrmann)

Im operativen Bereich erfassen die Operatoren der Partner die Gesamtverkehrslage, bewerten diese und leiten nach vorheriger Abstimmung im Team gegebenenfalls entsprechende Maßnahmen ein. Alle Operatoren besitzen Anordnungsbefugnis entweder direkt gemäß § 44 der Straßenverkehrsordnung (StVO) oder über die in der Betriebsordnung besonders vertraglich geregelte Vereinbarung.

Das Aufgabenspektrum des operativen Bereichs umfasst unter anderem folgende Bereiche:

- Erfassung und Bewertung von Verkehrslagen und verkehrsrelevanten Ereignissen für alle Verkehrsträger, unter anderem auch in Bezug auf die Umweltgesichtspunkte
- Interne und externe Abstimmung zur Vorbereitung und Durchführung von Maßnahmen
- Umsetzung der abgestimmten Maßnahmen, wie zum Beispiel:
  - Änderung der Signalprogrammauswahl bei ereignisorientierten Störungen
  - Situationsgerechte Anpassung der Anzeigeelemente der verschiedenen Verkehrsleitsysteme
  - Pflege und situationsbedingte Anpassung der Jahresautomatiken
  - Weitergabe von Verkehrsinformationen
- Überwachung der Maßnahmen
- Rücknahme der Maßnahmen
- Verkehrliche Überwachung von Baumaßnahmen

- Überwachung der ÖPNV-Bevorrechtigungsmaßnahmen auf ordnungsgemäße Funktion
- Dokumentation und statistische Auswertung der operativen Arbeit
- Analyse von Verkehrslagen, durchgeführter Maßnahmen der IVLZ und verkehrlicher Problembereiche mit dem Ziel der Optimierung des Verkehrsgeschehens.
- Informationsaustausch mit der Störmeldezentrale
- Versorgung und Pflege der Visualisierung ausgewählter Knotenpunkte im Verkehrs-rechnersystem
- Erteilen von Auskünften Weitergabe von verkehrsrelevanten Informationen an städti-sche Fachbereiche und die Fachdienste der IVLZ-Partner

1.3.6   Technischer Bereich

Für die Bereitstellung und den Betrieb der technischen Infrastruktur im öffentlichen Stra-ßenraum ist das Tiefbauamt zuständig. Die Aufgaben werden vom Sachgebiet 66–3.24 (Signaltechnik) wahrgenommen.

Das Aufgabenspektrum des technischen Bereichs umfasst unter anderem folgende Be-reiche:

- Sicherstellung der Ausführungsqualität hinsichtlich Funktionalität der eingesetzten Komponenten verkehrstechnischer Anlagen
- Betreuung der elektrotechnischen Ausgestaltung von Lichtsignalanlagen, Leit- und In-formationssystemen sowie Sonderanlagen
- Betrieb und Betreuung der Fernüberwachung aller Einrichtungen des Messstellennet-zes für das gesamte Stadtgebiet
- Elektrotechnische Umsetzung der Steuerungsstrategien
- Mitarbeit beim Ausbau des verkehrstechnischen Netzwerkes, um die erforderlichen Bandbreiten zur Verfügung zu stellen

1.3.7   Applikationsbetreuer

Der Applikationsbetreuer wird vom Amt für öffentliche Ordnung gestellt.

Das Aufgabenspektrum des technischen Bereichs umfasst unter anderem folgende Be-reiche:

- Betreuung und weiterer Aufbau sämtlicher IVLZ-Rechnersysteme
- DV-Koordinierung und -Abstimmung innerhalb der Stadtverwaltung
- Datenpflege und -aufbereitung des stadteigenen Verkehrsinformationssystems (VIZ)
- Umfassende User-Betreuung
- Anwenderbetreuung für Mitarbeiter der Stadtverwaltung und der IVLZ-Partner
- Mitarbeit an der Weiterentwicklung der Systeme
- Systemdokumentation

1.4 Finanzierung

Die Finanzierung der verkehrstechnischen Einrichtungen und des Gebäudes, in dem die
IVLZ untergebracht ist, erfolgt über die Landeshauptstadt Stuttgart. Ebenso wird mit der
Finanzierung der allgemeinen technischen Systeme verfahren. Die Finanzierung der part-
nerspezifischen Systeme und des Personals erfolgt gesondert von jedem Partner.

Die Landeshauptstadt Stuttgart stellt zum Betrieb der IVLZ die Räumlichkeiten, Büro-
einrichtungen, Leittische, technische Grundausstattung sowie die technischen Kommuni-
kationseinrichtungen zur Verfügung. Die Wartung dieser Räume, der Einrichtungen und
der Technik obliegt der Landeshauptstadt Stuttgart. Die Stuttgarter Straßenbahnen AG
und das Polizeipräsidium Stuttgart stellen die fachspezifische technische Ausstattung ihrer
Leittischarbeitsplätze. Diese werden von den jeweiligen Partnern eigenverantwortlich gewartet.

2 Verkehrstechnische Systeme

2.1 Systemanforderungen und -Architektur

Neben dem Individualverkehr – täglich fahren ca. 800.000 Fahrzeuge über die Stadtgren-
ze von Stuttgart – werden durch den öffentlichen Verkehr mittels 55 Buslinien und 13
Stadtbahnlinien ca. 600.000 Fahrgäste pro Tag befördert. Zusätzlich haben große publi-
kumswirksame Veranstaltungen und die jährlich ca. 15.000 Baustellen Einfluss auf das
Verkehrsgeschehen in Stuttgart. Hauptsächlich erfolgt die Steuerung und Beeinflussung
der Verkehrsteilnehmer über die Lichtsignalanlagen.

Lichtsignalanlagen erfüllen hierbei die unterschiedlichsten Zwecke. Sie dienen zu al-
lererst der Sicherheit von Fußgängern, Radfahrern, Kraftfahrzeugen und Stadtbahnen. An
großen Kreuzungen sorgen sie auch für die erforderliche Leistungsfähigkeit. Bei konkurrierenden Anforderungen regeln sie die Bevorrechtigung von Stadtbahnen und Bussen. An
geeigneten Stellen im Straßennetz kann mit ihnen der Schleichverkehr durch Wohngebiete
minimiert werden oder bei einer gezielten Zuflussregelung nur so viel Verkehr weiter-
geleitet werden, wie dies städtebaulich und verkehrstechnisch verträglich ist. Zusätzlich
unterstützen weitere verkehrstechnische Systeme, wie Netzbeeinflussungsanlagen oder
Parkleitsysteme die Lenkung des Verkehrs.

Diese technischen Systeme im und um den Straßenraum, die den Verkehrsteilnehmer
auf dem Weg durch den städtischen Verkehr bewusst oder unbewusst begleiten sind heut-
zutage üblicherweise kabelgebundene vernetzte Systeme die in einem abgeschlossenem
Netzwerk betrieben werden. Es werden sowohl Kupfer- oder Glasfasernetze eingesetzt.
In den letzten Jahren wurden dafür zusätzlich auch immer häufiger die Mobilfunktechno-
logien verwendet. Die eingesetzte Technik unterliegt dabei einer starken Weiterentwicklung, was altersbedingt zu einer großen Bandbreite der eingesetzten Geräte führt.

Durch die installierte Infrastruktur und die vorhandene Vernetzung besteht die Möglichkeit einen zentralen Zugriff zu schaffen, an dem gezielt und situationsabhängig über eine Benutzeroberfläche auf die verkehrstechnischen Systeme zugegriffen werden kann.

2.2 Hard- und Softwarearchitektur

In Stuttgart gibt es zurzeit rund 800 Lichtsignalanlagen, die im Stadtbereich auf acht Verkehrsrechnerbereiche aufgeteilt sind. An diese acht Verkehrsrechner sind die Steuergeräte der einzelnen Lichtsignalanlagen datentechnisch angebunden. Die Steuergeräte im Wirkungsbereich der Stuttgarter Messe sind aufgrund der geografischen Randlage an einen örtlichen Verkehrsrechner angeschlossen, der aber unidirektional Daten an das Verkehrsrechnersystem der Stadt übermittelt.

Von der Örtlichkeit sind die Verkehrsrechnerbezirke in den Anlagenschwerpunkten angesiedelt, mit dem Ziel notwendige Leitungswege zu minimieren. Die Rechnerbezirke können selbstständig handeln, sind jedoch untereinander vernetzt und können durchgängig von den Arbeitsplatzrechnern bedient werden. Die Systemarchitektur besteht aus sechs Verkehrsrechnereinheiten, die über den Lieferant einer Firma beschafft wurden und zwei weiteren Rechnereinheiten, die von zwei anderen Firmen geliefert wurden. Die Vernetzung über das städtische LAN ermöglicht von der IVLZ aus einen zentralisierten Zugriff auf die einzelnen Rechner. Hier laufen die Informationen zusammen und können über eine Softwareoberfläche angezeigt und bedient werden. Ein sogenannter Datenkonzentrator bündelt diesen Datenverbund. Aufgrund der technischen Weiterentwicklung muss wie jede andere Software die Bedienoberfläche in gewissen Zeitabständen aktualisiert werden.

Eine graphische Bedienoberfläche bildet die Schnittstelle zum Operator in der IVLZ. Aktuelle Ist-Zustände werden visualisiert, notwendige Schalthandlungen durchgeführt und Bestands- und Archivdaten ausgewertet.

Zusätzlich gibt es im Verkehrsrechnernetzwerk sogenannte Subsysteme. Dabei sind Systeme direkt in die Bedienoberfläche des Verkehrsmanagementsystems eingebunden, während andere eine separate Bedienstation haben. Darüber hinaus sind das Verkehrsleitsystem NeckarPark, die Fahrstreifensignalisierung in der Talstraße, die Netzbeeinflussungsanlage Stuttgart-Nord, das intermodale Projekt der B 27-Süd in Degerloch mit der Möglichkeit der Steuerung von Informationstafeln sowie das Störfallmanagementsystem in Bad Cannstatt integriert. Zusätzlich erfolgt eine automatisierte Abbildung von Ausfallinformationen der verkehrstechnischen Systeme an eine Stör- und Alarmmeldesoftware.

2.3 Technische Grundlagen und Basistechnologie

2.3.1 Datenerfassung
Zur Erfassung der unterschiedlichen Verkehrsteilnehmer werden in Stuttgart eine Vielzahl von Erfassungseinrichtungen eingesetzt. Diese können unterschiedliche an sie gesetzte

Anforderungen erfüllen und sind hierzu teilweise auch in Kombination ausgeführt. Die einfachste Variante dient zur Generierung eines Anforderungswunsches; andere Ausprägungen werden zum Verlängern der aktuellen Grünzeit bis hin zur Fahrzeugerkennung eingesetzt.

Reine Fußgängeranforderungen werden mit Anforderungstastern umgesetzt. Hier werden Kontakte entweder mechanisch betätigt oder über entsprechende Sensorfelder ausgelöst. Um auch sehbehinderten Verkehrsteilnehmern gesicherte Freigabeinformationen zuteilen zu können, werden Anforderungstaster mit taktilen Informationen eingesetzt. Analog zu den jeweiligen Fußgängergrünphasen werden tastbare Vibratorschwingungen für Blinde und Sehbehinderte zur „Grün-Erkennung" bereitgestellt.

Die gebräuchlichste Erfassungsart im Fahrzeugbereich ist die Erkennung über Induktionsschleifen, die in den jeweiligen Straßenbelägen eingelassen sind. Durch die geometrische Ausführung der Schleife lassen sich die Erkennungseigenschaften ganz wesentlich beeinflussen. Eine Klassifizierung (Unterscheidung verschiedener Fahrzeugtypen) und eine Sensitivitätssteigerung, z. B. zur Fahrraderkennung lassen sich durch die Schleifenausprägung festlegen. Je nach verwendeter Auswerteeinheit sind Zähl-, Belegungs- oder Geschwindigkeitsinformationen genauso möglich wie die einfache Anforderung. Als technologische Umsetzung ist die Induktionsschleife Teil einer Schwingungseinheit, die von einer Erregungsbaugruppe gespeist wird und in vorgegebener Grundfrequenz im kHz-Bereich schwingt. Durch Einfahren der elektrisch leitenden Fahrzeugmasse in den Feldbereich der Schleife ergibt sich eine Feldschwächung, die zur Verstimmung des Erregerkreises führt und über eine Frequenzänderung ausgewertet werden kann. In Stuttgart sind ca. 4000 Induktionsschleifen verlegt.

Weitere Möglichkeiten der Detektion bieten die nachgenannten Verfahren, die je nach Applikationszweck auch in Stuttgart in unterschiedlichem Umfang eingesetzt sind.

2.3.1.1 Radar/Mikrowellendetektor

Die Erkennungseinrichtung emittiert hochfrequente Signale im GHz-Bereich. Diese Signale werden von einfahrenden Fahrzeugen reflektiert und zum Sender zurückgeworfen, wo eine Auswertung über die Dopplereffektkennung erfolgt. Die Detektoren werden zur Erkennung von bewegten Fahrzeugen eingesetzt.

2.3.1.2 Passiv Infrarot Detektoren (PIR)

Diese Detektoren erkennen kleine thermische Unterschiede zwischen Umgebungs- und Anforderungsobjekttemperatur. Umgebungstemperaturschwankungen werden automatisch nachgeführt, wobei die Erkennungsempfindlichkeit mit steigendem Temperaturunterschied zwischen Umgebung und Objekt zunimmt. Die Detektoren werden zur Fahrzeug- und Fußgängererkennung eingesetzt. Sie können sowohl zur Klassifikation, als auch zur Anwesenheitserkennung verwendet werden. Der Einsatz an Lichtsignalanlagen für Fußgänger in Stuttgart dient z. B. dazu, vor Schulbeginn große Fußgängergruppen, die die Fahrbahn überqueren wollen, dynamisch zu bemessen, damit die Grünzeit verlängert werden kann.

2.3.1.3 Ultraschalldetektoren (US)

Ultraschalldetektoren senden akustische Signalimpulse außerhalb des hörbaren Bereiches. Ein Fahrzeug, welches sich im Erfassungsbereich bewegt, reflektiert die auftreffenden Tonsignalimpulse zurück zum Sender. Die Entfernung zur Fahrzeugoberfläche wird aus der Impulsreisezeit ermittelt. Aus dieser Art der Messung lassen sich auch stehende Fahrzeuge erkennen. Die Detektionstechnik wird momentan zur Fahrzeugzählung im Zufahrtsbereich von Parkhäusern eingesetzt.

2.3.1.4 Optische Videodetektion

Die Objekterkennung erfolgt hier durch den Einsatz eines klassischen Videokamerasystems mit entsprechenden Auswertebaugruppen. Die Kameraausprägung ist stark vom Einsatzzweck abhängig und in breiter Vielfalt am Markt erhältlich. Unterschiedliche CMOS-Sensoren, verschiedene optische Brennweiten und Gehäusevarianten ermöglichen eine zielgenaue Anpassung an die jeweilige örtliche Gegebenheit. Bei entsprechender Einstellung lassen sich gleichzeitig mehrere Fahrstreifen, ggf. auch richtungsselektiv, einer Auswertung zuführen, wobei hier nicht das reale Bild entscheidend ist, sondern der alleinige Zellbezug eines Objektes. Bei geeigneter Festlegung der Programmalgorithmen sind komplexe Auswertemöglichkeiten gegeben, die auch Ausschlusskriterien erlauben. In Stuttgart werden die optischen Sensoren zur Fahrzeugerkennung und Grünzeitbemessung mehrfach eingesetzt.

Durch den gemeinsamen Einsatz mehrerer unterschiedlicher Verfahren kann die Erfassungsgüte signifikant gesteigert werden, sofern eine sehr hohe Erfassungsrate verkehrstechnisch geboten und wirtschaftlich vertretbar ist

2.3.1.5 Magnetfeldsensoren mit Drahtlosdatenanbindung

Der Detektionsmechanismus beruht auf der stetigen Messung des Erdmagnetfeldes und der durch Fahrzeuganwesenheit hervorgerufenen Veränderung dieser Messgröße. Anders als bei Induktionsschleifen erfolgt die Auswertung innerhalb des Sensors, der vollständig batteriegespeist ist und im Fahrbahnbelag installiert wird. Die notwendige Datenübermittlung erfolgt über eine WLAN-Anbindung zur entsprechenden Auswerteeinheit. Die Einsatzzeit ist, bedingt durch die Lebensdauer der Batterie, auf etwa 10 Jahre begrenzt.

2.3.2 Datenverarbeitung

In Abschn. 2.3.1 wurden die verschiedenen Arten der Detektionseinrichtungen für den Straßenverkehrsbereich mit ihrer jeweiligen technischen Funktionsweise und ihrem Einsatzbereich beschrieben. Die gebräuchlichste Detektorart in Stuttgart ist die Induktionsschleife, die automatisch und im Dauerbetrieb Verkehrsdaten zur Signalsteuerung und zur Verkehrslageerfassung liefert. Vollautomatische Technik stößt jedoch schnell an Grenzen, wenn wie im Verkehr die Zusammenhänge sehr vielschichtig sind und stark variieren. Daher werden in Stuttgart ergänzend auch Verkehrsbeobachtungskameras eingesetzt, mit deren Hilfe die Operatoren der IVLZ sich ein Verkehrslagebild verschaffen und manuell über die Lichtsignalanlagen oder andere Systeme der Verkehrsleittechnik in das Ver-

Abb. 4 Fundamentaldiagramm. (Quelle: Wikipedia, www.wikipedia.de)

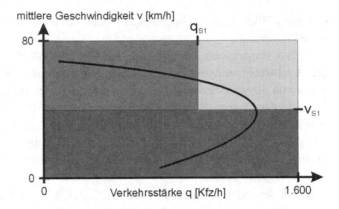

kehrsgeschehen eingreifen können. Die in den Fahrbahnbelag eingeschnittene Induktionsschleife wird in der Straßenverkehrstechnik auf zwei Arten verwendet. Im ersten Einsatzbereich dient sie der verkehrsabhängigen Signalsteuerung. In schwach belasteten Nebenrichtungen erkennt sie einzelne Fahrzeuge und fordert bedarfsgerecht Grün an. In den Hauptrichtungen mit Schwankungen in den Verkehrsstärken dient die Induktionsschleife der Grünzeitbemessung, in dem sie eine relativ knapp bemessene Grünzeit bedarfsgerecht bis zu einem definierten Maximalwert verlängern kann. Diese Induktionsschleifen liegen i. d. R. vor den Haltlinien.

Im zweiten Einsatzbereich liegen die Induktionsschleifen auf der freien Strecke zwischen zwei Knotenpunkten. Dort dienen sie im Wesentlichen der Detektion des Verkehrsflusses. Je nach Modernität werden über entsprechende Auswerteeinheiten Zähl-, Belegungs- und Geschwindigkeitsinformationen verarbeitet und eine Klassifizierung der Fahrzeuge vorgenommen. Diese Informationen aus den Induktionsschleifen werden über das Verkehrsrechnersystem zentral gesammelt, archiviert und auf der Oberfläche als sogenannter LOS (Level of Service – Darstellung der Verkehrsqualität) in drei Stufen (rot, gelb, grün) dargestellt. Dabei wird über das sogenannte Fundamentaldiagramm des Verkehrsflusses der Zusammenhang zwischen Verkehrsstärke (Fahrzeuge je Stunde) und der Geschwindigkeit, wie in der Abb. 4 zu erkennen ist, dargestellt.

Die Informationen über Stau (rot), dichter Verkehr (gelb) und freien Verkehrsfluss (grün) werden sowohl in der Verkehrsleitzentrale als auch auf der Internetdarstellung der Landeshauptstadt Stuttgart für die Streckenabschnitte, auf denen Zählwerte aus den Induktionsschleifen vorhanden sind, dargestellt. Im gesamten Hauptverkehrsstraßennetz der Landeshauptstadt gibt es derzeit ca. 300 Messquerschnitte je Fahrtrichtung mit ca. 900 Induktionsschleifen, mit denen die Verkehrsqualität ermittelt werden kann.

Zur automatischen Beobachtung des Fahrzeugverkehrs werden, wie in Abschn. 2.3.1 beschrieben, Induktionsschleifen eingesetzt. Damit erhält man durch die dreistufige Darstellung einen schnellen und groben Gesamtüberblick über die Verkehrssituation. Die Induktionsschleifen geben allerdings keinen Hinweis auf die Gründe für zähfließenden oder stockenden Verkehr. Diese Informationen lassen sich nur mittels aktueller Videobilder gewinnen. Bilder erlauben in gewissen Situationen auch eine Abschätzung über die Dauer der Behinderung.

In den vergangenen Jahren wurden an wichtigen Verkehrsknotenpunkten im Stadtgebiet schwenkbare Verkehrsbeobachtungskameras installiert. Derzeit liefern ca. 50 Kameras von 30 verschiedenen Standorten Online-Bilder in die IVLZ. Die Schwerpunkte liegen in der Innenstadt, im NeckarPark und entlang der Achsen der B10 und der B27. In den südlichen Stadtbezirken, in denen es bis jetzt keine Videokameras gab, werden in den nächsten Jahren an wichtigen Verkehrsschwerpunkten zahlreiche Kameras aufgebaut. Ergänzend liefern ca. 100 Verkehrsbeobachtungskameras in den Straßentunneln weitere Bilder.

Mit diesen Informationen kann die IVLZ gezielt in das Verkehrsgeschehen eingreifen und die Wirkungen der eingeleiteten Maßnahmen bewerten. Auch verstärktes Fußgängeraufkommen bei Veranstaltungen, das sich mit anderen Detektionsverfahren nur schwer erkennen lässt, kann mit Kameras beobachtet werden.

Grundsätzlich arbeitet die Integrierten Verkehrsleitzentrale nach folgendem Grundprinzip.

1. Informationsgewinnung
2. Informationsverarbeitung und -bewertung
3. Steuerungseingriff
4. Maßnahmenbewertung

Bei der Informationsgewinnung werden zur Gewinnung der aktuellen Verkehrslage sowohl die technischen Möglichkeiten als auch menschliche Informationsquellen genutzt (z. B. Bus- und Stadtbahnfahrer, Polizeibeamte). Die Informationen über den aktuellen Verkehrsablauf im Straßenbereich werden hierbei durch ein Zusammenspiel von Messstellen und Kameras bereitgestellt. Dabei kann in den ausgestatteten Bereichen und Streckenzügen ein umfassender Überblick über die aktuelle Verkehrslage sowie die Störungsursache ermittelt werden. Die aktuelle Verkehrssituation im öffentlichen Verkehr wird dabei durch die Stuttgarter Straßenbahnen AG zur Verfügung gestellt.

2.3.3 Kommunikation und Datenübertragung

Die Steuergeräte der einzelnen Lichtsignalanlagen sind überwiegend an einen der insgesamt acht Verkehrsrechner angeschlossen. Die Art der Anbindung ist historisch gewachsen und reflektiert den jeweils zum Anbindungszeitpunkt verfügbaren Technologiestand. Ist die Anbindung leistungsfähig genug, werden Betriebs- und Störmeldungen übertragen und es besteht die Möglichkeit, Bedieneingriffe an Signalanlagen von der IVLZ aus vorzunehmen oder Messwerte zu erfassen. An den älteren Anlagen werden die Schnittstelleninformationen durch parallele Einzelmeldungen übertragen, die je nach Schnittstellenbreite nur beschränkten Informationsgehalt besitzen. Die übermittelte Information erstreckt sich dann von der reinen Aussage über den noch möglichen Betrieb der Lichtsignalanlage, bis zur etwas differenzierteren Darstellung, die dann bereits zwischen

- Normalbetrieb
- Gerätestörung
- Netzausfall
- Signalsicherung

und dem Betrieb im Ortsprogramm unterscheiden kann. Über derartige, in der Zwischenzeit technologisch überholte Schnittstellen sind derzeit noch 24 % der Lichtsignalanlagen an den Verkehrsrechner angebunden. Alle nachfolgend eingesetzten Schnittstellen besitzen eine serielle Datenübertragung bzw. lassen sich entsprechend adressieren und sind dadurch weitaus leistungsfähiger. Allerdings weisen diese Anbindungsarten eine Herstellerbindung auf, die zwar durch entsprechende Lizenzierung teilweise gestreut wurde, jedoch nicht als „offene Schnittstelle" bezeichnet werden kann. Diese Art der Anbindung ist in weiterer 36 % der Anlagen implementiert. Über das öffentliche Telefonnetz sind, in unterschiedlichster Anbindungsform, zusätzlich weitere Anlagen datentechnisch mit dem Verkehrsrechner verbunden. Dies wurde in Stadtteilen umgesetzt, in denen keine eigene Leitungsverbindung vorhanden war. Aufgrund fehlender Kabelwege wurde auch die aktuelle Mobilfunktechnologie eingesetzt. Insgesamt handelt es sich hierbei um 6 % der Signalanlagen. In Ausprägung einer „offenen Schnittstelle" zwischen Verkehrsrechnern und Steuergeräten wurden bereits 30 % der Signalanlagen, als registrierte Marke der Firmen Dambach, Siemens, Signalbau Huber, STOYE und Stührenberg, umgesetzt. Diese sogenannte OCIT® Schnittstelle (Open Communication Interface for Road Traffic Control Systems) ermöglicht die physikalische Anbindung genannter Gerätehersteller an ein entsprechendes Zentralensystem identischen Standards. In einer weiter entwickelten Version dieses Interfaces werden zukünftig auch Versorgungsfunktionen der Steuergeräte möglich sein. Gänzlich ohne Verbindung zu einem Verkehrsrechnersystem sind derzeit nur noch 4 % der Lichtsignalanlagen. Hierbei handelt es sich um Standorte, die schwer und teuer zu erschließen sind oder teilweise um Sonderanlagen untergeordneter Bedeutung.

2.3.4 Räumliche Referenzierungssysteme

Grundsätzlich wird durch eine einheitliche Georeferenzierungsgrundlage eine gemeinsame Datenaustauschbasis geschaffen. Damit wird die Grundlage geschaffen, partnerübergreifend zu arbeiten. Als Plattform für das Verkehrsmanagementsystem dient in Stuttgart ein koordinatenbasiertes System. Hierbei wird das World Geodetic System 1984 (WGS 84) als geodätisches Referenzsystem zur einheitlichen Grundlage für Positionsangaben genutzt, um eine eindeutige Identifikation und Definition der verkehrstechnischen Objekte sicherzustellen. Dieses koordinatenbasierte System ist insbesondere zur Visualisierung von Daten notwendig.

2.3.5 Standards zum Daten- und Informationsaustausch

Die Anbindung zum zugeordneten Verkehrsrechner erfolgt über teilweise standardisierte Schnittstellen. Generell werden momentan bei der Erneuerung von Steuergeräten Schnittstellen verwendet, die von den genannten Herstellern geliefert werden und fabrikatsunab-

hängig sind. Diese entspringen einer Standardisierungsinitiative und werden als OCIT®
(Open Communication Interface for Road Traffic Control Systems) bezeichnet.

Als Steuerungsverfahren für Lichtsignalanlagen wird aktuell „LISA-PLUS®" eingesetzt. Die Landeshauptstadt Stuttgart verwendet dieses Steuerungsverfahren derzeit bereits an einem Großteil der Lichtsignalanlagen im Stadtgebiet und fordert im Hinblick auf
eine einheitliche Systempflege dieses Steuerungsverfahren auch für zukünftige Anlagen
ein. Dieses Verfahren bietet ebenfalls den Vorteil herstellerübergreifend einsetzbar zu sein.

2.4   Verkehrs- und betriebstechnische Funktionen

Lichtsignalanlagen müssen rund um die Uhr in Betrieb oder zumindest betriebsbereit sein.
Wie alle technischen Systeme erfordern die 800 Lichtsignalanlagen und acht Verkehrsrechner eine regelmäßige Wartung, die in Teilen auch gesetzlich vorgeschrieben ist:

- Bei Ausfällen muss rasch für eine Beseitigung der Störung gesorgt werden.
- Signalgeber, Steuergerät, Detektoren und Verkehrsrechner verbrauchen in ihrem Be-
  trieb Strom.
- Die installierten Signalprogramme müssen wie jede andere Software regelmäßig ge-
  pflegt und an veränderte Verkehrsströme angepasst werden.
- Die Wartung der Anlagen ist Bestandteil der planbaren Instandhaltung.

Basierend auf den zutreffenden Gesetzen bzw. einschlägigen Vorschriften und Normen
werden die anzuwendenden Wartungs- und Prüfungsintervalle festgelegt. Weiterer wesentlicher Bestandteil sind die einschlägigen Vorschriften der Gerätehersteller. Abhängig
von den jeweiligen Betriebsmitteln und Geräten können diese unterschiedlich sein. Die
Tätigkeiten umfassen neben den zu dokumentierenden Prüfungen auch Sichtkontrollen an
Außenanlagen und Aufstellvorrichtungen. Das gesamte technische Equipment wird funktionserhaltend gereinigt, notwendige Leuchtmittel werden ersetzt bevor deren Leuchtdauergrenzen erreicht sind.

Bei Wartungsarbeiten muss i. d. R. die Lichtsignalanlage abgeschaltet werden. Sie
können u. a. aus Sicherheitsgründen und arbeitstechnischen Gründen nur am Tag durchgeführt werden, wobei hier jedoch das Verkehrsaufkommen meist hoch ist. Der verfügbare Zeitrahmen wird von der Straßenverkehrsbehörde an großen Knotenpunkten weiter
eingeschränkt, um die Verkehrsbehinderungen durch ausgeschaltete Signalanlagen zu
minimieren. Sofern möglich werden alternativ zur Knotenregelung Ersatzmaßnahmen
durch die Polizei durchgeführt. Hierunter fallen Provisorien, Abschrankungen oder Einengungen. Diese Maßnahmen liegen in der Regel bereits als genehmigter Plan vor und
werden zumeist vom Jahresbauer für Verkehrssicherung oder von der städtischen Bauabteilung eingerichtet. Die Dokumentation der Maßnahmen wird in einer Datenbank geführt. Gegenstand der Datenhaltung ist ein Berichtswesen für Wartung, VDE-Prüfung und
Lampenwechsel.

Die technische Instandsetzung wird primär durch das vom Tiefbauamt beauftragte Unternehmen und den entsprechenden Signalbaufirmen durchgeführt. Die Rahmenbedingungen aus Gesetzen, technischen Vorschriften, Einsatzverfügbarkeit der Polizei und verkehrlichen Notwendigkeiten erfordern einen hohen finanziellen Aufwand.

3 Systemkomponenten

3.1 Verkehrssteuerung/-lenkung

3.1.1 Netzbeeinflussung

Die Netzbeeinflussungsanlage (NBA) im Stuttgarter-Norden (Abb. 5) ist seit 2006 in Betrieb. Bei unvorhersehbaren Störfällen auf der B10 zwischen der A81-Anschlussstelle Stuttgart-Zuffenhausen und dem Pragsattel gibt die Netzbeeinflussungsanlage dem Zielverkehr Stuttgart mittels dynamischen Wegweisern die Empfehlung auf die Alternativroute über die B295 auszuweichen. Grundsätzliches Ziel ist es, mittels festgelegter Maßnahmen auf Staus bzw. Störfälle zu reagieren.

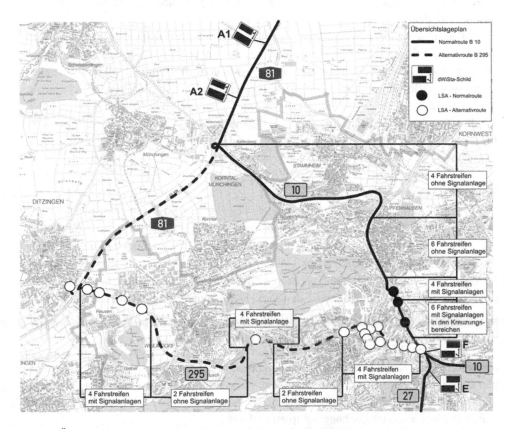

Abb. 5 Übersichtslageplan Netzbeeinflussungsanlage A81/B10/B295

Für die Steuerung der dynamischen Wegweisung wird über ein umfangreiches Netz an Erfassungseinrichtungen die Verkehrslage im Bereich des Dreiecks A81/B10/B295 ermittelt. Die Netzbeeinflussungsanlage ist in die IVLZ eingebunden und mit der Verkehrsrechnerzentrale des Landes Baden-Württemberg verknüpft. Stadteinwärts stehen zwei dynamische Wegweiser an der A81; stadtauswärts gibt es im Zuge der B27 ein Schild auf dem Pragsattel und in der Heilbronner Straße.

Umleitungsempfehlungen erfolgen grundsätzlich nur dann,

- wenn auf der Normalroute Überlastungen vorliegen und an den vorhandenen Lichtsignalanlagen bereits leistungsstarke Sonderprogramme geschaltet sind,
- wenn auf der Alternativroute eine ausreichende Kapazitätsreserve für die Aufnahme des verlagerbaren Durchgangsverkehrs vorhanden ist und
- wenn sich bei Aufnahme des verlagerungsfähigen Durchgangsverkehrs auf keinem der betrachteten Netzabschnitte Kapazitätsengpässe einstellen werden.

3.1.2 Streckenbeeinflussung

Die Stadt Stuttgart betreibt keine reine Anlage zur Streckenbeeinflussung. Auf zwei zuführenden Bundesstraßen (B14 und B27) gibt es vom Land Baden-Württemberg betriebene Anlagen, die bis auf das Stadtgebiet verlaufen.

Auf der innerstädtischen Bundesstraße B14 gibt es vor zwei Knotenpunkten mit Lichtsignalanlagen eine Empfehlung der Geschwindigkeit (Abb. 6), um möglichst ohne Halt an den Signalanlagen die Knotenpunkte überqueren zu können. Dadurch soll im Sinne einer Streckenbeeinflussungsanlage eine Harmonisierung des Verkehrsflusses erreicht werden.

3.1.3 Knotenbeeinflussung

Im städtischen Verkehr wird die Knotenbeeinflussung ausschließlich über die Lichtsignalsteuerung abgewickelt. Nähere Erläuterungen dazu finden sich unter Abschn. 3.1.5

3.1.4 Tunnelsysteme

In Stuttgart gibt es derzeit 10 Straßentunnel. Von diesen sind 6 mit dynamischen Tunnelsperrsystemen ausgestattet. Die Tunnelsperrungen werden in Stuttgart von der Polizei ausgelöst, da die Integrierte Verkehrsleitzentrale nicht 24 h besetzt ist. Seit dem Frühjahr 2013 wird mit dem Tunnelleitsystems des Tunnel Heslach ein neues Konzept verfolgt. Im Zulauf des Tunnels wurden an wichtigen Entscheidungspunkten dynamische Informationstafeln aufgebaut, um frühzeitig den Verkehrsteilnehmer zu informieren. Dabei kann die Anzeige sowohl für die Tunnelsperrinformation als auch für sonstige Verkehrsinformationen eingesetzt werden. Im näheren Zulauf des Tunnels werden dann über Wechselverkehrszeichen (LED-Bündeltechnik) die Tunnelsperrungen und die Umleitungsstrecke angezeigt. Im Regelfall sind diese Schilder dunkel. Im Einsatzfall werden die LED-Anzeigen eingeschaltet. Sie informieren damit den Verkehrsteilnehmer und erhöhen deren Aufmerksamkeit. Die alte Technik der dynamischen Wechselwegweiser als Prismenwender wurde in diesem Zusammenhang komplett entfernt.

Abb. 6 Streckenbeeinflussung „Grün bei…"

3.1.5 Lichtsignalsteuerung

Lichtsignalanlagen gibt es in Stuttgart seit dem Jahr 1939. Seit den 50er-Jahren stieg ihre Zahl kontinuierlich bis 2008 an. Mittlerweile hat sich der Bestand bei etwas über 800 Anlagen eingependelt. Den größten Teil machen die sog. Vollanlagen aus. Sie steuern den Verkehr an Kreuzungen und Einmündungen. Hier wurde der höchste Bestand bereits 2005 erreicht. Hauptsächlich durch den Bau von Kreisverkehren ist diese Zahl in den letzten Jahren zurückgegangen. Zusätzlich ist zu berücksichtigen, dass in den Jahren 2006 und 2007 im Zuge der Verwaltungsreform weitere neue Signalanlagen hinzugekommen sind. Fußgängeranlagen dienen hauptsächlich der sicheren Querung von stark befahrenen Straßen und Sicherung von Schulwegen. Ihre Zahl hatte ebenfalls im Jahr 2005 den Höchststand erreicht. Seit dieser Zeit ist die Zahl leicht gesunken. Zur Regelung des Verkehrs in besonderen Fällen sind Sonderanlagen notwendig. Sie dienen vor allem der Sperrung von Tunneln bei Unfällen und Wartungsarbeiten sowie der Unterführungen an der innerstädtischen B14 bei Überflutung.

Im Folgenden werden die einzelnen Bestandteile der Lichtsignalsteuerung detailliert erläutert:

Abb. 7 LSA-Steuergerät

3.1.5.1 Steuergeräte

Die eingesetzten Steuergeräte (Abb. 7) der unterschiedlichen Hersteller weisen im Wesentlichen technologisch die nachstehend dargestellten Mindesteigenschaften auf, die je nach Anlagenhersteller etwas variieren können und derzeit die fortschrittlichsten Technologien dieser Produkte beschreiben. In Stuttgart sind insgesamt fünf LSA-Hersteller vertreten.

Die Anlagen verteilen sich wie folgt:

Firma A	49%
Firma B	41%
Firma C	6%
Firma D	3%
Firma E	1%

Basierend auf der aktuell verfügbaren Mikroprozessortechnik sind die jeweiligen Controller meist mehrkanalig ausgeführt. Das Steuergerät ist mit einer autarken, fehlersicher aufgebauten und in der Regel mindestens zweikanaligen Signalsicherung ausgerüstet. Jede dieser Prozessoreinheiten sollte eine vom Steuercomputer des Steuergerätes unabhängige Funktionalität sein. Die Prozessoren agieren autonom, wobei jeder unabhängig von dem anderen über einen getrennten Abschaltkanal die Steuereinheit abschalten kann. Die Abschaltgründe sind im Folgenden entsprechend aufgelistet:

- Ausfall von Sperrsignalen
- Unterschreitung der Mindest-Freigabezeiten
- Unterschreitung der Zwischenzeiten
- Ungewolltes Erscheinen von Freisignalen
- Programmablauffehler (Anlage bleibt in einem Signalbild stehen)
- Alle weiteren in der DIN VDE 0832 beschriebenen Fehler

Ferner befinden sich in den Steuergeräteschränken Bedien- und Anzeigeeinheiten, um Abläufe visualisieren zu können und Eingriffe zu ermöglichen. Darüber hinaus ist eine Polizeibedieneinheit vorhanden, um situationsbezogene Anlagenabläufe auszulösen. Um Anforderungen zu erfassen, sind Funkempfänger vorhanden, die zur Abdeckung des ÖPNV-Bereichs verwendet werden, sowie weitere Dateneingänge zur Entgegennahme von Fußgänger-, Rad- oder Fahrzeuginformationen.

3.1.5.2 Signalprogramme

Signalprogramme sind die Software, mit der die Steuergeräte betrieben werden. Signalprogramme berücksichtigen die rechtlichen Vorgaben wie Mindestgrünzeiten. Sie verarbeiten Informationen aus dem aktuellen Verkehrsgeschehen, die sie von den Detektoren erhalten. Dazu gehören u. a. ÖPNV-Anmeldungen, Fußgängeranforderungen und Schleifeninformationen aus dem Kraftfahrzeugverkehr. Sie regeln die Grünzeiten, die Phasenfolge der Verkehrsströme und deren zeitliche Abhängigkeiten. Im Bestreben, den Verkehrsraum im Sinne der konkurrierenden Ansprüche der Verkehrsteilnehmer möglichst optimal zu nutzen, werden die Signalprogramme immer komplexer. Die modernen Steuergeräte sind zunehmend in der Lage, tief verschachtelte Bedingungen aus den Detektormeldungen zu verarbeiten. Allerdings wird damit die Software auf der Logik-Seite immer fehleranfälliger. Die Testplätze der Signalbaufirmen sind heute noch nicht in der Lage, alle denkbaren Kombinationen auf Logikfehler hin zu überprüfen. Für nur selten auftretende Verkehrsabläufe, die nur wenige Sekunden Zeitgewinn bedeuten, ist der technische und finanzielle Aufwand bei Hard- und Software nicht zu rechtfertigen.

3.1.5.3 Verkehrsabhängige Steuerungen

War in den 1980er-Jahren die Anzahl möglicher Anforderungen durch die Gerätetechnik noch begrenzt, erlauben heute die modernen, mikroprozessorgesteuerten Steuergeräte eine nahezu unbegrenzte Flexibilität. Sofern die in den Richtlinien vorgeschriebenen Mindestgrünzeiten und die Zwischenzeiten zwischen sich kreuzenden Verkehrsströmen eingehalten werden, ist eine beliebige, flexible Abfolge aller Verkehrsströme grundsätzlich möglich. Dabei ist aber zu berücksichtigen, dass, je flexibler eine Steuerung am Einzelknoten ist, umso weniger ist eine Grüne Welle mit den benachbarten Knotenpunkten möglich. Grüne Wellen setzen gleiche Umlaufzeiten an allen Lichtsignalanlagen des betreffenden Streckenzugs voraus, im Idealfall also einen starren Ablauf ohne regelmäßige Anforderungen. In den meisten Fällen werden in Stuttgart Programme eingesetzt, die zwar als Basis eine feste Umlaufzeit haben und somit eine Koordinierung von Streckenzügen ermöglichen, aber bei Bedarf durch Anforderungen modifiziert werden können. Starke Beeinflussungen ergeben sich dann, wenn Stadtbahnen oder Busse bevorrechtigt werden und die Grünzeit der betreffenden Richtung um bis zu 30 s verlängert wird. Nach der Durchfahrt des ÖPNV müssen die Grünzeiten der Nebenrichtungen nachgeholt werden. Dabei wird zwar häufig ihre Dauer verkürzt, dennoch kann sich der Grünbeginn der Hauptrichtung im nachfolgenden Umlauf so weit verschieben, dass ein Teil des Fahrzeugpulks zum Stehen kommt. Nebenrichtungen, Radfahrer und Fußgänger werden dann ebenfalls auf Anforderung geschaltet, wenn davon ausgegangen werden kann, dass nicht in jedem Umlauf ein Verkehrsteilnehmer anfordern wird. Vielfach werden daher solche Ströme nur nachts auf Anforderung bedient. Am Tag bringt die feste Steuerung für Fußgänger meist kürzere Wartezeiten.

Die verkehrsabhängigen Steuerungen setzen für alle zu detektierenden Ströme entsprechende Erfassungseinrichtungen voraus, die zuverlässig funktionieren müssen. Bei deren Ausfall sinkt die Verkehrsqualität für alle Verkehrsteilnehmer merklich. Neben den Investitionen ist deren Wartung sehr kostenintensiv. Außerdem müssen in der Signalsteuerung aufwändige Rückfallebenen programmiert werden, um eine Mindestbedienung der Verkehrsströme zu gewährleisten.

3.1.5.4 Stadtbahnbevorrechtigung

Die Bevorrechtigung an Lichtsignalanlagen soll den Nahverkehr attraktiv und effizient machen. Zur Verkürzung der Fahrzeiten tragen selbstverständlich auch andere Maßnahmen wie z. B. leistungsstarke und komfortable Fahrzeuge, der niveaugleiche Einstieg vom Hochbahnsteig aus sowie der Fahrscheinverkauf an Automaten bei. Bis in die 1980er-Jahre hinein traten die weitaus größten Zeitverluste an Lichtsignalanlagen auf und betrugen etwa 12 % der Fahrzeit. Nach einigen Vorversuchen wurde 1987 durch den Gemeinderat der Landeshauptstadt Stuttgart die generelle Einführung der Stadtbahnbevorrechtigung beschlossen, welche auch die damaligen Straßenbahnlinien sowie die Zahnradbahn einschloss. Sie konnte 1997 mit der Umstellung der letzten noch fehlenden Signalanlagen an der Linie 15 abgeschlossen werden. Beim Neubau von Signalanlagen wird seither die Bevorrechtigung direkt implementiert.

Stadtbahn und Zahnradbahn fahren an insgesamt 190 Signalanlagen im Stadtgebiet. An 180 Anlagen ist eine volle Bevorrechtigung eingerichtet. Damit können die Bahnen diese Knoten im Regelfall ohne Zeitverlust passieren, und zwar auch dann, wenn auf den ersten Zug kurz darauf ein solcher der Gegenrichtung folgt. Lediglich Züge, die kurz hintereinander in der gleichen Richtung fahren, werden im Regelfall nicht sofort bedient, weil dies zu langen Rotzeiten anderer Verkehrsteilnehmer führen kann und das Erreichen der nächsten Haltestelle durch den Folgezuges ohnehin zu Wartezeiten führen würde.

3.1.5.5 Busbevorrechtigung

Nachdem durch die Beschleunigungsmaßnahmen bei der Stadtbahn deutliche Fahrzeitgewinne erzielt werden konnten, kam man Mitte der 90er Jahre überein, diese auch auf den Busverkehr auszudehnen. Dabei sollten zunächst die Linien mit dem größten Fahrgastaufkommen umgestellt werden. Unabhängig davon wird bei der Erneuerung oder dem Neubau von Lichtsignalanlagen seither stets eine Busbevorrechtigung eingerichtet. Bei

Maßnahmen an Stadtbahnlinien oder den o. a. Buslinien werden im Regelfall auch alle weiteren dort verkehrenden Linien, wie z. B. querende Buslinien, mit einbezogen. Üblicherweise hat dabei die Stadtbahn Vorrang vor dem Bus, in einzelnen Fällen muss aber eine in der Haltestelle stehende Bahn einen von der freien Strecke kommenden Bus passieren lassen. Durch dieses Vorgehen konnten auch auf den nicht in die Programme einbezogenen Linien Fahrzeiteinsparungen erzielt werden.

3.1.5.6 Sonderprogramme für die IVLZ

Damit die Integrierte Verkehrsleitzentrale angemessen auf Verkehrsstörungen oder hohes Verkehrsaufkommen reagieren kann, müssen entsprechende Sonderprogramme vorgehalten werden. Voraussetzung ist, dass

- mit dem Auftreten der Verkehrssituation mit einer gewissen Wahrscheinlichkeit zu rechnen ist,
- die Verkehrsströme in ihrer Verteilung abgeschätzt werden können und
- ein ausreichender Speicherplatz im Steuergerät vorhanden ist.

Bei Neubau oder Umbau von Knotenpunkten, der Erneuerung von Steuergeräten oder der Implementierung einer Bevorrechtigung werden diese Programme mit geplant und im Steuergerät versorgt. An wichtigen Knotenpunkten müssen gegebenenfalls mehrere Sonderprogramme vorgehalten werden, um möglichst viele Verkehrssituationen abdecken zu können. Um den Aufwand zu reduzieren, wird, wenn die Programme voraussichtlich nur sehr selten zum Einsatz kommen werden, fallweise auf eine Bevorrechtigung von Linienbussen verzichtet. Bei älteren Steuergeräten ist oft die Anzahl der möglichen Programme limitiert. In Einzelfällen müssen daher andere, wenig genutzte Programme entfallen.

3.1.5.7 Umweltgerechte Steuerung

Durch die Eingriffe der IVLZ ergeben sich unmittelbar positive Auswirkungen auf die Schadstoffbelastung und den Lärm im Stadtgebiet. Durch die Vermeidung oder schnelle Verringerung von Staus können die Umweltbelastungen schon heute durch die IVLZ reduziert werden. Voraussetzung dafür ist die Detektion der Verkehrsstörung, z. B. durch Induktionsschleifen und Verkehrsbeobachtungkameras. Über die üblicherweise vorhandenen Signalprogramme zur Steuerung des Regelverkehrs und ggf. über Sonderprogramme kann der Verkehr verflüssigt werden. Eine aktuelle emissions- bzw. immissionsabhängige Steuerung ist derzeit technisch noch nicht möglich, da den Verkehrsrechnern und der IVLZ keine Online-Immissionsdaten, Kurzzeitprognosen für die nächsten Stunden oder eine Prognose für den nächsten Tag von den dafür zuständigen Stellen bereit gestellt werden können.

3.1.5.8 Zusatzeinrichtungen für Blinde und Sehbehinderte

Gemäß dem Behindertengleichstellungsgesetz muss die Landeshauptstadt Stuttgart dafür sorgen, dass Blinde und Sehbehinderte Überwege gesichert queren können. Daher werden neue oder zu erneuernde Lichtsignalanlagen mit Zusatzeinrichtungen ausgestattet, bei Kreuzungen oder Einmündungen im Regelfall an allen Überwegen des Knotenpunktes. Hierdurch wird eine wesentlich teurere Nachrüstung im Bedarfsfall vermieden. Bei vorhandenen Signalanlagen werden Zusatzeinrichtungen dann nachgerüstet, wenn Hinweise auf eine häufigere Nutzung durch die genannten Personengruppen vorliegen oder entsprechende Anträge eingehen. Zumeist erfolgt dies über die entsprechenden Verbände, in Einzelfällen aber auch von betroffenen Einzelpersonen. Ein besonderes Augenmerk wird auf die Erreichbarkeit von Haltestellen gelegt. Handelt es sich um Stadtbahnhaltestellen, so muss zumindest ein Zugang behindertengerecht sein. Dazu muss auch der der in Stuttgart übliche Z-Überweg über die Gleise mit einbezogen werden. Bei den ersten blindengerechten Überwegen wurden akustische Signale verwendet. Obwohl nur auf Anforderung geschaltet, waren diese in der Bevölkerung wegen der kurzzeitigen Geräuschentwicklung nicht unumstritten. Dass sie letztendlich nicht weiter verwendet werden, hat aber einen anderen Grund. An vielen Knotenpunkten sind zwei oder mehr Überwege vorhanden, an denen die Fußgängersignale zeitlich versetzt auf Grün schalten. Um weiterhin flexibel und optimiert schalten zu können, sollte diese Regelung, sofern sinnvoll, auch für die Zusatzsignale übernommen werden. Die diesbezüglich notwendige Unterscheidung z. B. Dauerton/Unterbrochener Ton ließ sich aber mit fortschreitendem Ausbau kaum noch verwirklichen. Mittlerweile sind an 354 Lichtsignalanlagen Blindensignale installiert. Dies entspricht 48 % aller Voll- und Fußgängeranlagen. Nicht bewährt haben sich die sogenannten Suchtongeber, die permanent einen unterbrochenen Ton abgeben und dem Blinden das Auffinden des Mastes mit Anforderungstaster erleichtern sollen. Bei der Einführung gab es große Widerstände bei den Anwohnern, so dass letztlich auf diese Tongeber verzichtet wurde. Stattdessen werden im Regelfall Bodenindikatoren (Leitstreifen und Aufmerksamkeitsfelder) verwendet.

3.1.6 Informationstafeln

Neben den direkten Steuerungseingriffen, wie bei Lichtsignalanlagen und der Netzbeeinflussungsanlage spielt die Verkehrsinformation zukünftig eine noch größere Rolle. Der Aufbau von Verkehrsinformationstafeln auf ausgewählten Hauptstraßen ermöglicht die aktuelle und schnelle Informationsweitergabe an den Verkehrsteilnehmer während der Fahrt. Dadurch sollen vorhandene Reserven auf dem bestehenden Straßennetz optimal genutzt werden. Zusätzlich kann an ausgewählten Orten auf die alternative Möglichkeit der Nutzung der P+R-Parkplätze aufmerksam gemacht werden.

Zur schnellen Übermittlung von Verkehrsinformationen wurden im Jahr 2010 dynamische Verkehrsinformationstafeln an zwei strategisch wichtigen Punkten installiert. Strategisch wichtige Punkte sind insbesondere dort, wo verkehrliche Entscheidungspunkte vorhanden sind und zusätzlich noch Hinweise auf die Alternative ÖPNV gegeben werden können. Beispiele hierfür sind die beiden Tafeln der B27 vor dem P+R-Parkhaus Degerloch-Albstraße und der B14 im Bereich Vaihingen vor dem P+R-Parkhaus Österfeld. Auch vor dem P+R-Parkplatz Weilimdorf können kurze Informationstexte angezeigt werden. Damit sollen die Verkehrsteilnehmer gezielt auf der Fahrt Richtung Innenstadt auf Probleme im Straßennetz aufmerksam gemacht werden. Des Weiteren kann eine Empfehlung gegeben werden, auf die Alternative ÖPNV umzusteigen. Die IVLZ setzt diese Tafeln in vielfältiger Art und Weise ein, beispielsweise zur Information bei Sperrungen durch Unfälle, Baustellen, Feuerwehreinsätze und Demonstrationen sowie für Hinweise der Besucher des NeckarParks bzgl. der dortigen Parkplatzsituation.

Weitere Informationstafeln am Schattenring und in der Innenstadt am Wilhelmsplatz wurden aufgebaut. Sie dienen hauptsächlich der Verkehrslenkung bei Sperrungen des Tunnels Heslach, können aber auch weitergehende Informationen vermitteln.

Es liegen Planungen für ergänzende dynamische Verkehrsinformationstafeln für den Innenstadtbereich vor. Im Zusammenspiel mit den bereits vorhandenen Messstellen und Verkehrsbeobachtungskameras könnten durch die IVLZ vorhandene Kapazitätsreserven im Bereich des Cityrings gezielt genutzt werden um zeitlich begrenzt Verkehrsströme umzulenken und damit stau- und emissionsärmer zu führen.

3.1.7 Parkleitsysteme

In Stuttgart gibt es zurzeit zwei unterschiedliche Parkleitsysteme die grundsätzlich verschiedene Aufgaben haben.

3.1.7.1 Park- und Verkehrsleitsystem NeckarPark

Die Landeshauptstadt Stuttgart verfügt im NeckarPark im Stadtteil Bad Cannstatt über ein sehr attraktives und vielfältig genutztes Veranstaltungsgebiet mit mehreren Millionen Besuchern pro Jahr. Zur Steuerung und Lenkung des Individualverkehrs für Veranstaltungen und Besuchergruppen in der Mercedes-Benz Arena, der Wilhelma, der Schleyer-Halle, der Porsche-Arena, des Cannstatter Wasens, des Carl Benz Centers und der SCHARRena befinden sich im gesamten Zulaufgebiet 36 dynamische Schilder (Abb. 8) mit unter-

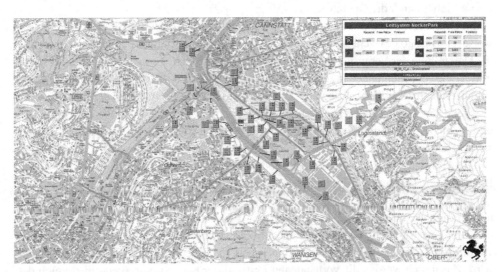

Abb. 8 Übersichtslageplan Park- und Verkehrsleitsystem NeckarPark

Abb. 9 Legendenwegweiser

schiedlichen Anzeigeelementen. Über diese Leitschilder können die Veranstaltungsbesucher gezielt zu den freien Parkflächen oder Parkhäusern gelenkt werden. Dabei kann in Kombination mit der Fahrstreifensignalisierung Talstraße (Abschn. 3.1.8) auf kurzfristige auftretende Verkehrsspitzen dynamisch reagiert werden. Die Anpassung der Textinhalte erfolgt dabei durch die Operatoren der IVLZ.

Im Eingangsquerschnitt zum Leitsystem wird auf einem ersten Schild (Legendenwegweiser) das Logo des Veranstaltungsortes dargestellt (Abb. 9). Im weiteren Verlauf erfolgt die Darstellung der Veranstaltungsorte in einem dynamischen Verkehrsleitschild (Abb. 10) mittels vier nebeneinander angebrachten Prismenwendern mit jeweils vier Anzeigeseiten. Ergänzende Informationen zu Veranstaltungen können über eine frei programmierbare Textzeile (5 × 7 Punktmatrix), jeweils unter der Prismenzeile, angezeigt werden. Im linken und rechten Bereich der Textzeile kann ein farbiges Grafikfeld (11 × 15 Punkte) zur Darstellung einfacher grafischer Symbole erscheinen.

Die Strategie zur Befüllung der vorhandenen Parkflächen, die Lenkung von Pkw und Bussen sowie bei Bedarf die getrennte Führung von Fangruppen werden dabei im Vorfeld mit allen Partnern der IVLZ abgestimmt. Über die Bedien-Clients in der IVLZ werden die notwendigen Szenarien für jede Veranstaltung vorversorgt und dann gezielt angesteuert. Die Anlage wird über 150 Mal im Jahr aktiviert, wobei das System innerhalb der Aktivierungszeit ggf. durch weitere Schaltungen dem aktuellen Verkehrsgeschehen angepasst wird. Zusätzlich werden die vorhandenen Leitschilder benutzt, vor allem im Bereich der Bundesstraße B10 und B14, über die LED-Textzeilen gezielt Hinweise über Unfälle, Bau-

Abb. 10 Dynamisches
Verkehrsleitschild

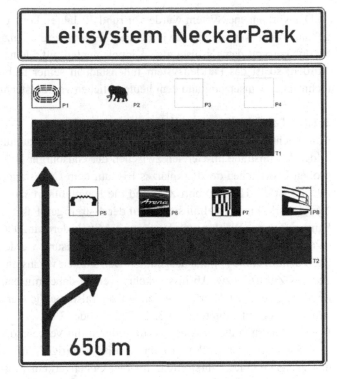

stellen oder Staus anzuzeigen. Damit soll die Verkehrssicherheit erhöht werden. Zusätzlich können im Störungsfall Umleitungsstrecken über eine U-Beschilderung in der LED-Textzeile geschaltet werden, um die Kapazitäten im Bereich des NeckarParks optimal nutzen zu können.

3.1.7.2 Parkleitsystem Innenstadt

Das Parkleitsystem für die Innenstadt bietet an ca. 80 dynamischen Schildern die Möglichkeit, den Parksuchverkehr umfassend über die freien Stellplätze der einzelnen Parkhäuser zu informieren. Über eine im Parkleitrechnersystem hinterlegte Logik werden freie Stellplatzzahlen zielgerichtet über die Parkleitschilder angezeigt. Dies bedeutet:

• bessere Orientierung, insbesondere für Ortsunkundige
• Reduzierung des Parksuchverkehrs und der damit verbundenen Nachteile von Verkehrsbehinderungen und Umweltbelastungen
• Bündelung des Parksuchverkehrs auf vorgegebenen Straßenabschnitten
• Verlagerung der Parkraumnachfrage vom öffentlichen Straßenraum in die ausgewiesenen Parkhäuser

Der vorhandene Parkleitrechner übernimmt dabei die Steuerungs- und Überwachungsfunktion sowie die ständige Dokumentierung des Betriebszustandes. Die Bedienung erfolgt über eine im System vorhandene Bedienstation.

Das vorhandene System wurde vor rund 30 Jahren konzipiert und vor rund 25 Jahren gebaut. Auch wenn in der Zwischenzeit sukzessive die Anzeigeelemente für die freien Stellplätze von damals bistabilen Kippelementen auf kleine LED-Anzeigen umgestellt wurden, so ist das Parkleitsystem Innenstadt in seiner technischen Konzeption, seiner technischen Umsetzung und dem heute üblichen verkehrstechnischen Design veraltet.

3.1.8 Fahrstreifensignalisierung Talstraße

Eine wichtige Zu- und Abfahrtsmöglichkeit zum Veranstaltungsgelände im NeckarPark bildet die Talstraße im Bereich zwischen der Gaisburger Brücke und der Zufahrt zu den großen Parkflächen des Parkplatzes P10 auf dem Cannstatter Wasen und dem Parkplatz P9. Sie ist die Hauptzufahrt zum und die Hauptabfahrt von den großen Parkflächen im NeckarPark. Im Normalfall stehen auf der 4-streifigen Fahrbahn ohne Mitteltrennen zwei Fahrstreifen pro Richtung zur Verfügung. Mittels der seit 2006 vorhandenen Fahrstreifensignalisierung (Abb. 11) mit variabler Spurzuweisung werden die vorhandenen Kapazitäten der Talstraße optimal ausgenutzt. Den starken veranstaltungsbedingten Schwankungen des Zufluss- bzw. Abflussverkehrs werden dabei mit entsprechenden Spurfreigaben Rechnung getragen. Hierbei werden auf der Talstraße die vier durchgängigen Fahrstreifen situationsgerecht aufgeteilt: 1+3, 2+2, 3+1 oder 3+0.

Die Steuerung dieser Anlage erfolgt durch die Verkehrsoperatoren der IVLZ. Bei der Umschaltung in ein Zuflussprogramm mit 3-streifiger Zufahrt und der damit verbundenen Freigabe eines Fahrstreifens für den Gegenverkehr muss sich der Operator vorher

Abb. 11 Fahrstreifensignalisierung

persönlich über vorhandene Kamerabilder überzeugt haben, dass der Fahrstreifen frei-gegeben werden kann. Erst danach erfolgt die neue Fahrstreifenzuweisung. Eingesetzt wird die Fahrstreifensignalisierung grundsätzlich bei Fußballspielen, Veranstaltungen in der Schleyer-Halle und sonstigen Großveranstaltungen mit hohem Besucheraufkommen.

Durch die Schaltungen konnten die Zu- und Abfahrtszeiten zu den Parkplätzen deut-lich gesenkt werden. Durch weniger Stau auf der Talstraße profitieren auch die Busse der Linie 56. Für Busse gibt es auch eine Sonderschaltung, bei der im Abfahrtsfall 3 + 0 der Bus als einziges Fahrzeug die Gegenrichtung befahren dar, für andere Fahrzeuge bleibt die Zufahrtspur gesperrt. Damit kann die Linie 56 schneller wieder ihren regulären Fahrweg benutzen.

3.2 Verkehrsinformationen

Grundbaustein für die Integrierte Verkehrsleitzentrale bildet ein schon seit 1996 im Einsatz befindliches Informationssystem, das unter dem Titel „Verkehrssicherheits- und -informa-tionszentrale" (VIZ) (Abb. 12) entwickelt wurde und vollständig in die IVLZ integriert ist. VIZ ist ein vernetztes Client-Server-System, das in mehreren Ämtern innerhalb der

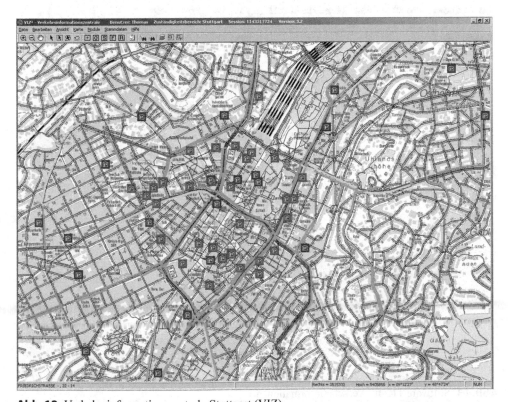

Abb. 12 Verkehrsinformationszentrale Stuttgart (VIZ)

Stuttgarter Stadtverwaltung sowie beim Polizeipräsidium Stuttgart und in der Betriebsleitstelle der Stuttgarter Straßenbahnen AG eingesetzt wird. VIZ ist mit den Parkleit- und Verkehrsrechnern der Landeshauptstadt Stuttgart sowie mit dem Unfalldateninformationssystem des Landes Baden-Württemberg verbunden und erhält Daten aus diesen Systemen. In einer zentralen Datenbank werden Grundinformationen über das Straßennetz und für besondere Objekte (wie z. B. Lichtsignalanlagen, Fußgängerüberwege, Schulwege, öffentliche Einrichtungen) vorgehalten und auf einer Vektorkarte dargestellt. Über dieses System werden die Parkraumdaten und die Verkehrslagedaten der Landeshauptstadt Stuttgart an den Internetauftritt übermittelt und veröffentlicht. Gleichzeitig werden diese Informationen an andere externe Stellen, wie beispielsweise den ADAC, übermittelt.

Parallel dazu gibt die IVLZ zusammen mit dem Führungs- und Lagezentrum des Polizeipräsidiums Stuttgart Verkehrsmeldungen an die Landesmeldestelle des Landes Baden-Württemberg ab. Beide stellen arbeiten dabei mit der einheitlichen Software TIC (Abb. 13), so dass eine reibungslose Kommunikation möglich ist. Die IVLZ ergänzt die klassischen Meldungen des Verkehrswarndienstes um zusätzliche Informationen, wie beispielsweise detaillierte Meldungen zum ÖPNV. Auch werden Prognosen im Zusammenhang mit Baustellen und Veranstaltungen erstellt. Die Meldungen werden nach Möglich-

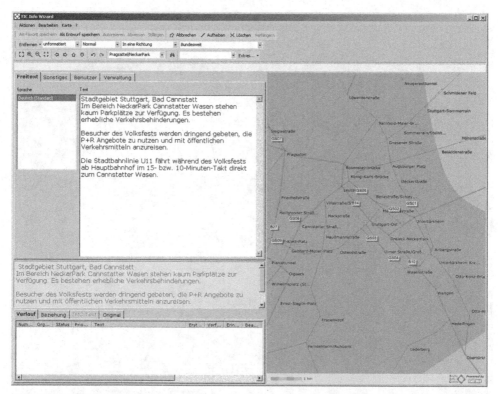

Abb. 13 Software TIC für Verkehrsinformationen

keit TMC-kodiert herausgegeben. Ist dies nicht möglich, so werden Freitextmeldungen erstellt. Die IVLZ besitzt eine enge Kooperation zu den ortsansässigen Radiosendern Südwestrundfunk (SWR), Antenne 1 und Die Neue 107,7. Diese werden exklusiv mit Verkehrsinformationen aus der IVLZ bedient.

Folgendes über den Verkehrswarndienst hinaus gehende Konzept steckt hinter der Herausgabe der Verkehrsinformationen:

Im Individualverkehr werden Meldungen zu bestehenden und erwarteten Verkehrsbehinderungen im Vorbehaltsstraßennetz des Landeshauptstadt Stuttgart herausgegeben. Diese umfassen folgende Themenbereiche

- hohes Verkehrsaufkommen
- Unfälle/Pannenfahrzeuge/Witterung/Rettungseinsätze/Schwertransporte
- Baustellen
- (Groß)Veranstaltungen
- Ausfälle von Lichtsignalanlagen an relevanten Knotenpunkten
- Witterung/wetterbedingte Störungen
- Weitergabe von
  - eingeleitete und vorbereitete Maßnahmen
  - voraussichtlicher Störungsdauer
  - geeigneten Alternativrouten
- Weitergabe von Parkrauminformationen für die städtischen Parkbereiche und die P+R-Plätze

Zusätzlich werden Verkehrsinformationen beim ÖPNV im Bereich der Busse und Stadtbahnen der SSB AG herausgegeben. Gibt dabei die IVLZ bereits eine Verkehrsmeldung zu Störungen im Individualverkehr heraus und ist von dieser Störung ebenfalls der Betriebsablauf des ÖPNV betroffen, so wird die Meldung für den ÖPNV als Zusatztext an die IV-Meldung angefügt. Liegt eine Störung ausschließlich beim ÖPNV vor, wird die Verkehrsinformation in Absprache mit der Betriebsleitstelle der SSB erstellt. Dabei werden folgende Kriterien beachtet:

- Weitergabe von Störungen (>45 min) im geplanten Betriebsablauf bei der SSB
  1. Linienunterbrechungen
  2. Umleitungen
  3. Nichtbedienung zentraler Umsteigehaltestellen oder mehrerer Bushaltestellen innerhalb eines Bereichs
- Weitergabe von Empfehlungen (alternative Fahrtmöglichkeiten)
  4. innerhalb des SSB Netzes
  5. innerhalb des S-Bahn Netzes

Um die Qualität der Verkehrsmeldungen zu erhöhen, wurde zusammen mit dem SWR innerhalb der bestehenden Software TIC ein Rückkanal zur IVLZ eingerichtet. Damit kann die IVLZ die von der SWR-Verkehrsredaktion redaktionell bearbeiteten Meldungen auf Plausibilität prüfen und gegebenenfalls Änderungen direkt veranlassen.

3.2.1 Pre-Trip

Die kompletten Verkehrsinformationen gehen in Pre-Trip-Informationen ein. So exportiert die IVLZ die Verkehrs- und Parkraumdaten sowie die aktuellen Verkehrsmeldungen auf Plattformen für das inter- bzw. multimodale Routing. Zusätzlich dazu werden Pressemitteilungen zu verkehrlich relevanten Ereignissen an die Printmedien und Radiosender herausgegeben. Dabei werden auch Hinweise zur Verkehrsmittelwahl gegeben.

3.2.2 On-Trip

Die kompletten Verkehrsinformationen gehen ebenfalls in On-Trip-Informationen ein. So exportiert die IVLZ die Verkehrs- und Parkraumdaten sowie die aktuellen Verkehrsmeldungen auf Plattformen für das inter- bzw. multimodale Routing, die in mobilen APP's Verwendung finden und damit ein wichtiger Baustein für die Information während der Fahrt darstellt. Gleichzeitig informieren die Radiosender über aktuelle Verkehrsbehinderungen und Prognosen. Auf der Fahrt erhalten die Verkehrsteilnehmer zudem über Verkehrsinformationstafeln aktuelle Informationen zu Verkehrsstörungen und Ereignissen.

4   Managementprozesse

4.1   Strategiemanagement

4.1.1   Prozessschritte

Die Grundlage eines erfolgreichen Verkehrsmanagement bildet ein zuständigkeitsübergreifendes abgestimmtes Strategiemanagement. Hierbei versteht man das Strategiemanagement als eine Abstimmung, Aktivierung, Überwachung und Aufhebung vorab entwickelter Verkehrsmanagementstrategien. Es dient der vorausschauenden Bewertung des Verkehrszustandes, der möglichen Vermeidung und Minderung von erwarteten Verkehrsproblemen (Prävention) und der Beseitigung eingetretener Störungen in kooperativer Vorgehensweise (Quelle: FGSV Arbeitspapier: Hinweise zur Strategieanwendung im dynamischen Verkehrsmanagement). Hierfür wurden in der Landeshauptstadt in den letzten Jahren festgelegte Handlungskonzepte mit konkreten Maßnahmen oder Maßnahmenbündeln für örtlich definierte Ereignisse und Strecken erarbeitet. In Zusammenarbeit des strategischen und operativen Bereiches der IVLZ wurden sukzessive Handlungsfelder definiert und in Abstimmung mit allen Partnern abgestimmte Szenarien erarbeitet und im Verkehrsmanagementsystem als sogenannte Aktionspläne versorgt. Da dies ein fortlaufender Prozess ist, erfolgt auch in den nächsten Jahren ein weiter Ausbau. Dabei werden grundsätzlich bestehende technische Verkehrseinrichtungen genutzt um verkehrssteuernden Maßnahmen umzusetzen. Bei der Erarbeitung abgestimmter Szenarien hat man sich

Planungsstufen		Arbeitsschritte (nach FGSV 381 und Projekterfahrungen)
Grundlagenermittlung	Basierend auf Grundsatzentscheidungen zum Verkehrsmanagement werden die konkreten Planungsgrundlagen ermittelt.	- Eingrenzung des Untersuchungsgebietes, Bildung von Sektoren - Bestimmung der strategierelevanten Netze für ÖV und MIV - Analyse der bestehenden Zuständigkeiten (inkl. vorhandene VM – Teilsysteme, Betriebsorganisation) - Bestandsaufnahme der Infrastruktur (Verkehrswege, Verfügbarkeit für verschiedene Verkehrsarten, Restriktionen) - Ermittlung der Verkehrsnachfrage für die Verkehrswege (Quelle – Ziel – Relationen) - Erfassung von VM – relevanten Situationen (Aufgaben, Ereignisse, Probleme)
Vorplanung	Für die VM – relevanten Situationen werden generell mögliche Lösungen ausgewählt und auf ihre Realisierbarkeit hin geprüft.	- Szenarien bilden und beurteilen, relevante Szenarien auswählen - Bestandsaufnahme der notwendigen Ressourcen für die Szenarien - Auswahl von geeigneten Maßnahmen - Ermittlung des notwendigen Handlungsbedarfs
Entwurfsplanung	Realisierbare Lösungen werden zu detaillierten Strategien ausgearbeitet und bewertet, erste werden Betriebskonzepte erstellt.	- Ausarbeitung verorteter Strategien - Verkehrliche Bewertung der Strategien, - Überprüfung von Nutzen – Kosten
Genehmigungsplanung	Positiv bewertete Strategien und die Betriebskonzepte werden zwischen VM-Akteuren abgestimmt und bestätigt.	- Verbindliche Vereinbarung zwischen den Partnern (Organisation, Finanzen)
Ausführungsplanung	Planung der auszuführenden verkehrlichen, technischen und organisatorischen Abläufe sowie flankierender Maßnahmen	- Umsetzung der funktionalen Strategiebeschreibung

Abb. 14 Strategieplanungsstufen und Arbeitsschritte. (Quelle: FGSV; Hinweise zur Strategieentwicklung im dynamischen Verkehrsmanagement)

grundsätzlich an der beschriebenen Planungsmethodik aus den „Hinweisen zur Strategieentwicklung im dynamischen Verkehrsmanagement" (Forschungsgesellschaft für Straßen und Verkehrswesen (FGSV): Hinweise zur Strategieentwicklung im dynamischen Verkehrsmanagement. Köln 2003 und 2011) orientiert. (Abb. 14)

Ein weiterer wichtiger Punkt eines erfolgreichen Strategiemanagement ist die Überprüfung der Wirksamkeit bzw. eine Qualitätsüberwachung der ausgelösten Strategien. Für das Qualitätsmanagement im Betrieb werden verkehrliche, umweltbezogene, prozessbezogene und potentialbezogene Kenngrößen definiert, erfasst und beurteilt. (Qualitätsmanagementkonzept für den Betrieb der Verkehrsrechnerzentralen des Bundes. Schriftreihen der Bundesanstalt für Straßenwesen, V187, Bergisch Gladbach, 2009)

4.1.2 Strategisches Netz

Die Definition eines Störfallnetzes für das Stadtgebiet von Stuttgart wurde initiiert, um für besonders gravierende Ereignisse im Hauptstraßennetz mögliche Alternativrouten in vordefinierter und abgestimmter Form bereit zu stellen. Grundlage für das strategische

Netz war das von der IVLZ-Aufbaugruppe festgelegte Hauptverkehrsstraßennetz. Darin enthalten sind:

- Regional bedeutsame Strecken, Strecken mit bekannten Problemen, Strecken die gesteuert werden sollen.
- Wichtige Knotenpunkte auf den Hauptrouten die entweder maßgebend für die Leistungsfähigkeit sind, oder an strategisch günstiger Stelle gute Steuerungsmöglichkeiten bieten.
- Die Anbindungen an verkehrsrelevante Orte wie Cannstatter Wasen, Mercedes-Benz-Arena, Messe, Flughafen, touristische Ziele, Einkaufzentren, große Parkhäuser, …

Für einzelne Segmente und Streckenzüge dieses Hauptverkehrsnetzes wurden für den besonders schweren Störfall bzw. entsprechende Großereignisse mit der Erfordernis einer Sperrung der Hauptroutenbeziehung sinnvolle Umleitungen oder zusätzliche Alternativrouten definiert. Sowohl die Hauptverkehrsstraßen, sowie die zugehörigen Umleitungs- und Alternativstrecken befinden sich ausschließlich auf dem politisch definierten Vorbehaltsnetz. Umleitungen durch Wohngebiete und Tempo 30-Zonen finden dabei keine Berücksichtigung.

Bei der Ausarbeitung neuer Umleitungsstrecken wurden bestehende Umleitungen berücksichtigt:

- Autobahnbedarfsumleitungen
- Umleitungen bei Tunnelsperrungen
- Umleitungen bei Großveranstaltungen
- Umleitungen bei Tunnelsperrungen außerhalb des Stadtgebiets
- Strecken für Sondertransporte
- Strecken für Gefahrguttransporte

Im Sinne eines integrierten Verkehrsmanagements wurden die Belange des ÖPNV eingebunden. Bei gravierenden Störungen oder Großveranstaltungen ist die Einrichtung von leistungsfähigen Sonder- oder Ersatzverkehren besonders wichtig.

Bei der Auswahl der Umleitungs- und Alternativrouten wurden bestehende Einschränkungen ebenfalls berücksichtigt:

- Strecken mit LKW-Tempolimit wegen Luftreinhalteplan
- Strecken mit (zeitl. beschränktem) LKW-Verbot wegen Lärmschutz.
- Strecken mit Verbot von Gefahrguttransporten
- Strecken mit Geschwindigkeitsbeschränkung für Gefahrguttransporte

4.1.3 Handlungsspektrum

Das räumliche Handlungsspektrum umfasst das Gebiet der Landeshauptstadt Stuttgart. Über eine Kooperation mit der Straßenverkehrszentrale des Landes Baden-Württemberg werden Strategien auch stadtübergreifend in der Alternativroutensteuerung eingesetzt. Des Weiteren werden Strategien über alle Verkehrsträger hinweg angewendet. Die IVLZ als intermodale Mobilitätszentrale betrachtet dabei den IV, ÖPNV, Radfahrer, Fußgänger und die Umwelt gleichermaßen.

Technisch umfassen die Strategien die Schaltung von Signalanlagen, Variotafeln, Alternativroutensteuerungen etc. Gleichzeitig aber auch die informative Komponente in Form von Verkehrsinformationen und Pressemitteilungen. Um die Überwachung der technischen Systeme zu gewährleisten werden diese nur dann geschaltet, wenn die IVLZ auch besetzt ist. Hierdurch sollen Fehlschaltungen verhindert werden. Zeitgesteuerte Strategien finden nur ganz selten Anwendung. Des Weiteren werden Strategien nur an den Stellen angewendet, an denen die IVLZ über Verkehrserfassungseinrichtungen Kenntnis über das aktuelle Verkehrsgeschehen hat.

4.1.4 Strategieentwicklung

Die Erarbeitung von Strategien besitzt nicht nur theoretischen Charakter, sondern wird von der operativen Erfahrung geprägt. Deshalb ist bei der Entwicklung von Strategien eine enge Zusammenarbeit von strategischem und operativem Bereich wichtig. Die unterschiedlichen Betrachtungswinkel sind dabei der Schlüssel zum Erfolg. Deshalb kann sowohl der strategische als auch der operative Bereich die Entwicklung einer Strategie anstoßen. In einer gemeinsamen Eingangsbesprechung werden die Beweggründe und die Ziele einer Strategie erörtert. Die Operatoren bringen dabei aus der Erfahrung des täglichen Handelns ihre Themen ein, während die Strategen aus der übergeordneten Betrachtung Vorschläge erarbeiten. Sie stellen die Randbedingungen und die politischen Vorgaben dar. Hierbei spielen verkehrspolitische Sachverhalte sowie die Belange aller Partner eine große Rolle. Daraufhin erstellt eine Arbeitsgruppe, die aus Strategen und Operatoren besteht, den ersten Entwurf einer Strategie. Diese wird unter allen Strategen und Operatoren sowie der Leitung der IVLZ erörtert und gegebenenfalls angepasst. Am Ende steht die Freigabe der Strategie durch den Leiter der IVLZ. Bei Bedarf wird die Strategie mit der IVLZ-Aufbaugruppe abgestimmt und gegebenenfalls in die IVLZ-Lenkungsgruppe eingebracht.

4.1.5 Strategieumsetzung

In der Strategieumsetzung sind das Wissen und die Erfahrung der Operatoren maßgebend. Es sind keine technischen Automatismen vorgesehen. Die Operatoren ermitteln vielmehr eigenständig über die zur Verfügung stehenden technischen Systeme die derzeitige verkehrliche Situation. Es erfolgt eine Bewertung der Eingriffsmöglichkeiten. Daraufhin wird die Anwendbarkeit der zur Verfügung stehenden Strategien geprüft. Die Entscheidung liegt dabei ausschließlich bei den Operatoren. Passt eine Strategie nicht vollständig auf die vorliegende Situation, ist es den Operatoren möglich, die Strategie entsprechend zu verändern. Passt wiederum keine der vorliegenden Strategien auf die bestehende Situation, dann ist es den Operatoren erlaubt, kurzfristig eine neue Strategie zu entwickeln und anzuwenden. Die Strategie ist nachträglich zu bewerten und in die offizielle Strategieentwicklung zusammen mit den Strategen einzubringen und einer abschließenden Freigabe zuzuführen.

4.2 Ereignismanagement

4.2.1 Baustellenmanagement

Seit Inbetriebnahme der IVLZ hat sich ein Wandel im Baustellenmanagement der Landeshauptstadt Stuttgart ergeben. Das bisherige Baustellenmanagement basierte ausschließlich auf theoretischen Verkehrsbelastungen. Die operative tägliche Erfahrung über das Verkehrsgeschehen im Stadtgebiet konnte damit nur unzureichend berücksichtigt werden. Seit 2006 ist die IVLZ direkt in das Baustellenmanagement eingebunden und entwickelt zusammen mit den beteiligten Ämtern Konzepte, um Baustellen möglichst verkehrsverträglich abwickeln zu können. Die IVLZ ist damit bei Baustellen auf Hauptverkehrsstraßen in den Genehmigungsprozess detailliert eingebunden.

In diesem Zusammenhang werden die folgenden verkehrlichen Themen berücksichtigt:

• Fuß- und Radwegesicherheit
• Schulwegsicherheit
• Gewährleistung des ÖPNV
• Gewährleistung des Individualverkehrs

Grundsätzlich werden alle Baustellen auf dem sog. Vorbehaltsstraßennetz in der stadteigenen Software der Verkehrsinformationszentrale (VIZ) genehmigt. Im Vorfeld der Genehmigung wird eine Anhörung bei den betroffenen Ämtern und Institutionen durchgeführt. Hierbei ist auch die IVLZ direkt in den Entscheidungsprozess eingebunden. Durch die Teilnahme an Baubesprechungen leistet die IVLZ einen großen Beitrag, um direkt die operativen Besonderheiten und Auswirkungen in den Prozess mit einbringen zu können. Damit wird die anordnende Behörde in ihrer Entscheidung unterstützt. Zusätzliche wöchentliche Besprechungen mit der Straßenverkehrsbehörde ergänzen die Entscheidungsfindung.

Im Genehmigungsprozess findet innerhalb des VIZ-Systems auch eine Konfliktprüfung statt. Konflikte können hierbei weitere Baustellen oder Veranstaltungen sein. Darüber hinaus treten aber auch Konflikte auf, wenn Strecken aus unterschiedlichen Gründen mit einer Reservierung belegt sind. Nach der positiven Konfliktprüfung wird eine Genehmigung erstellt. Bereits innerhalb des Genehmigungsverfahren beginnt die detaillierte strategische Arbeit in der IVLZ. Die Vorbereitung der Technik steht nun im Fokus. Die in Kap. 2 dargestellten technischen Systeme werden in die jeweilige Baustellenstrategie integriert. Die Schaltung von Signalanlagen, die nformationsweitergabe über die Verkehrsinformationstafeln und die Presse sowie den Rundfunk stehen dabei im Vordergrund. Wo möglich werden die Strategien der technischen Systeme vorprogrammiert. Während der Bauphasen werden die Strategien ständig überprüft und gegebenenfalls von den Operatoren situationsabhängig angepasst. Des Weiteren werden Vorabinformationen und aktuelle Verkehrsmeldungen veröffentlicht.

Die IVLZ ist damit auch bei der Abwicklung sowie der Baustellenkontrolle ein wichtiger Bestandteil. Durch die Überwachung des Verkehrsablaufs der Hauptverkehrsstraßen werden rasch Verkehrsstörungen aufgrund von Baustellen erkannt. Über die stadteigene Software der Verkehrsinformationszentrale (VIZ) können die genauen Baustellendaten und -genehmigungen ermittelt werden. Aus der IVLZ heraus wird dann umgehend Kontakt zu den Bauleitern aufgenommen, um die Probleme im Verkehrsablauf schnellstmöglich zu lösen. Auch kann die IVLZ die falsche Ausführung von Baustellenanordnungen und ungenehmigte Baustellen schnell identifizieren und regelnd eingreifen. Hier stellt die Struktur der IVLZ einen großen Vorteil dar. Im Zusammenspiel aller Partner werden Maßnahmen ergriffen, um falsche Ausführungen schnellstmöglich zu beseitigen und ungenehmigte Baustellen einstellen zu lassen. Hier ist vor allem das Zusammenspiel von IVLZ, Verkehrsbehörde und der Polizei zu nennen.

4.2.2 Veranstaltungsmanagement

Wie bei den Baustellen ist die IVLZ im Genehmigungsprozess detailliert eingebunden. Ähnlich wie beim Baustellenmanagement übernimmt die IVLZ auch bei Veranstaltungen eine maßgebende Beratungsfunktion, Durch die frühzeitige Einbindung in die Planung von Veranstaltungen, die das Vorbehaltsstraßennetz der Landeshauptstadt direkt betreffen oder Auswirkungen darauf haben, wird die operative Erfahrung frühzeitig berücksichtigt. Somit werden die verfügbaren technischen Möglichkeiten optimal in den Planungsprozess integriert. Auch hier ist der enge Kontakt zu den Fachämtern, zur Polizei und zur Stuttgarter Straßenbahnen AG ein großer Erfolgsfaktor. Strategien werden mit allen beteiligten Stellen entwickelt und abgestimmt. Auch wird dabei je Veranstaltung eine Kommunikationsstruktur aufgebaut. Bei Bedarf werden von der IVLZ Pressemitteilungen mit den zu erwartenden verkehrlichen Behinderungen herausgegeben. In diesem Zuge wird auf die Nutzung des ÖPNV hingewiesen

Während der Veranstaltung übernimmt die IVLZ das operative Verkehrsmanagement und steht in engem Kontakt zur Polizei, den beteiligten Ämtern und dem Veranstalter. Die abgestimmten Strategien werden umgesetzt und bei Bedarf auf die jeweilige Situation angepasst. Wird die Veranstaltung von einem Polizeieinsatz begleitet, dann erfolgen Eingriffe in den Verkehr oder das Versenden von Verkehrsinformationen in Absprache mit der Einsatzleitung der Polizei.

Bei großen Veranstaltungen erfolgt im Nachgang eine Abschlussbesprechung, um die Abläufe zu prüfen und die Erfahrungswerte allen Beteiligten zur Verfügung zu stellen.

4.3 Störfallmanagement

Bei nichtplanbaren Ereignissen, wie Unfällen oder Straßensperrungen, kommt das Störfallmanagement zum Einsatz. Hierbei erfolgt die Auslösung der vordefinierten Strategien

Ad hoc. Die Entwicklung und Definition dieser Strategien ist im Abschn. 4.1 Strategie-management beschrieben.

5 Kooperationspartner

5.1 Grundlagen und Formen der Zusammenarbeit

In Bezug auf die Kooperationspartner gibt es keine expliziten Regelungen. Die gemein-samen Interessen der Institutionen sind Grundlage der Kooperation. In der Regel handelt es sich um einen Informationsaustausch über die unterschiedlichsten Medien. Bei Bedarf werden auf beiden Seiten Dienstanweisungen über den detaillierten Ablauf und die Vor-gehensweise erstellt, die den Operatoren beider Seiten an die Hand gegeben werden.

Die IVLZ betreibt dabei sowohl zentrale als auch dezentrale Kooperationen. Im Sinne des integrierten Ansatzes der IVLZ sind die Kooperationen verkehrsträgerübergreifend.

Innerhalb und außerhalb der Stadtverwaltung besitzt die IVLZ hohes Ansehen durch die detaillierte Kenntnis über das tägliche operative Verkehrsgeschehen. Die IVLZ ist des-halb sehr stark in Prozessen beratend tätig, um theoretische Planungen der Fachämter mit den operativen verkehrsträgerübergreifenden Erfahrungen anzureichern.

Die IVLZ arbeitet dabei zentral im SIMOS-Gebäude (Leitstelle für Sicherheit und Mo-bilität in Stuttgart) mit folgenden Institutionen zusammen:

5.1.1 Störmeldezentrale
Organisatorisch untersteht die Störmeldezentrale der EnBW Energie Baden-Württemberg AG und wird im Auftrag des Tiefbauamtes der Landeshauptstadt Stuttgart betrieben. Die Störmeldezentrale ist zuständig für die Entstörung der technischen Einrichtungen, wie beispielsweise die Lichtsignalanlagen. Sie steht damit auch in engem Kontakt zu den Si-gnalbaufirmen.

Die IVLZ hält engen Kontakt zur Störmeldezentrale, um

- frühzeitig Störungsmeldungen beiderseitig auszutauschen,
- eine zeitnahe Störungsbehebung zu veranlassen und
- eventuell notwendige Maßnahmen durch die IVLZ einzuleiten.

5.1.2 Integrierte Leitstelle Stuttgart (ILS)
Die Integrierte Leitstelle Stuttgart (ILS) ist die gemeinsame Rettungsleitstelle von Feuer-wehr Stuttgart und dem Deutschen Roten Kreuz. Die Vernetzung der Leitstellen bringt zahlreiche Synergieeffekte mit sich: Die Rettungs- und Einsatzkräfte können effektiver eingesetzt und der Verkehr kann besser erkannt und gesteuert werden. Bei Einsätzen der Feuerwehr, bei denen es zu Verkehrsbehinderungen kommt, wird die Verkehrsleitzentrale unmittelbar informiert.

Die IVLZ hält engen Kontakt zur ILS, um

- die Rettungseinsätze der ILS verkehrlich optimal unterstützen zu können,
- regelmäßig Erfahrungen in verkehrsrelevanten Angelegenheiten auszutauschen und
- einsatzrelevante Informationen zur Gesamtverkehrslage zeitnah weiterzugeben.

5.2 Regionale Verkehrszentralen

5.2.1 Zusammenarbeit mit der Verkehrsrechnerzentrale (VRZ) der Landesstelle für Straßentechnik (LST)

Die IVLZ hält engen Kontakt zur Straßenverkehrszentrale des Landes Baden-Württemberg, um

- Verkehrsmanagementstrategien abzustimmen und
- gemeinsam betriebene Netz- und Streckenbeeinflussungsanlagen zu schalten.

5.3 Verkehrsunternehmen im Öffentlichen Verkehr

5.3.1 Stuttgarter Straßenbahnen AG

Die Stuttgarter Straßenbahnen AG (SSB) ist Partner der IVLZ und damit direkt in die strategische Planung und die operativen Entscheidungen eingebunden. Die IVLZ hält zudem engen Kontakt zu den Fachdienststellen und der Betriebsleitstelle der SSB. Das Aufgabenspektrum umfasst dabei:

- Beratung der SSB-Fachdienste in Bezug auf Veranstaltungs- und Baustellenverkehre
- Abstimmung der operativen IVLZ-Maßnahmen mit denen der Betriebsleitstelle.
- Einbeziehung des SSB-Störfallmanagements in das der IVLZ zur Unterstützung des SSB-Betriebes:
  - Abfrage der von der Betriebsleitstelle eingeleiteten Maßnahmen
  - Gemeinsames Störfallmanagement unter Einsatz der operativen Hilfsmittel der IVLZ zur Unterstützung der von der Betriebsleitstelle eingeleiteten Maßnahmen
  - Unterstützung des Informationsservices in Abstimmung mit der Betriebsleitstelle und den SSB-Fachdiensten.

Die Aufgaben der IVLZ gehen über die aktive Steuerung hinaus. An Knotenpunkten und Streckenabschnitten an denen regelmäßig Behinderungen auftreten, ist auf Dauer ein manuelles Eingreifen zu aufwändig. Der Fokus muss hier auf der Anpassung der automatischen Abläufe in den Signalanlagen liegen. Auf Grundlage der Beobachtungen der Operatoren werden die vordringlichen Maßnahmen durch die SSB zusammengestellt und dem Tiefbauamt vorgelegt. Nun werden gemeinsam mit dem Tiefbauamt die einzelnen

Maßnahmen priorisiert und deren Umsetzung geplant. Die im operativen Betrieb identifizierten, systematischen Störstellen im Streckennetz der SSB-Busse können so entschärft und dadurch die Bedienungsqualität für die Fahrgäste weiter verbessert werden.

5.3.2 Verkehrsverbund Stuttgart (VVS)

Der Verkehrs- und Tarifverbund Stuttgart (VVS) leistet zusammen mit seinen Partnern einen entscheidenden Beitrag für die Sicherung und Verbesserung der Mobilität im Ballungsraum Stuttgart. Das Verbundgebiet umfasst die Landeshauptstadt Stuttgart sowie die vier Nachbarlandkreise Böblingen, Esslingen, Ludwigsburg und Rems-Murr-Kreis. Zum VVS gehört auch die SSB AG als Partner der IVLZ. Die Kooperation mit dem VVS umfasst über das Aufgabengebiet der SSB AG hinaus den Bereich der S-Bahnen. Die Verkehrsmeldungen der IVLZ werden dem VVS ständig zur Verfügung gestellt. Umgekehrt erhält die IVLZ Meldungen über Störungen im Betriebsablauf der S-Bahnen. Des Weiteren erfolgen im Vorfeld von Großveranstaltungen Absprachen über die Kommunikation und die Strategien.

Gleichzeitig ist die IVLZ in Projekten mit dem VVS verbunden. Hierzu gehört unter anderem die Mitarbeit bei der Entwicklung der Stuttgart Service Card.

5.4 Polizei

Das Polizeipräsidium Stuttgart ist Partner der IVLZ und damit direkt in die strategische Planung und die operativen Entscheidungen eingebunden. Innerhalb der täglichen Arbeit hält die IVLZ enge Kontakte zum Führungs- und Lagezentrum und den einzelnen Polizeirevieren. Bei Polizeieinsätzen steht die IVLZ in ständigem Austausch mit der Einsatzleitung und ist aktuell über das Einsatzgeschehen informiert und kann damit in Absprache mit der Einsatzleitung gezielt im Sinne des Polizeieinsatzes in den Verkehr eingreifen.

5.5 Rundfunkanstalten

Seit vielen Jahren betreibt die IVLZ eine Kooperation mit den in Stuttgart ansässigen Radiosendern. Dies sind die Sender Südwestrundfunk (SWR), Antenne 1 und die Neue 107,7. Die IVLZ beliefert diese Verkehrsredaktionen ständig mit aktuellen Verkehrsinformationen und Prognosemeldungen. Die von der IVLZ bereitgestellten Verkehrsinformationen besitzen eine sehr hohe Aktualität und Qualität, so dass diese von den Sendern schnell und zuverlässig an die Hörer übermittelt werden. Dies erfolgt über den halbstündlichen Verkehrsfunk oder über die Internetseite der einzelnen Sender. Neben den klassischen IV-Meldungen hat die IVLZ erreicht, dass nun verstärkt auch Meldungen über den ÖPNV aktuell oder als Prognosemeldung kommuniziert werden. Dies entspricht auch hier dem verkehrsträgerübergreifenden Ansatz der IVLZ.

Vor allem mit dem SWR hat sich eine noch engere Zusammenarbeit entwickelt. Eine regelmäßig beratende Arbeitsgruppe treibt die technische und informatorische Weiterentwicklung voran. Hierbei wird derzeit an einer Pilotanwendung mit innovativen Ansätzen in Bezug auf die Herausgabe von Informationen gearbeitet. Dadurch soll die Qualität der Meldungen und die Art und Fülle der möglichen Informationen nochmals verbessert werden.

5.6 Private Dienstleister

5.6.1 Veranstaltungsgesellschaft in.Stuttgart

Mit der Veranstaltungsgesellschaft in.Stuttgart besitzen die Events und Veranstaltungsstätten in der Landeshauptstadt ein gemeinsames Dach. Von der Hanns-Martin-Schleyer-Halle, der Porsche-Arena, dem Kultur- und Kongresszentrum Liederhalle über den Cannstatter Wasen bis zu den Innenstadtveranstaltungen, der Freilichtbühne auf dem Killesberg und dem Easy Ticket Service – alles steht nun unter einer Regie. Sport, Kultur, Konzerte, Feste und Business – auf diese klar umrissenen Geschäftsfelder konzentriert sich die in.Stuttgart.

Die IVLZ unterhält eine enge Bindung zur in.Stuttgart. Über den Informationsaustausch, Absprachen und der Nachbereitung erhält die Abwicklung der Veranstaltungen eine bessere Basis. Im Besonderen zu nennen ist dabei die enge Verknüpfung zum Ticketverkauf. Den Veranstaltungsverkehr betreffende Prognosemeldungen können über den Newsletter des Easy-Ticket-Services gezielt veröffentlicht werden. Meldungen können beispielsweise Hinweise über zu erwartende Verkehrsbehinderungen durch knappen Parkraum oder sich überschneidende Veranstaltungen sein. Ergänzt werden diese Mitteilungen um das Angebot des ÖPNV und den Hinweis auf das Kombiticket, das die Nutzung des ÖPNV innerhalb des Verkehrsverbunds Stuttgart mit der Eintrittskarte ermöglicht.

5.6.2 Parkraumbetreiber Veranstaltungsbereich NeckarPark

Seit Inbetriebnahme der IVLZ hat sich im verkehrlich hoch belasteten Veranstaltungsbereich NeckarPark eine enge Kooperation mit dem Betreiber der Parkplätze entwickelt. Detaillierte konzeptionelle Ausarbeitungen über die Befüllung und Entleerung der Parkplätze sowie ständige Absprachen und Informationsaustausche sind das Ergebnis, welches sich sehr positiv auf die verkehrliche Situation auswirkt.

5.6.3 Deutsches Luft- und Raumfahrtzentrum (DLR)

Seit 2004 arbeitet in der IVLZ ein FCD-System des Deutschen Luft- und Raumfahrtzentrums (DLR), das die Operatoren der IVLZ bei ihrer Arbeit unterstützt. Das System erweitert und ergänzt die Daten aus der vorhandenen stationären Erfassung um Reisezeitinformationen aus der Taxiflotte der Taxi-Auto-Zentrale Stuttgart (TAZ). Diese Floating Car Data (FCD) werden dabei aus den ca. 700 von der TAZ koordinierten Taxis erzeugt.

5.7 Bedeutende Verkehrserzeuger

5.7.1 Flughafen und Landesmesse Stuttgart
Mit der Messe Stuttgart und dem Flughafen gibt es nur in der Hinsicht eine Zusammenarbeit, als dass die IVLZ die Daten der Parkraumbelegung erhält, ohne dort steuernd einzugreifen. Die Messe bzw. der Flughafen Stuttgart besitzen ihr eigenes automatisches Leitsystem.

5.7.2 Veranstaltungsorte
Im Zuge von Veranstaltungen gibt es einen engen Austausch mit den Veranstaltungsorten, insbesondere im von Veranstaltungen hoch frequentierten NeckarPark mit den Veranstaltungsorten Mercedes-Benz Arena (60.000 Besucher), Hanns-Martin-Schleyer-Halle (15.000 Besucher), der Porsche Arena (7500 Besucher) und dem Cannstatter Wasen. Die Lenkung des Besucherverkehrs erfolgt über das Leitsystem NeckarPark und die Fahrstreifensignalisierung. Direkte Absprachen mit den Parkplatzbetreibern und den Veranstaltern erfolgen regelmäßig. Der Parkplatzbetreiber informiert die IVLZ auch ständig über die Auslastung der zur Verfügung stehenden Parkflächen, so dass hierüber und durch eigene Erkenntnisse dynamisch die Lenkung des Verkehrs angepasst werden kann.

5.8 Betreiber von Verkehrsanlagen

In Stuttgart ist das Tiefbauamt als Baulastträger Betreiber der Verkehrsanlagen.

Die Wartung dieser Verkehrsanlagen ist Bestandteil der planbaren Instandhaltung. Basierend auf den zutreffenden Gesetzen bzw. einschlägigen Vorschriften und Normen werden die anzuwendenden Wartungs- und Prüfungsintervalle festgelegt.

Weiterer wesentlicher Bestandteil sind die einschlägigen Vorschriften der Gerätehersteller. Abhängig von den jeweiligen Betriebsmitteln und Geräten können diese unterschiedlich sein. Die Tätigkeiten umfassen neben den zu dokumentierenden Prüfungen auch Sichtkontrollen an Außenanlagen und Aufstellvorrichtungen. Das gesamte technische Equipment wird funktionserhaltend gereinigt, notwendige Leuchtmittel werden ersetzt bevor deren Leuchtdauergrenzen erreicht sind.

Es werden Ausführungslisten erstellt und in Abhängigkeit der Kreuzungsprioritäten erfolgt eine Abstimmung mit den betroffenen Beteiligten im Vorfeld der Wartungsleistung. Mit der Polizei wird terminlich abgestimmt wann ein ggf. erforderlicher Regelungseinsatz möglich ist.

Bei Wartungsarbeiten muss i. d. R. die Lichtsignalanlage abgeschaltet werden. Sie können u. a. aus Sicherheitsgründen und arbeitstechnischen Gründen nur am Tag durchgeführt werden, wobei hier jedoch das Verkehrsaufkommen meist hoch ist. Der verfügbare Zeitrahmen wird von der Straßenverkehrsbehörde an großen Knotenpunkten weiter eingeschränkt um die Verkehrsbehinderungen durch ausgeschaltete Signalanlagen zu minimieren. Sofern möglich werden alternativ zur Knotenregelung durch die Polizei Ersatzmaßnahmen durchgeführt. Hierunter können Provisorien, Abschrankungen oder Einengungen angesetzt werden. Diese Maßnahmen liegen in der Regel bereits als genehmigter Plan vor und werden zumeist vom Jahresbauer für Verkehrssicherung oder von der Bauabteilung eingerichtet.

Die Dokumentation der Maßnahmen wird von dem vom Tiefbauamt beauftragten Unternehmen in einer Datenbank geführt. Gegenstand der Datenhaltung ist ein Berichtswesen für Wartung, VDE-Prüfung und Lampenwechsel.

Die technische Instandsetzung wird primär durch das vom Tiefbauamt beauftragte Unternehmen und den entsprechenden Signalbaufirmen durchgeführt.

Die Rahmenbedingungen aus Gesetzen, technischen Vorschriften, Einsatzverfügbarkeit der Polizei und verkehrlichen Notwendigkeiten erfordern einen hohen finanziellen Aufwand, der sich nicht mehr weiter reduzieren lässt. Das Einsparpotential ist ausgeschöpft.

6 Qualität und Wirkungen

6.1 Qualitätsmanagement organisatorischer Prozesse

Grundsätzlich befindet sich das Qualitätsmanagement in der IVLZ im Aufbau. Dabei ist das Qualitätsmanagement ein kontinuierlicher Prozess und macht die Qualität belegbar. Ziele für die Integrierte Verkehrsleitzentrale sind, die angewendeten verkehrsbeeinflussenden Maßnahmen auf ihre Wirkung zu dokumentieren und ihre Qualität zu sichern. Die Anforderungen an Qualität werden im Verkehr dabei zum Einen von den Betreibern der Verkehrssysteme beschrieben und zum Anderen von den Verkehrsteilnehmern als Qualität der Verkehrssituation und die Qualität der Verkehrsinformation wahrgenommen.

Diese Erkenntnisse können dann dazu genutzt werden, die Qualität zu verbessern. Mit einem Qualitätsmanagement in der IVLZ ist es möglich:

- die vorhandene Qualität gegenüber der Politik und der Öffentlichkeit zu dokumentieren,
- Mängel der verkehrstechnischen Einrichtungen (Detektoren, Steuerungseinrichtungen, Steuerungssysteme) zu identifizieren,
- Mängel zu identifizieren, die aus (internen) Prozessen resultieren,
- die internen Prozesse und den Ressourceneinsatz effizienter zu gestalten.

Bei den organisatorischen Prozessen werden die Überprüfungen der Abläufe sowohl im Inneren als auch nach außen durchgeführt. In wöchentlichen Besprechungen des operativen und strategischen Bereichs werden diese Prozesse zyklisch überprüft. Weiterhin erfolgt wöchentlich ein detaillierter Rückblick auf die Ereignisse und Maßnahmen der jeweils vergangenen Woche. Folgende Fragestellungen werden dabei beispielsweise abgearbeitet:

- Haben die angewendeten Strategien den gewünschten Effekt gezeigt?
- Waren die Vorabinformationen bei geplanten Ereignissen ausreichend?
- Welche neuen Erfahrungen gab es?
- Hat die Kommunikation mit internen und externen Stellen reibungslos funktioniert?

Gleichzeitig gibt es eine Optimierungsdatenbank, in der alle innerhalb des operativen Verkehrsmanagements auftretenden Probleme eingetragen werden. Diese einzelnen Punkte werden durch den strategischen Bereich weiterbearbeitet und nach Möglichkeit einer Lösung zugeführt. Eine ständige Interaktion zwischen dem strategischen und operativen Bereich ist hierfür wichtig.

Monatliche Routinen aller Mitarbeiter der IVLZ ergänzen diesen Qualitätsmanagementprozess. Des Weiteren gleichen die einzelnen Schichten über die Schichtübergaben die einzelnen Vorgehensweisen ab und geben dadurch die Erfahrungen direkt an die anderen Schichten weiter.

6.2 Qualitätsmanagement technischer Prozesse

Das Spektrum für ein Qualitätsmanagement im Verkehr umfasst sehr unterschiedliche Bereiche. Folgende Punkte werden dabei in der IVLZ betrachtet:

1. Datenqualität – Wie gut bzw. wie zuverlässig sind die erfassten Verkehrsdaten (z. B. Genauigkeit, Ausfallsicherheit)?
2. Verkehrsinformationsqualität – Wie gut ist die Qualität der Verkehrsinformationen, die an die Verkehrsteilnehmer weiter gegeben werden (z. B. Korrektheit und Aktualität der generierten Verkehrslage und der Meldungen)?
3. Verkehrslage – Wie gut ist die Qualität des Verkehrsangebots in Abhängigkeit vom Zeitpunkt der Fahrt (z. B. Verlustzeit)?
4. Umweltqualität – Wie gut werden Umweltgrenzwerte eingehalten (Z. B. Zahl der Tage mit Grenzwertüberschreitungen)?
5. Qualität des verkehrlichen Störfallmanagements – Wie schnell werden verkehrliche Störungen (Z. B. Unfälle) beseitigt?
6. Qualität des technischen Störfallmanagements – Wie schnell werden technische Störungen beseitigt?

Um die Qualität der beschriebenen Punkte dokumentieren zu können, müssen die Ergebnisse anhand geeigneter Kenngrößen quantifiziert werden. Anbei wird kurz beschrieben, wie und vor allem in welchem Umfang dies zukünftig in der Integrierten Verkehrsleitzentrale für einzelne aufgezählte Punkte erfolgen soll:
Datenqualität:

1. Funktionsfähigkeit und Vollständigkeit der Verkehrsdatenerfassung
2. Messquerschnittsbezogene Plausibilitätsprüfung der eingehenden Messdaten

3. Bereichsbezogene Plausibilitätsprüfung der eingehenden Messdaten
4. Zeitreihenanalysen der Verkehrsdaten

Verkehrsinformationsqualität:

1. Statistische Auswertung und Aufbereitung der in der IVLZ ermittelten Verkehrszustände
2. Ermittlung eines „Güteindex" für die Verkehrszustandsermittlung
3. Automatische Validierung der ermittelten Verkehrszustände auf bestimmten Strecken-abschnitten anhand ergänzender Informationen

Weiterhin ist eine wichtige Grundvoraussetzung für ein Qualitätsmanagement das Be-obachten des Betriebsstatus der technischen Einrichtungen sowie die Dokumentation der steuerungstechnischen Eingriffe. In den nächsten Jahren sollen diese Prozesse weiter auto-matisiert werden und damit ein umfassendes Qualitätsmanagement ausgebaut werden.

Auch die Qualität der Lichtsignalanlagen sollte laufend überprüft und auf Fehler oder Schwachstellen hin untersucht werden. Die Forschungsgesellschaft für Straßen- und Ver-kehrswesen (FGSV) hat in ihrer neuesten Richtlinie für Lichtsignalanlagen (RiLSA-Aus-gabe 2010) ein Kapitel über das Qualitätsmanagement von LSA beschrieben. Auch die Open Traffic Systems City Association e. V. (OCA), ein Verband von öffentlichen Bau-lastträgern aus Deutschland, Österreich und der Schweiz, hat sich Gedanken gemacht, welche Kriterien bei der Qualitätsuntersuchung wichtig sind. Dazu hat sie einen Leit-faden, mit dem Titel „Praktischer Leitfaden zur Beurteilung der Qualität an Lichtsignal-anlagen" erarbeitet, der den Einstieg in das Qualitätsmanagement erleichtern soll. Dieser Leitfaden wird in Stuttgart angewendet. In diesem Leitfaden werden Qualitätskriterien benannt, welche wichtig für die Bewertung der Qualität sind. Dabei geht es vor allem um die vier großen Bereiche Verkehrssicherheit, Verkehrsablauf, Betriebssicherheit und Umweltschutz (Abb. 15).

Abb. 15 Qualitätskriterien. (Quelle: „Praktischer Leitfaden zur Beurteilung der Qualität an Licht-signalanlagen", Open Traffic System City Association e. V., Arbeitskreis Qualitäts- und Sicherheits-standards, OCA e. V.)

Die Qualitätskriterien sind von Kenngrößen abhängig, welche wiederum Einflüsse auf die Ergebnisse haben. Dabei existieren unterschiedliche Kenngrößenarten, die sich wie folgt unterteilen:

- **Physikalisch:**
  Physikalische Kenngrößen werden durch Erhebungen oder Messungen ermittelt. Solche Werte kommen zum Beispiel bei der Berechnung der Wartezeiten zum Zuge.
- **Heuristisch:**
  Heuristische Kenngrößen können nicht genau ermittelt werden. Der Bearbeiter muss dabei nach eigener Abschätzung entscheiden, wie er die Größen bewertet. Dies kann dann zum Beispiel sein: groß, mittel, klein
- **Statistisch:**
  Statistische Größen sind Werte, die sich auf einen bestimmten Zeitraum beziehen. So muss, um die Ausfallrate bestimmbar zu machen, die Lichtsignalanlage über einen bestimmten Zeitraum betrachtet werden, zum Beispiel über ein Jahr.

Die genannten Kenngrößen sind so ausgerichtet, dass der Verkehrsablauf sicherer, flüssiger und umweltschonender wird. Dabei stehen die Verkehrsteilnehmer im Mittelpunkt und nicht die eingesetzte Technik oder die angewendeten planerischen Verfahren.

Den vier genannten Qualitätskriterien werden folgende spezifische Kenngrößen zugeordnet. Dabei ist zu beachten, dass im Leitfaden mehr Kenngrößen vorgeschlagen werden, die hier nicht alle berücksichtigt werden können:

Verkehrssicherheit:

- Unfallgeschehen
- Begreifbarkeit der Verkehrsführung vor und im Knotenpunkt und der Signalisierung für die Verkehrsteilnehmer
- Erkennbarkeit von Signalen
- Markierung, Beschilderung, Wegweisung
- Berechnete Zwischenzeiten und deren Einhaltung
- Zugang zu Haltestellen

Verkehrsablauf:

- Wartezeiten und Halte sowie Staulängen für MIV und ÖV
- Fußgänger- und Radfahrerbedingungen (Wartezeiten, Anzahl der Halte, Gesamtquerungszeit)
- Koordinierungsgrad (Anteil der ohne Halt durchfahrenden Fahrzeuge)
- Störeinflüsse (Ein-/Ausparken, Ein- und Ausfahrten in Knotenpunktnähe, Bahnübergänge)

Betriebssicherheit:

- Verfügbarkeit von Anlagenkomponenten (Ausfallrate und mittlere Ausfalldauer von Steuergerät, Signalgeber, Detektoren, Zentralenanschluss, Funkuhr sowie der ÖV-Meldepunkterfassung)
- Physischer Zustand der peripheren Ausrüstungen (Maste, Anforderungseinrichtungen, Signalgeber)
- Umweltschutz:
- Einhaltung technischer Vorschriften (z. B. elektromagnetische Verträglichkeit, Lärmpegel, akustischer Signale)
- Einsatz energiesparender Technik (z. B. LED)

Je nach Gestaltung des öffentlichen Raums und den Bedingungen, die an diesen Knotenpunkt für den Knotenpunktentwurf gestellt werden, kann es zu Zielkonflikten zwischen den Qualitätskriterien kommen.

Letztendlich ist es wichtig, dass das Ergebnis der Qualitätskriterien einheitlich und objektiv ausfällt. Nur dann sind die Lichtsignalanlagen hinterher vergleichbar und können auch gut bewertet werden.

6.3 Evaluierung verkehrstechnischer Maßnahmen

Die abgeleiteten verkehrsbeeinflussenden Maßnahmen müssen zielgerichtet eingesetzt und die zu erwartenden Wirkungen zuverlässig erkannt werden. Hierfür ist es notwendig, eine hohe Datenqualität und eine plausible, realitätsnahe Verkehrslagedarstellung zu gewährleisten. Die fach- und sachgerechte Bewertung hierzu ist in Abschn. 6.1 und Abschn. 6.2 detailliert beschrieben.

7 Perspektiven

7.1 Strategische Entwicklungslinie

Die IVLZ soll als wirkungsvolles Mittel einer umweltgerechten und verkehrsträgerübergreifenden Verkehrssteuerung ausgebaut werden. In diesem Zuge ist die Weiterentwicklung der IVLZ Teil des im Juli 2013 von Oberbürgermeister Fritz Kuhn vorgestellten Aktionsplans „Nachhaltig mobil in Stuttgart". Ziel des Aktionsplans ist die Schaffung von mehr Lebensqualität in Stuttgart (Abb. 16). Es geht vor allem um die Frage wie gut vernetzte Mobilität in der Stadt aufgebaut und organisiert werden kann. Die Strategie kombiniert stadtplanerische Instrumente mit der Verkehrsplanung und der Infrastrukturpolitik. Im Zentrum steht eine hohe Qualität des öffentlichen Raums durch intensive Förderung

Ziele des Aktionsplans

Mehr Lebensqualität
in der Landeshauptstadt Stuttgart

| Weniger Schadstoffe | Weniger Lärm | Weniger Staus | Weniger Stress |

Abb. 16 Ziele Aktionsplan „Nachhaltig mobil in Stuttgart"

der Innenentwicklung und eine Stadt der kurzen Wege. Hierzu müssen die Rahmenbedingungen für den ÖPNV und den Fuß- und Radverkehr verbessert sowie Anreize geschaffen werden für weniger Fahrten mit dem motorisierten Individualverkehr. Dafür sind neben Angebotsverbesserungen unter anderem auch Verhaltensänderungen und ein Bewusstseinswandel notwendig. Das gemeinsame Ziel ist, für die Bürgerinnen und Bürger zuverlässige und bezahlbare Mobilität sicherzustellen. Dabei wird es sehr darauf ankommen, dass die Städte, Landkreise, der Verband Region Stuttgart und die Unternehmen in Mobilitätsfragen optimal zusammenarbeiten.

Ein wichtiger Ansatzpunkt zur Erreichung der Ziele des Aktionsplans ist die Reduzierung des mit konventionellen Antrieben ausgestatteten Autoverkehrs im Stadtkessel um 20 %. Hierzu ist der Kfz-Verkehr zu vermeiden, zu verlagern und umweltverträglich zu gestalten.

Der Aktionsplan gliedert sich in neun Handlungsfelder (Abb. 17), die überwiegend auch die IVLZ und ihre Weiterentwicklung betreffen. Diese werden im Folgenden kurz dargestellt.

7.1.1 Intermodalität und Vernetzung

Der zunehmend komplexe und individualisierte Tagesrhythmus der Bürgerinnen und Bürger führt zu dem Wunsch nach maßgeschneiderten Mobilitätsdienstleistungen und der Verfügbarkeit eines bedarfsgerechten, schnellen, preiswerten und umweltfreundlichen Transportmittels. Der intermodale Verkehr ist ein Instrument zur Senkung der Umweltbelastung und Entlastung des Straßennetzes.

Handlungsfelder

Das Projekt gliedert sich in neun Handlungsfelder mit zugeordneten
Arbeitspaketen.

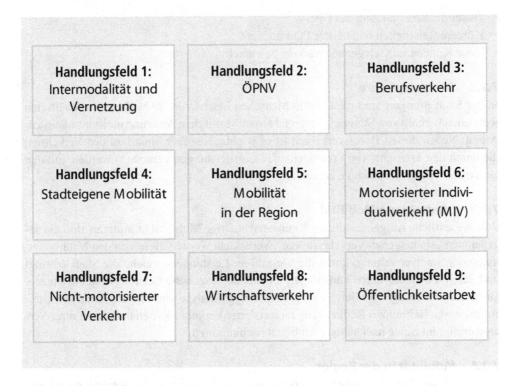

Handlungsfeld 1:
Intermodalität und
Vernetzung

Handlungsfeld 2:
ÖPNV

Handlungsfeld 3:
Berufsverkehr

Handlungsfeld 4:
Stadteigene Mobilität

Handlungsfeld 5:
Mobilität
in der Region

Handlungsfeld 6:
Motorisierter Indivi-
dualverkehr (MIV)

Handlungsfeld 7:
Nicht-motorisierter
Verkehr

Handlungsfeld 8:
Wirtschaftsverkehr

Handlungsfeld 9:
Öffentlichkeitsarbeit

Abb. 17 Handlungsfelder Aktionsplan „Nachhaltig mobil in Stuttgart"

Der Vernetzung der unterschiedlichen Verkehrsmittel und deren bequemen Zugäng-
lichkeit für die Bürgerinnen und Bürger kommt dabei eine entscheidende Bedeutung zu.
Geplante Maßnahmen sind hierfür im Zuge der IVLZ unter Anderem:

- Verkehrsmittelübergreifende und integrierte Verkehrslenkung
- Einführung der Stuttgart Service Card
- Weiterentwicklung der städtischen Mobilitätsberatung
- Schaffung eines Forums für alle Mobilitätsarten

7.1.2 ÖPNV

Ein gut ausgebauter und gut funktionierender ÖPNV sowie dessen aktive Vermarktung
sind das Rückgrat für jedes Mobilitätskonzept mit dem Anspruch, eine echte Alternative zum Motorisierten Individualverkehr (MIV) zu sein. Gemeinsam mit den Partnerver-

kehrsmitteln im Umweltverbund Fuß- und Radverkehr und modernen intermodalen Angeboten soll ein attraktives, alternatives Verkehrssystem entstehen, das dem Angebot des MIV mindestens ebenbürtig ist.

Hierzu gehören im Rahmen der Aufgaben der IVLZ unter Anderem:

- Die einfachere Nutzung des ÖPNV
- Kürzere Reisezeiten und höhere Pünktlichkeit
- Neue Kunden im Gelegenheitsverkehr gewinnen

7.1.3 Berufsverkehre

In der Stadt Stuttgart sind ca. 472.000 Menschen beschäftigt. 55% dieser Beschäftigten wohnen außerhalb von Stuttgart, davon fahren 60% mit dem Auto und meistens allein zur Arbeit. Neben diesen Berufsverkehren ist es wichtig, darüber hinaus zu den Verkehren, die durch den Transport von Produkten und Dienstleistungen verursacht werden, mit den Unternehmen ins Gespräch zu kommen.

7.1.4 Stadteigene Mobilität

Eine wesentliche Aufgabenstellung für eine nachhaltige Mobilität in Stuttgart sind die sogenannten „stadteigenen Verkehrsströme". Verursacht werden diese von den Mitarbeiter/innen der Stadtverwaltung, durch die Vielzahl an Leistungen, welche die Stadt erbringt und durch die Bürgerinnen und Bürger, die das umfangreiche Leistungsangebot nutzen. Die Stadtverwaltung wird durch eine systematische Analyse und Planung ihrer Verkehrsströme einen Beitrag zur Reduzierung motorisierter Verkehre leisten und damit ihrer Verantwortung im Sinne nachhaltiger Mobilität nachkommen.

7.1.5 Mobilität in der Region

Im Bereich des Verkehrs haben die Kommunen der Region Stuttgart sehr oft mit identischen Problemen zu kämpfen, so dass gerade hier eine engere Zusammenarbeit bei der Suche nach Ansätzen zur Lösung dieser Probleme umgesetzt werden soll.

Mögliche übergeordnete Themen, welche die IVLZ betreffen, sind:

- Abgestimmte Verkehrssteuerungs- und Verkehrslenkungskonzepte
- Regionale Aspekte des ÖPNV, wie z. B. die Anschluss-Sicherung
- Weiterentwicklung von Park & Ride-Konzepten
- Vervollständigung des Regionalen Radverkehrsnetzes
- Elektromobilität gemeinsam voranbringen

7.1.6 Motorisierter Individualverkehr (MIV)

Ziel ist weiterhin die Verflüssigung des Kraftfahrzeugverkehrs. Außerdem sind der sorgsame Umgang mit dem öffentlichen Raum und die Sicherung der Leistungsfähigkeit des Hauptstraßennetzes von Bedeutung.

7.1.7 Nicht-motorisierter Verkehr (Fahrrad und Fußgänger)

Die Förderung des nicht-motorisierten Verkehrs führt neben einer direkten Reduzierung von Abgas- und Lärmemissionen sowie des Flächenverbrauches zu einer vielfältigen Verbesserung der Lebensqualität und kann auch zu einer Verschönerung des Stadtbildes beitragen.

7.1.7.1 Fahrrad

Das Fahrrad ist für viele Fahrtzwecke, wie dem Weg zur Arbeit oder für Fahrten in der Freizeit ein ideales Verkehrsmittel. Eine höhere Fahrradnutzung trägt zur Verbesserung der ökologischen Bilanz einer Stadt bei und dient damit dem Erreichen der Umwelt- und Klimaschutzziele. Die seit einigen Jahren begonnene Radverkehrsförderung muss konsequent fortgesetzt werden, um die aktuell noch ungünstigen Ausgangsbedingungen abzubauen.

7.1.7.2 Fußgänger

Der öffentliche Raum, also z. B. Straßenräume und Plätze, prägen das Bild und Image einer Stadt wesentlich und sind wichtig für die Lebensqualität und Mobilität der Menschen. Bedeutung hat dabei jeder Straßenraum, Platz oder jede Grünanlage. Ein Handlungsschwerpunkt ist gerade in den Quartieren zu sehen. Wegstrecken werden häufiger zu Fuß zurückgelegt, wenn sie als attraktiv wahrgenommen werden. Insofern kann die Gestaltung des öffentlichen Straßenraumes die Art der Fortbewegung beeinflussen. Bei der Fußgängerverkehrsplanung spielt die Stadtgestaltung daher eine besondere Rolle.

7.1.8 Wirtschaftsverkehr

Bürger/innen wollen einkaufen, Handeltreibende brauchen Ware, Unternehmen benötigen Material und den Abtransport ihrer Güter, Abfall muss entsorgt werden und Dienstleister müssen für ihre Kundschaft erreichbar sein. Das alles erzeugt in Stuttgart Verkehr und sichert gleichzeitig die Versorgung der Bürgerschaft. Der Wirtschaftsverkehr sorgt dafür, dass die Stadt „funktioniert". Er ist unerlässlich für das tägliche Leben jedes Einzelnen. Daher braucht auch der Wirtschaftsverkehr gute Rahmenbedingungen.

7.1.9 Öffentlichkeitsarbeit

Die Aktivitäten der Stadt Stuttgart sollen mittels einer breit angelegten Öffentlichkeitsarbeit kommuniziert werden.

geplante Maßnahmen sind dabei:

* Beteiligungs- und Meldeplattform (Ideen, Kritik, Beschwerden)
* Werbekampagne zur Bewusstseinsschärfung
* Micro-Site via Stuttgart.de als Informationsplattform
* Wiederkehrende öffentliche Aktionstage

7.2 Konzeptionell-inhaltliche Weiterentwicklung

Die Integrierte Verkehrsleitzentrale (IVLZ) wurde 2001 als intermodale Mobilitätszentrale geplant. Sie hat sich seither als Institution im Rahmen des Verkehrsmanagements der Landeshauptstadt Stuttgart etabliert und leistet einen großen Beitrag in der Abwicklung des täglichen Verkehrs. Die Arbeit der IVLZ umfasst dabei die folgenden Themenfelder:

- Umwelt
- ÖPNV
- Motorisierter Individualverkehr
- Fußgänger
- Radverkehr
- Unterstützung von Rettungsdiensten
- Wirtschaftsverkehr

Wie bereits im Jahr 2001 vom Gemeinderat beschlossen, soll die IVLZ stufenweise weiter ausgebaut werden. Stand heute ist die IVLZ nur in den Bereichen Innenstadt, NeckarPark und z. T. in Feuerbach und Zuffenhausen operativ handlungsfähig. Hier hat die IVLZ seit Jahren bereits ihre Leistungsfähigkeit bewiesen und positive Effekte auf den Gesamtverkehrsablauf erreicht. Dies erfolgt im Zusammenspiel aller Verkehrsarten und der Umwelt. Von Beginn an war und ist es das erklärte Ziel, die IVLZ so auszubauen, dass die verkehrlichen Belange im gesamten Stadtgebiet berücksichtigt und die technischen Möglichkeiten in allen Bereichen der Stadt optimal genutzt werden können.

Konzeptionell-inhaltlich sind deshalb folgende Themengebiete als nächste Schritte geplant:

7.2.1 Ausbau der Verkehrslageerfassung

7.2.1.1 Verkehrsmanagement Vaihingen/Möhringen

Das Paket umfasst den Aufbau eines Messstellen- und Kameranetzes zur Analyse des Verkehrsgeschehens in den verkehrlich hochbelasteten Bereichen Vaihingen und Möhringen. Dadurch wird die wichtige Grundlage geschaffen, um durch die bestehenden technischen Möglichkeiten und gezielte Verkehrsinformationen aktiv Einfluss auf den Verkehr nehmen zu können. Bisher kann in diesem Bereich auf sich verändernde Verkehrsverhältnisse weder kurzfristig noch vorausschauend reagiert werden.

7.2.1.2 Verkehrsmanagement Degerloch/Waldau

Das Vorhaben umfasst ebenfalls den Aufbau eines Messstellen- und Kameranetzes zur Analyse des Verkehrsgeschehens im Veranstaltungsbereich Degerloch/Waldau. Dadurch wird auch in diesem Bereich die wichtige Grundlage geschaffen, um durch die bestehenden technischen Möglichkeiten und gezielte Verkehrsinformationen aktiv Einfluss auf den Verkehr nehmen zu können. Bisher kann in diesem Bereich auf sich verändernde

Verkehrsverhältnisse im täglichen Verkehr, insbesondere aber den Veranstaltungsverkehr, weder kurzfristig noch vorausschauend reagiert werden.

7.2.2 Ausbau der Standorte für Verkehrsinformationstafeln

7.2.2.1 Charlottenplatz

Es ist geplant, den weiteren Aufbau von Verkehrsinformationstafeln zur gezielten Lenkung und Information des Verkehrs im Bereich des strategisch wichtigen Charlottenplatzes voranzutreiben, was zu weniger Staus führt und damit im Kontext einer umweltgerechten Verkehrssteuerung steht.

7.2.2.2 Verkehrslenkung B10/B14 Bad Cannstatt/S-Ost

Im Zuge des Baus des Rosensteintunnels wird für den Ausbau „B10/B14-Verbindung Leuze" sowie für den täglichen Verkehr und den starken Veranstaltungsverkehr eine Lenkungsmöglichkeit benötigt. Dies erfolgt über die Installation von Verkehrsinformationstafeln.

7.2.3 Immissionsabhängige Verkehrssteuerung

Eine immissionsabhängige Verkehrssteuerung über die IVLZ ist derzeit noch nicht möglich, da hierzu aktuelle oder prognostizierte Umweltdaten, wie NOx, Feinstaub, etc. benötigt werden. Erst dann wäre eine Grundlage geschaffen, um auf Basis einer Abschätzung zu erwartender Luftschadstoffimmissionen gezielt steuernd in den Verkehr eingreifen zu können. Die Zusammenarbeit mit dem Amt für Umweltschutz und dem Amt für Stadtplanung und Stadterneuerung soll in diesem Zuge vertieft werden. Die Steuerung aus Umweltgesichtspunkten soll hier weiter detailliert betrachtet werden. Es ist geplant, in der IVLZ zusätzliche Strategien zu erarbeiten und damit zunächst zu ermitteln, wie der Verkehr sich im Straßennetz durch diese Maßnahme verteilen bzw. verlagern wird. Auf Grundlage der Verkehrssimulation unter Berücksichtigung dieser neuen Strategien wird das Amt für Umweltschutz eine Berechnung der Auswirkungen auf die Umwelt durchführen. Dabei soll auch geklärt werden inwieweit in den Straßenverkehr eingegriffen werden muss, um eine signifikante Verbesserung der Luftschadstoffbelastung zu bewirken. Darauf aufbauend können dann technische Umsetzungen für eine effektive umweltsensitive Steuerung erarbeitet werden.

Im Jahr 2014 wird im Rahmen des EU-Fördervorhabens 2MOVE2 auf der B14 zwischen den Knotenpunkten Neckartor und Österreichischem Platz eine dynamische Geschwindigkeitsregelung (Tempo 40 oder 50 km/h) installiert. Durch Entscheidungen der IVLZ kann die Geschwindigkeit auf dieser Strecke aus Umweltgesichtspunkten reduziert und der Verkehr verstetigt werden, was wiederum zu einer Reduzierung der negativen Umwelteinflüsse führt. Auch wurde auf der B14 Cannstatter Straße stadteinwärts eine Technik installiert, die dynamisch anzeigt, bei welcher Geschwindigkeit die nächste Signalanlage bei Grün erreicht werden kann. Somit können unnötige Stop-and-go-Vorgänge verhindert werden mit positiven Wirkungen auf die Umwelt. Diese Maßnahme wird von der IVLZ begleitet und gesteuert.

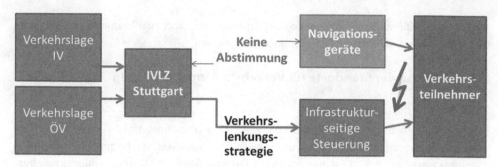

Abb. 18 Systemskizze Projekt NAVIGAR

7.2.4 Busbevorrechtigung

Für eine weitere Erhöhung der Pünktlichkeit und Anschlusssicherheit des Bus- und Stadt-
bahnverkehrs wird die Busbevorrechtigung im Stadtgebiet weiter ausgebaut.

7.2.5 Projekt NAVIGAR

Das Projekt NAVIGAR (Nachhaltige Verkehrssteuerung mit integrierter Navigation in der
Region Stuttgart) schließt die bestehende Lücke zwischen öffentlich betriebenem Verkehrsmanagement und privatwirtschaftlicher Navigation. Dazu werden in einer Grund-
stufe die IVLZ und Navigationssysteme miteinander verknüpft. Das System (Abb. 18)
berücksichtigt übergeordnete Leitstrategien und vermittelt den Verkehrsteilnehmern politisch gewünschte Routenempfehlungen. Aktuelle Informationen zu IVLZ-Lenkungsmaß-
nahmen wie z. B. die temporäre Freigabe von Fahrstreifen bei der An- und Abfahrt einer
Großveranstaltung oder die Schaltung von Signalanlagen können damit effektiv an die
Verkehrsteilnehmer weitergegeben und im Routing der Navigationssysteme berücksichtigt werden.

   Die Zielsetzung des Projektes bezieht sich darauf, eine Verbesserung im regionalen und
kommunalen Verkehr zu erreichen. Dies gelingt dadurch, dass Verkehrsempfehlungen der
öffentlichen Hand in die Navigationssysteme privater Anbieter übertragen und dort verarbeitet werden.

7.2.6 Wirtschaftsverkehr

Der Wirtschaftsverkehr beinhaltet alle Verkehre, die von wirtschaftlichen Aktionen ausgehen, nicht nur den Lkw-Verkehr, sondern auch die kleineren Fahrzeuge bis hin zu Pkws
als Lieferfahrzeugen. Um einen ersten Schritt in Richtung einer Verbesserung der Situation für den Wirtschaftsverkehr in Stuttgart zu gehen, wurden innerhalb einer von der IHK
Stuttgart in Auftrag gegebenen Studie Handlungsempfehlungen entwickelt, die nun innerhalb des Arbeitskreises Innenstadtlogistik unter Beteiligung der IVLZ detailliert betrachtet werden. Der Arbeitskreis umfasst Vertreter der städtischen Verwaltung, dem Verband
Region Stuttgart sowie neben den wissenschaftlichen Institutionen und der City-Initiative
Stuttgart auch die Vertreter der Logistikbranche und deren Verbände. Zu den Schwerpunk-

Abb. 19 Stuttgart ServiceCard. (Quelle: [SSB AG])

ten der IVLZ gehört dabei der Aktionsplan Verkehrsinformationen und -lenkung, der die folgenden Themen behandelt:

- Bereitstellung von Verkehrsinformationen
- Lkw-Empfehlungsnetz und Verkehrslenkung
- Baustellenmanagement/Baustellenlogistik/Eventmanagement

7.2.7 Stuttgart Service Card

Das Projekt Stuttgart Services (Abb. 19) entwickelt mit der ServiceCard den ersten elektronischen Fahrschein für Elektromobilität im Verkehrsverbund Stuttgart. Ziel des Projektes ist die für den Kunden möglichst umstandslose Nutzung elektromobiler Mobilitätsdienste, ergänzt um weitere urbane Angebote – vom ÖPNV, über Car- und Bikesharing bis hin zu Bädern und Bibliotheken sowie einer Bezahl- und Bonusfunktion. So soll die ServiceCard zum Schlüssel für Stuttgart und die Region werden und dem Nutzer den urbanen Alltag erleichtern. Sowohl die ServiceCard als auch der mobile Zugang zur Informations- und Buchungsplattform machen dies möglich. In diesem Zuge soll unter anderem ein multimodales Auskunftsportal erstellt werden. Hierfür werden die Daten der IVLZ zur Verkehrslage, den Parkraumdaten und der Verkehrsinformationen eingebunden

7.2.8 Personelle Weiterentwicklung

Zusätzlich zur verkehrstechnischen Weiterentwicklung ist auch die personelle Aufstockung geplant.

7.2.8.1 Kommunikator für Mobilitätsinformationen

Die IVLZ als intermodale Mobilitätszentrale muss sich auch dem Thema Kommunikation stärker annehmen. Der individuelle Informationsbedarf nimmt im privaten und wirtschaftlichen Bereich ständig zu. Ziel ist es, durch gezielte, nutzerselektive Informationsabgabe unter Verwendung aller Informationskanäle Verhaltensänderungen beim Verkehrsteilnehmer, wie die Änderung der Verkehrsmittelwahl, zu erreichen.

Um die Informationsflut sortieren und aufbereiten sowie die richtigen Informationen bereitstellen zu können, ist es für einen verbesserten Bürgerservice erforderlich, die Stelle eines Kommunikators für Mobilitätsinformationen neu zu schaffen.

Verkehrszentralen in Berlin

Jörg Lange und Ralf Kohlen

1 Organisationsform und Rahmenbedingungen

1.1 Aufgabenstellung und Ziele

Die Verkehrszentralen in Berlin nehmen sowohl die hoheitlichen als auch die nicht-hoheitlichen Aufgaben des Verkehrsmanagements im Land Berlin wahr. Die Trennung dieser beiden Aufgabenbereiche ist ein Ergebnis der unterschiedlichen Betreibermodelle. Während die hoheitlichen Aufgaben durch das Land Berlin, vertreten durch die Senatsverwaltung für Stadtentwicklung und Umwelt mit der Verkehrslenkung Berlin (VLB), direkt wahrgenommen werden, ist für die nicht-hoheitlichen Aufgaben seit dem Jahr 2011 ein privater Dienstleister im Auftrag des Landes Berlin tätig. In den Jahren 2001 bis 2010 wurden die letztgenannten Aufgaben im Rahmen eines Public-Private-Partnership-Vertrags geregelt und gemeinsam wahrgenommen.

Hieraus resultiert, dass für die unterschiedlichen Aufgaben im Land Berlin auch dezidierte Zentralen existieren. Dies sind für die hoheitlichen Aufgaben die Verkehrsregelungszentrale (VKRZ) als Teil der VLB und für die nicht-hoheitlichen Aufgaben die Verkehrsinformationszentrale (VIZ). Beide Zentralen arbeiten eng miteinander zusammen und sind seit dem Jahr 2005 am gemeinsamen Standort des ehemaligen Flughafen Berlin-Tempelhof angesiedelt. Die VKRZ übernimmt dabei die Aufgaben der Aussteuerung der VIZ als deren Auftraggeber. Dies umfasst auch die regelmäßige Qualitätsüberwachung.

J. Lange (✉) · R. Kohlen
Berlin, Deutschland
E-Mail: joerg.lange@senstadtum.berlin.de

R. Kohlen
E-Mail: ralf.kohlen@vmzberlin.com

© Springer Fachmedien Wiesbaden 2014
M. Sandrock, G. Riegelhuth (Hrsg.), *Verkehrsmanagementzentralen in Kommunen*,
DOI 10.1007/978-3-658-04391-9_3

Die Verkehrszentralen sind Baustein des Verkehrs- und Mobilitätsmanagements, welches im Stadtentwicklungsplan Verkehr beschrieben ist (vom Senat am 29.3.2011 verabschiedete Fassung).

1.1.1 Aufgaben der Verkehrsregelungszentrale Berlin (VKRZ)

Die VKRZ Berlin wird von der VLB als nachgeordneter Behörde der Senatsverwaltung für Stadtentwicklung und Umwelt betrieben. Ihre Aufgaben bestehen hautsächlich in den folgenden Schwerpunkten:

- Landesmeldestelle: Erzeugung von Verkehrswarnmeldungen für die Verteilung über den Traffic Message Channel TMC. Diese Aufgabe ist in der Rahmenrichtlinie für VwD (RVwD des Bundesministeriums für Verkehr, Bauen und Wohnen vom 9.11.2000) beschrieben.
- Dynamische Verkehrsregelung bei Ereignissen: Durch Information der Verkehrsteilnehmer und Nutzung von Verkehrszeichen (z. B. Verkehrsbeeinflussungsanlagen, Lichtsignalanlagen) soll in erster Linie der Verkehrsfluss verbessert werden.
- Technisches Störfallmanagement: Koordinierung der Entstörung der technischen Einrichtungen, die zur Verkehrssteuerung genutzt werden.
- Auftraggeber der VIZ Berlin: Abnahme der Leistung der VIZ und operative Steuerung der Aufgaben

1.1.2 Aufgaben der Verkehrsinformationszentrale Berlin (VIZ)

Die VIZ Berlin wird von der VMZ Berlin Betreibergesellschaft mbH im Auftrag des Landes Berlin seit dem Jahr 2011 mit einer Laufzeit von 10 Jahren betrieben. Dies ist das Ergebnis einer europaweiten Ausschreibung der Betreiberschaft aus dem Jahr 2010. Zuvor hatte die VMZ Berlin Betreibergesellschaft mbH die damalige VMZ Berlin, den Vorgänger der heutigen VIZ Berlin, im Rahmen eines Public-Private-Partnership-Vertrags mit dem Land Berlin betrieben.

Die Aufgabe der VIZ Berlin ist die multimodale Verkehrsinformation für die Bürger, für die Medien und für die Verwaltungen des Landes Berlin. Hieraus ergeben sich folgende Schwerpunkte:

- Verkehrslageinformation für die VKRZ
- Verkehrs- und Umweltdaten für die Berliner Verwaltungen
- Informationen für die Verkehrsteilnehmer über verschiedene Medien:
  - auf Informationstafeln
  - auf der VIZ-Website
  - über Apps
  - auf multimodalen Mobilitätsmonitoren
- Tägliche Verkehrsvorschau für die Medien
- Störfall- und Informationsmanagement für den geplanten Flughafen BER

Die von der VIZ Berlin berechnete Verkehrslageinformation wird ebenso in der VKRZ genutzt. Neben den Informationen zur Verkehrslage an den stationären Messquerschnitten, die u. a. projektbezogen zur automatischen Signalplanauswahl im Straßenzug Leipziger Straße in Berlin-Mitte herangezogen werden, eröffnen sich durch die Erhöhung der Qualität, Netzabdeckung und Aktualität der netzweiten Verkehrslageinformation weitere Anwendungsfälle in der Verkehrsregelung.

Zusätzlich zu den Messdaten des Verkehrs werden in der VIZ Berlin auch Daten zu verkehrsrelevanten Luftschadstoffemissionen und -immissionen berechnet bzw. verarbeitet. Durch die Referenzierung auf ein gemeinsames Netzmodell sind übergreifende Analysen, beispielsweise zu Wirkungszusammenhängen, möglich.

Eine weitere Aufgabe der VIZ ist die Information der Verkehrsteilnehmer. Diese erhalten die Verkehrsinformationen sowohl kollektiv als auch informativ. Die kollektive Information erfolgt über die VIZ-eigene Website www.viz-info.de, über 33 Informationstafeln an den Hauptverkehrsstraßen abseits der Autobahnen sowie über den öffentlich-rechtlichen Rundfunk, der seit dem Jahr 2003 eine Kooperation sowohl mit der damaligen VMZ als auch mit der heutigen VIZ pflegt. Die Verkehrsnachrichten des RBB-Senders Radio Berlin werden von Montag bis Freitag zwischen 6 und 18 Uhr direkt in der VIZ Berlin produziert und live gesendet. Die individuelle Verkehrsinformation wird über spezielle Dienste der Website, beispielsweise über einen multimodalen Routenplaner, vorgenommen. Künftig werden die Verkehrsteilnehmer auch über Smartphone-Apps und über spezielle multimodale Mobilitätsmonitore an Aufkommensschwerpunkten wie Flughäfen, Messen etc. aktuell informiert.

Auch weitere Medien werden durch die VIZ Berlin aktuell informiert. Die VIZ-Verkehrsredaktion erarbeitet hierzu werktäglich eine Vorausschau auf die verkehrsrelevanten Ereignisse der kommenden Tage. Hierin wird dargestellt, welche geplanten Ereignisse wie Baustellen, Wartungsarbeiten, Demonstrationen, Staatsbesuche o. ä. den Verkehr in Berlin in den kommenden Tagen beeinflussen werden. Der Schwerpunkt liegt hierbei auf den Veränderungen gegenüber der aktuellen Situation. Diese Verkehrsvorschau umfasst sowohl Informationen aus dem öffentlichen wie aus dem motorisierten Individualverkehr.

Für den neuen Flughafen Berlin-Brandenburg betreibt die VIZ Berlin ein Störfall- und Informationsmanagement, dass die gegenseitige Information und Abstimmung aller relevanten Betreiber von Verkehrsinfrastruktur und der zuständigen Behörden unterstützt. Darüber hinaus werden die Verkehrsteilnehmer durch eine Verknüpfung der bestehenden Informationssysteme bestmöglich für ihre An- und Abreise zum bzw. vom Flughafen informiert.

1.2 Rechtliche Grundlagen und sachliche Zuständigkeit

Die VLB ist die zentrale Straßenverkehrsbehörde des Landes Berlin und Baulastträger für die Lichtsignalanlagen in Berlin (festgelegt im Allgemeinen Gesetz zum Schutz der öffentlichen Sicherheit und Ordnung in Berlin in der Fassung vom 15.12.2007).

Die VLB ist eine nachgeordnete Einrichtung der Senatsverwaltung für Stadtentwicklung und Umwelt des Landes Berlin und nimmt insbesondere die hoheitlichen Aufgaben
der Straßenverkehrsbehörde im Hauptverkehrsstraßennetz (ca. 1600 km Länge) wahr. Daneben sind die bezirklichen Straßenverkehrsbehörden für die Aufgaben im Nebennetz (ca.
4000 km Länge) und des ruhenden Verkehrs verantwortlich. In der VLB sind weiterhin
die Aufgaben des technischen und verkehrlichen Betriebs der Verkehrsregelungszentrale
zugeordnet. Die VIZ ist als Dienstleister der VLB für die Erzeugung und Verbreitung dynamischer Verkehrsinformationen verantwortlich.

1.3   Organisation

Mit der Gründung der VLB im Jahr 2004 wurde die Aufgabe des Betriebes der Verkehrsregelungszentrale von der Polizei übernommen.

Die VIZ Berlin wird seit dem Jahr 2011 von einem privaten Betreiber, der VMZ Berlin
Betreibergesellschaft mbH, im Auftrag des Landes Berlin betrieben. In den Jahren 2001
bis 2010 wurde die damalige VMZ Berlin als Vorläufer der heutigen VIZ Berlin in einem
Public-Private-Partnership-Verhältnis zwischen dem Land Berlin und der o. g. Betreibergesellschaft betrieben.

Die Verkehrssteuerung im Land Berlin erfolgt planerisch und operativ sowohl für die
Bundesautobahnen als auch für den innerörtlichen Verkehr durch die VLB. Diese Aufgabe
ist durch vielfältige Kooperationen gekennzeichnet. Als Dienstleister der VLB sind dabei
die VIZ für die Verbreitung von Verkehrsinformationen und der Generalübernehmer All-
iander Stadtlicht für die technische Betreuung der Lichtsignalanlagen von besonderer Bedeutung. Baulastträger für BAB mit sämtlichen technischen Einrichtungen ist die Abteilung Tiefbau der Senatsverwaltung für Stadtentwicklung und Umwelt. Demonstrationen,
Protokollfahrten und andere sicherheitsrelevante Aktionen werden federführend von der
Polizei begleitet. Für die Verkehrssteuerung auf dem Berliner Ring (A10) in Brandenburg
ist die gemeinsame Zentrale der Länder Berlin und Brandenburg in Stolpe verantwortlich.

Die VKRZ ist mit Bediensteten der VLB im Schichtdienst ständig besetzt. Im Kontroll-
raum befindet sich ebenfalls die ständig besetzte Verkehrsinformations- und Steuerungszentrale (VIS) der Polizei. Die Kommunikation mit der werktäglich tagsüber besetzten
Verkehrsredaktion der VIZ, die sich in einem benachbarten Raum befindet, erfolgt in der
Regel telefonisch. Darüber hinaus besteht eine enge Vernetzung der benutzten IT-Systeme.

1.4   Finanzierung

Die Finanzierung sämtlicher betrieblichen Ausgaben der VLB erfolgt ausschließlich aus
eigenen Mitteln des Landes Berlin, hierzu gehören auch die Entgelte für die auf Grundlage
des VIZ-Vertrages erbrachten Leistungen.

2   Verkehrstechnisches System

2.1   Systemanforderungen

Die Verkehrsregelungszentrale Berlin übernimmt Aufgaben in einem innerstädtisch
geprägten Kontext. Darüber hinaus ist sie für die Steuerung der Bundesautobahnen in
Berlin zuständig. Hieraus resultieren Systemanforderungen an die VKRZ, die neben der
Steuerung der verkehrstechnischen Anlagen auf den Bundesautobahnen in Berlin auch
die Steuerung der Lichtsignalanlagen, der Verkehrstunnel und der Spurwechselanlage
Heerstraße umfasst. Im Gegensatz zu getrennten Systemen bei verteilten Zuständigkeiten
besteht hier die Anforderung eines hochintegrierten Systems. Die gesamte Verkehrsinfrastruktur des Landes Berlin wird von dieser Zentrale aus gesteuert.

Die vornehmlich gebäudetechnischen Aufgaben des Betriebs der Verkehrstunnel in
Berlin, wie beispielsweise der Brandschutz, sind nicht Aufgabe der VKRZ. Hierfür existiert eine eigens eingerichtete Tunnelleitzentrale Berlin (TLZ-BE).

Eine weitere Systemanforderung ist die Herstellerneutralität. Die existierende Verkehrsinfrastruktur wie Verkehrsrechner, LSA-Steuergeräte oder Streckenstationen stammt
von verschiedenen Herstellern und soll trotzdem von der VKRZ aus zentral gesteuert werden können.

Die Systemanforderungen an die VIZ Berlin sind hauptsächlich durch die Multimo-
dalität der zu verbreitenden Verkehrsinformationen geprägt. Neben Informationen zu geplanten Ereignissen im Straßenverkehr, beispielsweise Baustellen oder Veranstaltungen,
und aktuellen Informationen zur Verkehrslage sollen auch Informationen zum öffentlichen
Verkehr, zum Fahrradverkehr oder auch zu erweiterten Mobilitätsangeboten wie Carsha-
ring in einer Informationszentrale zusammengeführt und verbreitet werden. Hieraus resultiert eine Heterogenität der in der VIZ Berlin verknüpften Systeme und wiederum die
Anforderung eines hochintegrierten Systems.

2.2   Hard- und Softwarearchitektur

Die Verkehrszentralen in Berlin haben wie in Kapitel „Aufgabenstellung und Ziele" dargestellt sehr unterschiedliche Aufgaben wahrzunehmen und haben somit unterschiedliche
Anforderungen an die zugrunde liegende Hard- und Softwarearchitektur. Auch die Art und
der Grad der Homogenität und Standardisierung der angeschlossenen (Teil-)Systeme sind
demzufolge sehr unterschiedlich.

Die VKRZ nimmt hoheitliche Aufgaben wahr (Abschn. 1.1.1) und hat damit ein besonderes Sicherheitsinteresse. Die Art der angeschlossenen Systeme ist vergleichsweise
homogen und standardisiert (Abb. 4). Hierzu zählen beispielsweise die Systeme zur Steuerung der Lichtsignalanlagen, die Systeme zur Steuerung der Verkehrsbeeinflussungsanlagen auf den Autobahnen, in den Tunneln sowie auf der Heerstraße und die Systeme des
Verkehrswarndienstes.

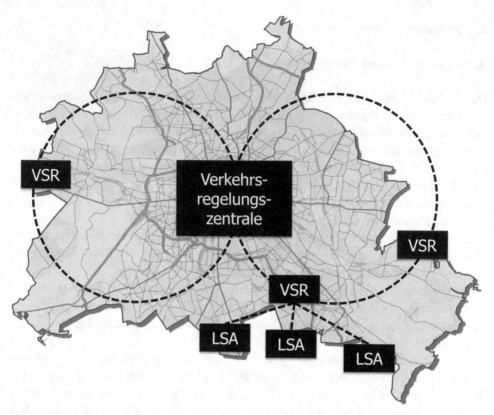

Abb. 1 Architektur der LSA-Steuerung in Berlin. (Quelle: Verkehrslenkung Berlin)

Für die Hardware-Architektur sei beispielsweise die Steuerung der Lichtsignalanlagen in Berlin dargestellt. Sie besteht im Wesentlichen aus drei Ebenen: einer operativen Ebene mit den ca. 2050 LSA-Steuergeräten und den angeschlossenen Aktoren und Sensoren, einer taktischen Ebene in Form von zurzeit 9 Verkehrsrechnern sowie einer strategischen Ebene in Form der VKRZ. In Abb. 1 ist diese Architektur für Berlin grafisch dargestellt.

Die Aufgabe der operativen Ebene ist die Ausführung der hinterlegten Signalprogramme unter Berücksichtigung der lokalen Sensorik. Dies schließt die Bevorrechtigung des ÖPNV auf Basis entsprechender Funktelegramme ein. Die taktische Ebene hingegen hat koordinierende Aufgaben („grüne Welle"). Beide Ebenen arbeiten vollautomatisch. Die strategische Ebene hingegen ist mit Operatoren besetzt. Hier erfolgen sowohl die abgestimmte Steuerung der Verkehrsbeeinflussungsanlagen auf den Autobahnen und in den Tunneln mit den Lichtsignalanlagen im jeweiligen Umfeld als auch spezielle Steuerungen wie beispielsweise im Rahmen von Veranstaltungen, Demonstrationen oder Protokollverkehren bei Staatsbesuchen.

Die Steuerung der Verkehrsbeeinflussungsanlagen auf den Berliner Autobahnen, in den Tunneln sowie auf der Heerstraße erfolgt mit einer TLS-konformen Architektur. Als Besonderheit ist die gemeinsame Verkehrsrechnerzentrale der Länder Berlin und Brandenburg in Stolpe zu nennen, über die ein Teil der Berliner Anlagen an die VKRZ angeschlossen ist.

Die Architektur der VIZ hingegen ist gemäß ihrer Aufgabe (Abschn. 1.1.2) auf die Entgegennahme von Verkehrs- und Umweltdaten verschiedenster Art und aus verschiedensten Quellen ausgerichtet (Abb. 4). Hierzu zählen neben den Detektionsdaten der VIZ-Detektion auf dem Hauptverkehrsstraßennetz auch die von der VKRZ bereitgestellten Messdaten der Verkehrsbeeinflussungsanlagen in Berlin und Brandenburg, sowie beispielsweise FCD eines kommerziellen Anbieters, ÖPNV-Daten aus dem rechnergestützten Betriebsleitsystem der BVG, Ankunfts-/Abflugdaten der Berliner Flughäfen, Meteorologiedaten und Messdaten von Luftschadstoffkonzentrationen aus dem Berliner Messnetz BLUME. Somit ist die VIZ prinzipiell ein komplexer Datenkonzentrator, der über eine Vielzahl an Schnittstellen zum Import der verschiedenartigen Daten, über Module zur Verarbeitung der Daten (z. B. Verkehrslageberechnung), über eine Archivierung, über Module zur statistischen Auswertung der Daten sowie über Schnittstellen zum Export der Daten an die VKRZ oder an Drittsysteme verfügt.

Hardwareseitig besteht die VIZ aus den Außenanlagen zur Verkehrsdetektion auf den Stadtstraßen (TEU-Detektion und Videosystem) und zur Information der Verkehrsteilnehmer (Informationstafeln im Straßenland) sowie aus der Zentrale mit den o. g. Funktionen. Die Anbindung der Außenanlagen erfolgt teils mobilfunkgestützt (TEU und Informationstafeln) und teils kabelgebunden (Videosystem: über das IT-Dienstleistungszentrum Berlin).

2.3 Technische Grundlagen und Basistechnologien

2.3.1 Datenerfassung

Die Verkehrszentralen in Berlin verfügen über ein umfangreiches eigenes Netz zur Datenerfassung als auch über Schnittstellen zu anderen Daten liefernden Systemen.

Die Verkehrsbeeinflussungsanlagen auf den Berliner Autobahnen, im Tunnel Tiergarten-Spreebogen sowie entlang der Heerstraße sind mit mehr als 800 geeigneten Detektionseinrichtungen ausgestattet, die hauptsächlich der Steuerung der jeweiligen Anlage dienen. Die Verkehrsdetektion ist im Wesentlichen mittels Induktionsschleifen (einfache sowie doppelte), Radar- sowie Kombinationsdetektoren realisiert. Die Daten werden TLS-konform erfasst. Neben den Verkehrsdetektionseinrichtungen stehen auch Umfeldmessstationen zur Verfügung, um beispielsweise reduzierte Sichtweiten, Glätte oder andere Gefahren automatisch erfassen und in die Steuerung der Verkehrsbeeinflussungsanlagen einfließen lassen zu können.

Auch die mehr als 2000 Lichtsignalanlagen im Land Berlin verfügen über zumeist halteliniennah angeordnete Verkehrsdetektion unterschiedlichen Typs. Diese Detektion wird für die verkehrsabhängige LSA-Steuerung genutzt.

Auf dem Hauptverkehrsstraßennetz sind darüber hinaus mehr als 600 Detektoren unabhängig von den LSA als sogenannte Strategiedetektoren installiert. Es handelt sich hierbei

Abb. 2 Lage der stationären Verkehrsdetektoren in Berlin (Kartengrundlage: Amt für Statistik Berlin-Brandenburg)

um überkopf montierte passive Infrarotdetektoren, die sowohl die Verkehrsstärken $(2+0$ Fahrzeugarten) als auch den Belegungsgrad und die lokalen Geschwindigkeiten erfassen. Sie sind nicht TLS-konform und dienen im Wesentlichen der Erfassung der aktuellen Verkehrslage und der Verkehrsstärken auf dem Hauptverkehrsstraßennetz abseits der Autobahnen in Berlin. In Abb. 2 ist die Lage der Verkehrsdetektoren auf dem Berliner Straßennetz dargestellt.

Seit 2012 verarbeitet die VIZ Berlin für Zwecke der Verkehrslageberechnung aufbereitete Floating Car Data (FCD) der Firma TomTom. Hierbei handelt es sich um minütlich aktualisierte Reisegeschwindigkeiten auf einem Netz von 1600 km Länge (richtungsbezogen). Die Netzabdeckung dieser Daten ist in Abb. 3 dargestellt. Die räumliche Auflösung ist durch die Knotenpunktabstände im digitalen Netzmodell definiert (Detailnetz Berlin, s. u.).

Auf den Autobahnen und in den Straßentunneln im Land Berlin sind mehr als 300 Videokameras installiert, deren Bilder in den Zentralen für die Analyse von Störungsursachen verwendet werden. Aus den Erfahrungen der Fußballweltmeisterschaften 2006 wurde im Jahre 2009 ein zusätzliches Videosystem auf den Stadtstraßen im Umfeld der Messe Berlin und des Olympiastadions sowie auf den Umfahrungsrouten der häufig veranstaltungsbedingt gesperrten Straße des 17. Juni mit ca. 40 Kameras installiert.

Über entsprechende Schnittstellen liegen in der VIZ Berlin neben den Daten des motorisierten Individualverkehrs auch Daten des öffentlichen Verkehrs vor. Hierzu zählen

Abb. 3 Netzabdeckung der FCD (Kartengrundlage: Amt für Statistik Berlin-Brandenburg)

Daten des rechnergestützten Betriebsleitsystems (RBL) der Berliner Verkehrsbetriebe, aber auch Meldungen der S-Bahn Berlin und der Berliner Flughäfen.

Für Zwecke der Luftreinhalteplanung verfügt das Land Berlin über ein Netz von verschiedenen Umweltmessstationen. Dies sind sowohl Umweltmesscontainer (Messnetz BLUME) als auch Passivsammler (RUBIS). Die Daten dieser Messstationen liegen ebenso in der VIZ Berlin vor und können zusammen mit den Verkehrs- und ebenso verfügbaren Wetterdaten für Berechnungen der verkehrsbedingten Luftschadstoffemissionen und -immissionen genutzt werden.

Die Landesmeldestelle Berlin ist bei der VKRZ angesiedelt. Hier werden die Meldungen des Verkehrswarndienstes erzeugt. Diese Meldungen liegen u. a. auch der VIZ vor. Hinzu kommen in der VIZ die Informationen über Baustellen auf dem Hauptverkehrsstraßennetz, Veranstaltungen (z. B. Demonstrationen oder Sportveranstaltungen) und Meldungen des öffentlichen Verkehrs.

Die VIZ erhält von der Polizei Daten über Straßenverkehrsunfälle in Berlin.

2.3.2 Datenverarbeitung

Die Daten der Verkehrsbeeinflussungsanlagen in Berlin werden TLS-/MARZ-konform verarbeitet. Die in der Regel als 15-Sekunden-Werte von den Detektoren selbst gelieferten Messwerte werden von den verarbeitenden Systemen (Streckenstationen, VRZ: Verkehrsrechnerzentrale der Länder Berlin und Brandenburg bzw. VKRZ) geprüft, aufbereitet ggf. mit Ersatzwerten vervollständigt und zumeist als Minutenwerte in die VKRZ geliefert. Hierbei erfolgt auch die Zusammenfassung der Daten zugehöriger Detektoren zu sogenannten richtungsbezogenen Messquerschnitten. Darüber hinaus werden in der VKRZ aus den Messwerten der Kfz-Verkehrsstärke und der lokalen Kfz-Geschwindigkeit (sofern direkt gemessen) Daten zur Verkehrsqualität (Level of Service, LOS) in drei Stufen abgeleitet: Stau, zäh fließender Verkehr/Staugefahr und freier Verkehr. Diese LOS-Daten werden u. a. für die Verkehrsinformation genutzt (z. B. Steuerung von Verkehrsinformationstafeln).

Die Daten der Detektoren auf dem Hauptverkehrsstraßennetz werden von den am Installationsort montierten Zentraleinheiten zu 5-Minuten-Werten aggregiert und in die VIZ Berlin übertragen. Dort werden analog zur Detektion auf den Autobahnen auch hier aus den Messwerten der Kfz-Verkehrsstärke und der lokalen Kfz-Geschwindigkeit LOS-Werte gebildet.

Die Verkehrsmessdaten werden in den Zentralen archiviert und stehen für statistische Auswertungen zur Verfügung.

Die FCD werden in der VIZ Berlin mit den stationär erfassten Messdaten und den Verkehrsmeldungen zu einer aktuellen Verkehrslageinformation fusioniert. Die FCD selbst werden nicht gespeichert, jedoch die aus der Datenfusion resultierenden LOS-Werte.

Die Videodaten sowohl der Autobahn als auch der Stadtstraßen werden nicht in Archiven gespeichert, sondern nur aktuell zur Anzeige gebracht.

Die Umweltmessdaten werden zusammen mit den Verkehrsmessdaten von der VIZ in einer sogenannten Verkehrs- und Umweltdatenbank gespeichert. Zusammen mit den Daten des öffentlichen Verkehrs und der Verkehrssicherheit fließen diese Daten in das System iQ mobility ein.

Die Daten zu aktuellen und geplanten Baustellen werden von der VIZ-Verkehrsredaktion auf Aktualität und sachliche Richtigkeit hin durch Telefonate mit den Bauleitern überprüft. Die Ergebnisse dieser Überprüfung stehen wiederum der VLB zur Verfügung.

2.3.3 Kommunikation und Datenübertragung

Der Datenfluss zwischen den Daten liefernden Systemen, den Berliner Verkehrszentralen und den Abnehmern der Daten ist in Abb. 4 dargestellt.

Die VKRZ Berlin verarbeitet sowohl Daten der Verkehrsbeeinflussungsanlagen als auch Daten der Lichtsignalanlagen in Berlin. Dies betrifft sowohl die Aktorik als auch die Sensorik. Der Datenfluss ist deshalb vergleichsweise homogen und weitgehend standardisiert.

Die VIZ Berlin hingegen verarbeitet Verkehrsdaten aus verschiedenen Quellen sowohl für den öffentlichen Verkehr als auch für den Individualverkehr. Hieraus ergibt sich die deutlich inhomogenere Struktur des Datenflusses und der geringere Standardisierungsgrad. Dieser Unterschied zwischen den beiden Verkehrszentralen widerspiegelt die Aufgabenteilung und die damit verbundenen unterschiedlichen Anforderungen.

2.3.4 Räumliches Referenzierungssystem

Zur räumlichen Referenzierung der Verkehrsdaten werden für die jeweiligen Detektorstandorte Identifikatoren benutzt. Den Stammdaten der jeweiligen Anlagen kann die geo-

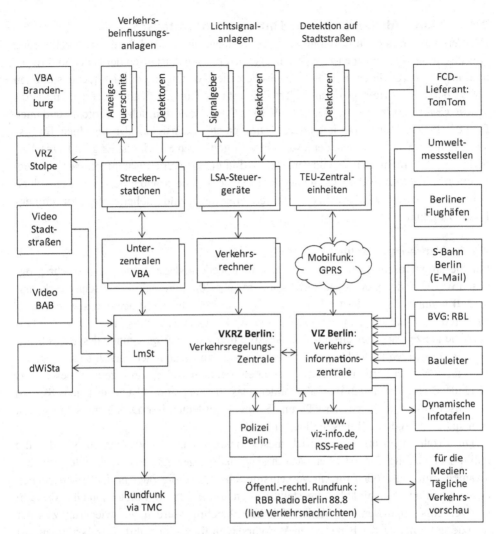

Abb. 4 Datenfluss der Berliner Verkehrszentralen

grafische Position meist in Form von Koordinatenpaaren und textlichen Beschreibungen entnommen werden.

Viele Verkehrsdaten sind in Berlin auf digitale Straßennetzmodelle referenziert. Aus den Erfahrungen der vergangenen Jahre, in denen viele verschiedene Netzmodelle für verschiedene Anwendungen genutzt worden sind, wurde im Jahr 2010 durch das Land Berlin ein Projekt zum Aufbau eines einheitlichen detaillierten Straßennetzes für Berlin ins Leben gerufen. Dieses als Detailnetz bezeichnete Netzmodell ist knotenpunktfein aufgelöst und umfasst sämtliche Straßen des Landes Berlin. Wesentliche Grundlage hierfür war das Raumbezugssystem des Amts für Statistik Berlin-Brandenburg. Das Detailnetz Berlin wird im Rahmen der VIZ-Betreiberschaft kontinuierlich gepflegt und weiterentwickelt.

2.3.5 Standards zum Daten- und Informationsaustausch

Die Verkehrszentralen in Berlin nutzen diverse Standards sowohl für die Architektur und Ausgestaltung der einzelnen Teilsysteme als auch für den Austausch der Daten und Informationen. Hierzu zählen u. a. die Technischen Lieferbedingungen für Streckenstationen (TLS), der Traffic Message Channel (TMC), das Open Communication Interface for Road Traffic Control Systems (OCIT), VDV-453 für Daten des öffentlichen Verkehrs und auch DATEX-II (z. B. für FCD-Lieferungen). Die Verschiedenartigkeit der einzelnen Teilsysteme bedingt die Anwendung der jeweils hierfür geltenden Standards. Es gibt derzeit keine Norm, die alle hier angewendeten Standard in einem Werk zusammenfassen würden. Insofern unterstützten die Zentralensysteme verschiedene Standards, um die einzelnen Teilsysteme in der VKRZ und in der VIZ hersteller- und standardübergreifend zusammenfassen zu können.

2.3.6 Verkehrsmodelle

Für die automatische Berechnung der aktuellen Verkehrslage sowie von Verkehrsprognosen wurde in der ehemaligen VMZ seit dem Jahr 2002 ein makroskopisches Verkehrsmodell genutzt. Dieses bestand aus einem Set an Verkehrsnachfragematrizen, digitalen Netzmodellen und einem makroskopischen Wirkungsmodell. Sowohl die Matrizen als auch die Netze waren jeweils auf den Tagestyp und die jeweilige Stunde des Tages bezogen. Somit wurden sowohl der aktivitätsspezifische Tagesgang der Verkehrsnachfrage als auch tageszeitlich variierende Netzkapazitäten, beispielsweise durch zeitlich beschränkt geltende Bussonderfahrstreifen, abgebildet. Das Wirkungsmodell war in einem System namens MONET der Hersteller PTV und Siemens implementiert. Dies ist funktionsgleich zum späteren Produkt VISUM online der PTV.

Die Erfahrungen mit dem Betrieb dieses makroskopischen Verkehrsmodells für die online-Berechnung der aktuellen Verkehrslage haben gezeigt, dass nicht alle praxisrelevanten Eingangsgrößen für ein Verkehrsmodell vollständig oder in der erforderlichen Genauigkeit und Aktualität bereitgestellt werden können. In der Folge kann eine Vielzahl von Verkehrsereignissen vom Modell nicht berücksichtigt werden, was wiederum zu einer reduzierten Qualität der berechneten Verkehrslageinformation führt. Darüber hinaus ist der Pflegeaufwand für die Netze und Matrizen nicht unerheblich.

Die Anforderungen des Landes Berlin an die automatische Verkehrslageberechnung der neuen VIZ Berlin zielten auf eine Verdoppelung der Netzabdeckung ohne die Installation neuer stationärer Messstellen, auf eine Erhöhung der Aktualität durch Verkürzung des Berechnungsintervalls sowie auf eine deutliche Steigerung der Ergebnisqualität mit festen Kriterien. Diese Anforderungen konnten mit einem Verkehrsmodell-basierten Verfahren nicht hinreichend abgedeckt werden. Darüber hinaus wurde auf die automatische Erzeugung von Verkehrsprognosen mangels Nachfrage verzichtet.

Da sich die Verfügbarkeit und die Qualität kommerziell verfügbarer Floating Car Data (FCD) in den vergangenen Jahren deutlich verbessert hat, hat sich die VIZ Berlin zur Berechnung der aktuellen Verkehrslage für ein System auf der Basis einer Datenfusion von aufbereiteten FCD und stationär erfassten Messdaten anstelle der Nutzung eines Verkehrsmodells entschieden. Für die netzweite Berechnung aktueller Kfz-Verkehrsstärken kommt jedoch weiterhin ein makroskopisches Verkehrsmodell zum Einsatz.

2.4 Verkehrs- und betriebstechnische Funktionen

Aufgabe der VKRZ ist es, einerseits die verkehrstechnischen Einrichtungen in einem betriebsfähigen Zustand zu halten und andererseits die Einschränkungen im Straßenverkehr bei kurzfristigen Störungen so gering wie möglich zu halten. Dazu werden folgende Mittel verwendet:

* Verkehrsinformation durch den Verkehrswarndienst
* Aktivierung von dWiSTa- und Info-Tafeln
* Manuelle Schaltungen an LSA
* Manuelle Schaltung von Verkehrsbeeinflussungsanlagen und Tunneleinrichtungen
* Aktionen der VIZ
* Einsatz der Polizei

Für die technische Störungsbeseitigung erfolgt eine direkte Benachrichtigung der betroffenen Baulastträger bzw. der beauftragten Dienstleister, das erfolgt insbesondere bei Störungen an:

* Lichtsignalanlagen mit Verkehrsrechnern,
* Verkehrsbeeinflussungsanlagen und
* Tunneleinrichtungen.

Eine mögliche Optimierung des Verkehrsflusses erfolgt durch Eingriffe in die Steuerung und durch gezielte Information der Verkehrsteilnehmenden.

Aufgabe der VIZ ist es, multimodale Verkehrsinformationen für die Verkehrsteilnehmenden, für die Medien, für die VKRZ und für andere Verwaltungen des Landes Berlin bereitzustellen. Hierzu werden die unterschiedlichen Eingangsdaten zu einem großen Teil automatisch, zum Teil jedoch auch manuell durch die VIZ-Verkehrsredaktion aufbereitet (z. B. Baustellenabfrage). Die Bereitstellung der Daten und Dienste erfolgt:

* an geeigneten Schnittstellen (z. B. OCPI-2/OCIT-C für die VKRZ),
* über die Website www.viz-info.de und über dynamische Informationstafeln im Straßenland für die Verkehrsteilnehmenden,
* über fest installierte, multimodale Mobilitätsmonitore an Aufkommensschwerpunkten des Verkehrs wie Messen, Flughäfen etc.,
* über eine werktäglich erstellte Verkehrsvorschau für die Medien,
* über spezielle Arbeitsplätze in der Verkehrsredaktion für den öffentlich-rechtlichen Rundfunk,

- über spezielle Dienstleistungen für die VKRZ und für andere Verwaltungen des Landes Berlin und
- über spezielle Applikationen, wie beispielsweise ein Störfall- und Informationsmanagement für den im Bau befindlichen neuen Flughafen Berlin-Brandenburg.

Über Daten zum öffentlichen und zum motorisierten Individualverkehr hinaus stellt die VIZ Berlin Dienste für alle Arten des Verkehrs bereit. Neben einer aktuellen Verkehrslagekarte und aktuellen Verkehrsmeldungen (einschließlich Vorabmeldungen über zu erwartende Einschränkungen) zum Individual- wie zum öffentlichen Verkehr bietet die VIZ-Website www.viz-info.de auch Routing-Möglichkeiten für alle Verkehrsarten (Pkw, ÖV, Fahrrad, zu Fuß sowie Kombinationen hiervon).

Die Daten und Dienste der VIZ Berlin werden vom Betreiber auch anderen Abnehmern, beispielsweise für Zwecke der Forschung oder zu kommerziellen Zwecken bereitgestellt.

3 Systemkomponenten

3.1 Verkehrssteuerung/-lenkung

3.1.1 Netzbeeinflussung

Eine Netzbeeinflussung im klassischen Sinne für den überörtlichen Verkehr wird im Großraum Berlin auf dem Berliner Ring, dem Stadtring und den verbindenden Fernstraßen anlassbezogen mithilfe von dWiSTa-Tafeln realisiert. Diese befinden sich an vier Knoten (AK Werder, AK Havelland, AD Potsdam/Nuthetal und AK Schönefeld) in Brandenburg und an einem Knoten (AD Funkturm) in Berlin und ermöglichen eine Verkehrsverlagerung auf andere Netzteile. Sowohl für geplante Ereignisse als auch bei plötzlichen Störungen erfolgt eine Steuerung nach vorheriger Abstimmung durch die jeweils zuständigen Zentralen.

Der Berliner Verkehr ist von der polyzentrischen Struktur der Stadt geprägt, weiterhin gibt es innerstädtisch kaum Möglichkeiten für eine regelmäßig nutzbare Alternativroutenführung.

Darüber hinaus wird im Berliner Einzugsbereich des Flughafens Berlin-Brandenburg im Rahmen des Projektes AIRVIS (siehe dort) baulast- und verkehrsträgerübergreifend für die Erreichbarkeit des Flughafens kooperiert.

3.1.2 Streckenbeeinflussung

In Berlin sind die BAB nahezu vollständig mit Streckenbeeinflussungsanlagen ausgestattet. Darüber hinaus wird an der Heerstraße eine Anlage für Richtungswechselbetrieb (5 Fahrstreifen, 5,5 km Länge, 29 Anzeigequerschnitte, 13 Knoten mit LSA) genutzt. Diese Anlagen können sowohl vom Baulastträger aus der TLZ-BE als auch von der VKRZ aus gesteuert werden.

3.1.3 Knotenbeeinflussung

Für BAB-Anschlussstellen in Berlin konnte bisher für Zuflussdosierungsanlagen kein relevanter Nutzen nachgewiesen werden. Daher werden aus Sicherheitsgründen bisher an Bundesfernstraßen ausschließlich Knotenbeeinflussungsanlagen in Form von Sperr- und Ableitungseinrichtungen eingesetzt.

3.1.4 Tunnelsysteme

An 7 Tunneln können zur Verkehrssteuerung Tunnelbetriebssysteme genutzt werden. Das Tunnelmanagement mit den zugehörigen Aufgaben zur Steuerung der Betriebstechnik erfolgt durch die TLZ-BE der Abteilung Tiefbau. Verkehrliche Maßnahmen wie z. B. Regelungen wegen Überstauung oder Aktionen noch Auslösen der Höhenkontrolle werden durch die VKRZ eingeleitet. Technische Arbeiten im Bereich des fließenden Verkehrs werden durch den Betriebsdienst der Abteilung Tiefbau und durch die beauftragten Unternehmen durchgeführten. Direkte Eingriffe in den Verkehr erfolgen durch die Polizei.

3.1.5 Lichtsignalsteuerung

Im innerörtlichen Verkehr werden rund 2100 Lichtsignalanlagen zur Verkehrssteuerung genutzt. Nahezu sämtliche verkehrstechnischen Einrichtungen können durch die VKRZ gesteuert werden.

3.1.6 Parkleitsysteme

Anlässlich der Leichtathletik-Weltmeisterschaften 2009 in Berlin wurde im Bereich der Messe und des Olympiastadions ein Veranstaltungsleitsystem für den ruhenden Verkehr errichtet. Das verkehrliche Konzept dieser beiden Veranstaltungsorte baut auf die wechselseitige Nutzung der Flächen für den ruhenden Verkehr und Bus-Shuttles bei Großveranstaltungen am jeweils anderen Veranstaltungsort auf. Das Veranstaltungsleitsystem unterstützt dieses Konzept mit aktuellen Verkehrsinformationen über entsprechende dynamische Anzeigetafeln im Zulauf auf die Veranstaltungsorte und mit einer Verknüpfung mit den Systemen der VIZ Berlin.

Ein zentrales dynamisches Parkleitsystem für das Land Berlin existiert aufgrund der Polyzentralität der Stadt nicht. Vielmehr existieren einige lokale Lösungen, die an die örtlichen Anforderungen angepasst sind.

3.2 Verkehrsinformationen

Das Land Berlin verfügt mit der Verkehrsinformationszentrale VIZ über ein multimodales Informationssystem für die Verkehrsteilnehmer, für die Medien, für die Verkehrssteuerung sowie für die Verwaltungen des Landes Berlin. Des Weiteren werden Verkehrsinformationen durch die Landesmeldestelle im Rahmen des Verkehrswarndienstes verbreitet.

3.2.1 Eingangsdaten

Die VIZ Berlin betreibt ein Netz von mehr als 600 Detektoren auf dem Hauptverkehrsstraßennetz, die hauptsächlich zur Erfassung der Verkehrslage und der Verkehrsstärken unabhängig von den LSA positioniert und betrieben werden. Diese Daten werden sowohl fahrstreifenfein als auch zu richtungsbezogenen Messquerschnitten zusammengefasst alle 5 min an die VIZ übertragen und dort verarbeitet und archiviert.

Darüber hinaus erhält die VIZ auch die Detektordaten der Verkehrsbeeinflussungsanlagen in Berlin und Brandenburg über die VKRZ und verarbeitet sie analog zur Detektion auf den Hauptverkehrsstraßen.

Es ist geplant, der VIZ auch Daten von modernen Lichtsignalanlagen zur Verfügung zu stellen, um die Berechnung der aktuellen Verkehrslage kontinuierlich zu verbessern.

Die VIZ Berlin verarbeitet aufbereitete FCD der Firma TomTom in Form von strecken- und richtungsbezogenen aktuellen Reisegeschwindigkeiten. Diese Daten werden minütlich für ein Netz von ca. 1600 km Länge in Berlin und ca. 400 km Länge in Brandenburg (jeweils richtungsbezogen) geliefert und verarbeitet.

Die VIZ Berlin verarbeitet Meldungen verschiedener Art. Hierbei handelt es sich sowohl um die Meldungen der Landesmeldestelle als auch um Meldungen des öffentlichen Verkehrs, beispielsweise der Berliner Verkehrsbetriebe (BVG) oder der S-Bahn Berlin.

Informationen über genehmigte Baumaßnahmen auf dem Hauptverkehrsstraßennetz erhält die VIZ über das Baustelleninformationssystem des Referats VLB A (Ereignismanagement). Hierin sind die sowohl die Zeitpläne als auch die erwarteten Einschränkungen enthalten. Die VIZ-Verkehrsredaktion gleicht diese Plandaten mit den Ist-Informationen über Anrufe bei den verantwortlichen Bauleitern der beginnenden und endenden Baumaßnahmen ab.

Daten des öffentlichen Verkehrs erhält die VIZ Berlin über eine Schnittstelle zum rechnergestützten Betriebsleitsystem (RBL) der BVG.

Die VIZ Berlin verarbeitet ebenso Umwelt- und Wetterdaten. Die Umweltdaten sind gemessene Luftschadstoffkonzentrationen von Luftgütemessstationen der Senatsverwaltung für Stadtentwicklung und Umwelt.

Von den Berliner Flughäfen erhält die VIZ Berlin Informationen zu den aktuellen Ankünften und Abflügen.

Darüber hinaus werden Informationen zu Parkmöglichkeiten, zum Fahrradverleih, zu Taxiständen, über touristische Ziele, zu Busparkplätzen, zum Bikesharing sowie zu Ladesäulen für Elektrofahrzeuge verarbeitet.

3.2.2 Hauptkomponenten

Der größte Teil der Datenverarbeitung in der VIZ Berlin erfolgt vollautomatisch. Hierfür stehen sowohl eine Content- als auch eine Serviceplattform zur Verfügung. Die Content-Plattform verfügt über eine Vielzahl an Schnittstellen und integriert die verschiedenartigen Eingangsdaten in das System und steuert die dynamischen Informationstafeln. Sie stellt ebenso ein Meldungsmanagement bereit, mit dem die Verkehrsredaktion die Meldungen für die verschiedenen Medien aufbereiten und veröffentlichen kann. Das Teilsystem zur

automatischen Verkehrslageberechnung fusioniert die stationär erfassten Verkehrsmessdaten mit den aufbereiteten FCD und den Meldungen zu einer aktuellen Verkehrslage. Ein
Strategiemodul verknüpft die relevanten Messquerschnitte der stationären Detektion mit
den jeweils zugeordneten dynamischen Informationstafeln. Ein Modul zur Analyse der
ÖPNV-Daten stellt aktuelle ÖV-Reisezeiten für die Anzeige auf den Informationstafeln
bereit. Eine weitere wesentliche Funktion der Content-Plattform ist das Archiv.

Die Service-Plattform hingegen bündelt die Dienste, hauptsächlich für die VIZ-Website. Hierzu zählt der intermodale Routenplaner, der über entsprechende Schnittstellen
bestehende Routenplaner, wie beispielsweise den des Verkehrsverbundes Berlin-Brandenburg, integriert und auf einer einheitlichen Oberfläche dem Nutzer zur Verfügung stellt.
Auch die einheitliche Kartendarstellung aller Verkehrsinformationen der VIZ ist eine
Funktion der Service-Plattform. Hierzu zählt beispielsweise die aktuelle Verkehrslagekarte. Die Service-Plattform ist weiterhin die Grundlage für personalisierte Mobilitätsdienste.

3.2.3 Pre-Trip-Informationen

Die VIZ Berlin bietet ein umfangreiches Angebot an Pre-Trip-Informationen an. Hierzu
werden die VIZ-Website www.viz-info.de, die 33 dynamischen Informationstafeln sowie
die tägliche Verkehrsvorschau für die Medien genutzt.

Die VIZ-Website bietet u. a.:

- eine aktuelle Verkehrslagekarte für große Teile des Hauptverkehrsstraßennetzes,
- Meldungen über aktuelle und erwartete Störungen im motorisierten Individualverkehr
  wie auch im öffentlichen Verkehr (z. B. Sperrungen infolge von Baustellen, Veranstaltungen, Demonstrationen, Wartungsarbeiten),
- einen intermodalen Routenplaner (öffentliche Verkehrsmittel, Pkw, Fahrrad, zu Fuß,
  Bike&Ride sowie Park&Ride),
- Informationen über flexible Mobilitätsangebote wie Car-Sharing und Bike-Sharing sowie
- viele andere Informationen rund um den Verkehr in Berlin.

Diese Informationen können von den Verkehrsteilnehmern genutzt werden, um sich vor
der Fahrt über die möglichen Angebote zu informieren und die Angebote dann optimal
nutzen zu können.

Die wichtigsten Informationen über anstehende Verkehrseinschränkungen wie Baustellen, Sperrungen oder Wartungsarbeiten werden ebenso auf den dynamischen Informationstafeln bereits mehrere Tage vor dem Beginn der Ereignisse angezeigt, damit sich die
Verkehrsteilnehmer hierauf rechtzeitig einstellen können.

Auch die werktäglich von der VIZ-Verkehrsredaktion erstellte Verkehrsvorschau für
die Medien weist auf die erwarteten Einschränkungen im motorisierten Individualverkehr
wie auch im öffentlichen Verkehr in den kommenden Tagen hin. Auf diese Art und Weise
wird der Verbreitungsgrad der Vorab-Verkehrsinformationen der VIZ erhöht.

3.2.4   On-Trip-Informationen

Auch während der Fahrt bieten die Verkehrszentralen des Landes Berlin umfangreiche Informationen für die Verkehrsteilnehmer. Hierzu zählen u. a. die Meldungen der Landesmeldestelle, die im Rahmen des Verkehrswarndienstes als TMC-Meldungen veröffentlicht werden. Von Rundfunkanstalten und auch von Applikationsbetreibern werden diese Meldungen z. B. auf dem RDS-TMC-Kanal den Navigationssystemen bereitgestellt oder für die gesprochenen Verkehrsnachrichten im Rundfunk genutzt.

Darüber hinaus bieten die dynamischen Informationstafeln der VIZ die Möglichkeit, Verkehrsteilnehmer direkt über die aktuelle Verkehrslage im weiteren Straßenverlauf zu informieren. Werktäglich fahren ca. 700.000 Fahrzeuge an den VIZ-Informationstafeln entlang und nehmen die angezeigten Informationen wahr.

Der Rundfunk Berlin-Brandenburg sendet mit Radio Berlin 88.8 Verkehrsnachrichten werktäglich von 6–18 Uhr direkt aus der VIZ Berlin und kann dabei auf das umfassende und aktuelle Informationsangebot der VIZ zurückgreifen.

4   Managementprozesse

4.1   Strategiemanagement

4.1.1   Prozessschritte

Zum Strategiemanagement werden hier alle Schritte zur Entwicklung, Abstimmung, Implementierung und Umsetzung von geplanten Maßnahmen des Verkehrsmanagements verstanden. Den Verkehrszentralen in Berlin kommt hierbei eine besondere Bedeutung bei der Umsetzung zu. Ferner sind sie auch an den vorangehenden Schritten, meist in beratender Funktion, beteiligt. Die weiteren Beteiligten an diesen Prozessen sind u. a. die anderen Referate der Verkehrslenkung Berlin, die Abteilung VII (Verkehr) der Senatsverwaltung für Stadtentwicklung und Umwelt sowie die Polizei, bei länderübergreifenden Strategien auch der Landesbetrieb Straßenwesen Brandenburg.

4.1.2   Strategisches Netz

Im Stadtentwicklungsplan Verkehr ist das Berliner Straßennetz in verschiedene Kategorien gegliedert. Dies widerspiegelt die funktionale Gliederung des Straßennetzes (vgl. Abb. 5). Von den rund 5500 km Straßen sind ca. 1600 km von strategischer Bedeutung.

Zu erkennen ist, dass den Autobahnen, insbesondere der BAB A100, und den übrigen Hauptverkehrsstraßen in Berlin eine besondere Bedeutung zukommt. Sie haben eine den Verkehr bündelnde Funktion und sollen so die übrigen Netzteile verkehrlich entlasten. Insofern konzentrieren sich Strategien des Verkehrsmanagements im Wesentlichen auf dieses übergeordnete Netz.

4.1.3   Handlungsspektrum

Die Verkehrszentralen in Berlin stellen städtische Zentralen dar, die jedoch aufgrund der Struktur des Landes Berlin auch für die Autobahnen hier verantwortlich sind. Deshalb

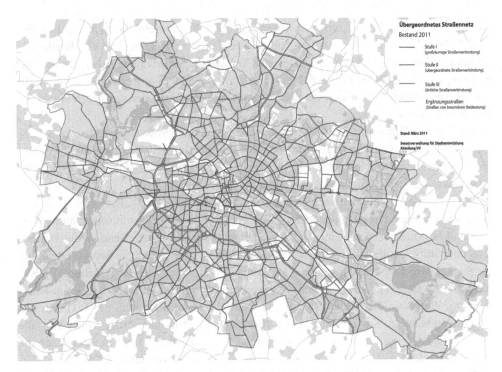

Abb. 5 Übergeordnetes Straßennetz Berlin, Stand 2011. (Quelle: Stadtentwicklungsplan Berlin: Senatsverwaltung für Stadtentwicklung und Umwelt Berlin, 2011)

umfasst die VKRZ funktional sowohl die Steuerung der Lichtsignalanlagen als auch der Verkehrsbeeinflussungsanlagen in Berlin. Dies ermöglicht eine vergleichsweise einfache Entwicklung von Strategien, die sowohl die Autobahnen als auch die Stadtstraßen betreffen. Als Beispiel sei hier eine Strategie für die Sperrung des Tunnel Ortsteil Britz im Verlauf der BAB A 100 genannt. Diese Strategie umfasst neben den verschiedenen Möglichkeiten der Sperrung (einzelne Fahrstreifen, gesamte Fahrtrichtung, beide Fahrtrichtungen) auch die Aktivierung jeweils angepasst der Signalprogramme für die LSA im Umfeld des Tunnels.

Im Rahmen von Staatsbesuchen und Demonstrationen werden in Zusammenarbeit mit der Berliner Polizei Strategien zu Abwicklung der hiermit verbundenen Verkehre bzw. Sperrungen erarbeitet und umgesetzt. Hierzu zählen beispielsweise die von der Polizei begleiteten Fahrten von Staatsgästen innerhalb Berlins, der sogenannten Protokollverkehre. Hierbei spielen neben verkehrlichen auch sicherheitsrelevante Anforderungen eine besondere Rolle.

Auch im Kontext einer umweltorientierten Steuerung des Verkehrs werden spezielle Verkehrsmanagementkonzepte entwickelt. Hierzu zählt beispielsweise ein Monitoring der verkehrsbedingten Luftschadstoffemissionen und -immissionen im Zuge des Umbaus der Invalidenstraße in Berlin-Mitte. Dies ist Bestandteil des Planfeststellungsbeschlusses.

Bei länderübergreifenden Verkehrsmanagementstrategien erfolgt eine Zusammenarbeit der beteiligten Verwaltungen der Länder Berlin und Brandenburg im Rahmen eines re-

gionalen Verkehrsmanagements. Eine entsprechende Ländervereinbarung beider Bundesländer sieht hierbei eine Kooperation und eine gemeinsame Nutzung der VIZ Berlin vor.
So erfolgt über das System zur automatischen Verkehrslageberechnung neben der Berechnung für ca. 1600 km des Berliner Hauptverkehrsstraßennetzes auch eine Berechnung für
ca. 400 km Straßennetz im sogenannten Südostkorridor rund um den geplanten Flughafen
Berlin-Brandenburg.

Die Vorabinformationen der VIZ Berlin über geplante Straßensperrungen, beispielsweise im Kontext von Wartungsarbeiten an Straßentunneln, stellen Managementprozesse
in der Verkehrsinformation dar. Diese werden als präventive Maßnahmen in Zusammenarbeit zwischen den Berliner Verkehrszentralen durchgeführt.

Für spezielle Aufkommensschwerpunkte wie den geplanten Flughafen Berlin-Brandenburg werden besondere Managementprozesse etabliert. Hier wurde ein sogenanntes Stör-
fall- und Informationsmanagement (AIRVIS) etabliert, das die Erreichbarkeit des Flughafens unterstützen soll. Alle verkehrlich relevanten Institutionen wie die Senatsverwaltung
für Stadtentwicklung und Umwelt, der Landesbetrieb Straßenwesen Brandenburg, VKRZ,
die VIZ, die Berliner und die Brandenburger Polizei, der Verkehrsverbund Berlin-Brandenburg, die BVG, die S-Bahn Berlin, die Deutsche Bahn aber auch die Taxizentralen
sind hieran beteiligt. Sie informieren sich über einen abgestimmten Prozess über Störfälle
und treffen abgestimmte Maßnahmen in diesen Fällen. Das betrifft insbesondere auch die
Information der Verkehrsteilnehmenden über alle zur Verfügung stehenden Medien.

Für verkehrlich besondere Großereignisse wie die Flussball-Weltmeisterschaft 2006
oder die Leichtathletik-Weltmeisterschaften 2009 wurden zwischen den beteiligten Institutionen geeignete Verkehrsmanagementkonzepte entwickelt, abgestimmt und implementiert.

Auch im Rahmen von länderübergreifenden Verkehrsmanagementkonzepten sind die
Berliner Verkehrszentralen tätig, so beispielsweise in den Long-Distance-Korridoren
(LISA) Ost.

4.2 Ereignismanagement

4.2.1 Baustellen und Veranstaltungen

Die maßgeblichen Aktivitäten des Baustellenmanagements finden vor Baubeginn während der Genehmigungs- und Abstimmungsphase unter Abwägung der Interessen aller
Betroffenen statt. Die dabei bestimmenden Zielkonflikte können nur selten vollständig
aufgelöst werden. Feinjustierungen in der Verkehrsreglung und eventuelle Nachbesserun-
gen werden durch die dafür verantwortlichen Kolleginnen und Kollegen der VLB im Referat A (Ereignisse) vorgenommen. Bestandteil der verkehrsrechtlichen Anordnung sind
die frühzeitige Anliegerinformation und die Umsetzung sämtlicher verkehrsregelnder
Maßnahmen. Die VKRZ übernimmt hier die Aufgabe der Informationsverteilung aller
Verkehrsteilnehmer durch den Verkehrswarndienst und die Dienstleistungen der VIZ.

Nach dem geplanten Beginn und nach dem geplanten Ende der jeweiligen geplanten
Ereignisse überprüft die VIZ-Verkehrsredaktion durch Anruf bei den verantwortlichen
Bauleitern oder Veranstaltern, ob die geplanten Zeiträume mit den realen Zeiträumen

übereinstimmen oder ob es etwaige Veränderungen im Ablauf gegeben hat. Diese Informationen werden zur Aktualisierung der Verkehrsinformation sowie zur Rückmeldung an VLB Referat A genutzt. Häufig werden die erforderlichen Signalprogramme an den Lichtsignalanlagen in der Planungsphase festgelegt, sodass höchstens der genaue Schaltzeitpunkt aufgrund der aktuellen Verkehrslage festgelegt wird.

4.3 Störfallmanagement

Beispiele für detailliertes Störfallmanagement sind das System AIRVIS (s. o.) im Kontext des geplanten Flughafens Berlin-Brandenburg und Sperrstrategien für die Straßentunnel. Darüber hinaus werden bei Störfällen die verkehrs- und betriebstechnischen Funktionen (s. o.) angepasst an die jeweilige Situation genutzt.

5 Kooperationspartner

5.1 Grundlagen und Formen der Zusammenarbeit

Die Verkehrssteuerung in Berlin erfolgt zentral durch die VKRZ. Die acht Verkehrsrechner sind nicht personell besetzt und werden von der VKRZ aus bedient. Lokale Maßnahmen der Polizei bei Demonstrationen und anderen Ereignissen werden zwischen VIS und VIZ kommuniziert (siehe 5.6). Weiterhin können von der Tunnelleitzentrale TLZ-BE als Betriebsmanagement-Zentrale für die Berliner Straßentunnel in Gefahrensituationen ebenfalls Voll- und Teilsperrungen von Tunneln vorgenommen werden.

Die VIZ Berlin arbeitet als intermodale Verkehrsinformationszentrale nicht nur mit den für den motorisierten Straßenverkehr verantwortlichen Zentralen, sondern auch mit anderen Mobilitätsanbietern zusammen. Hierzu zählen neben den Berliner Verkehrsbetrieben, dem Verkehrsverbund Berlin-Brandenburg, der S-Bahn Berlin, der Deutschen Bahn und den Berliner Flughäfen auch Anbieter von Car-Sharing und Bike-Sharing. Als Informationszentrale pflegt die VIZ Berlin eine intensive Zusammenarbeit mit den Medien. Mit diesen Kooperationspartnern werden sowohl Daten ausgetauscht als auch Dienste kooperativ genutzt.

Eine Kooperation mit privaten Navigationsanbietern besteht insofern, als dass von der Firma TomTom aufbereitete FCD für das Hauptverkehrsstraßennetz bezogen und in die Verkehrslageberechnung der VIZ integriert werden.

5.2 Regionale Verkehrszentralen

Die gemeinsame Verkehrsregelungszentrale Berlin-Brandenburg, die VRZ Stolpe, ist bei ungeplanten Ereignissen, die aus Berliner Sicht ein landesübergreifendes Eingreifen für die Verkehrssteuerung erfordern, Ansprechpartner zur Abstimmung der Eingriffe. Üblicherweise werden dabei bestimmte Anzeigen von dWiSTa- und Infotafeln telefonisch angefordert.

Im Rahmen eines länderübergreifenden regionalen Verkehrsmanagements (RVM) arbeiten die beteiligten Institutionen sowohl auf der planerischen als auch auf der operativen Ebene zusammen. Die VIZ Berlin dient hierbei als gemeinsam genutzte Plattform für die Verbreitung von Verkehrsinformationen.

5.3   Verkehrsunternehmen im Öffentlichen Verkehr

Die Zusammenarbeit mit den Berliner Verkehrsbetrieben erfolgt sowohl auf planerischer wie auch auf operativer Ebene. Die BVG erhält im Voraus Informationen über geplante Baumaßnahmen und kann ihren Betrieb hierauf abstimmen. Planerisch werden Maßnahmen zur ÖPNV-Bevorrechtigung an den LSA abgestimmt.

Auf der operativen Ebene erhält die VIZ Daten aus dem rechnergestützten Betriebsleitsystem der BVG für Zwecke der Verkehrsinformation. Im Rahmen der Priorisierung der Busse und Straßenbahnen im öffentlichen Oberflächenverkehr erfolgt eine vollautomatische Datenübertragung zwischen den IBIS-Steuergeräten der Fahrzeuge und den LSA-Steuergeräten.

Die BVG und die S-Bahn Berlin senden Störungsinformationen an die VIZ Berlin. Die VIZ Berlin nutzt für ihre ÖPNV-Routingservices auf der VIZ-Website die Routingdienste des Verkehrsverbunds Berlin-Brandenburg.

5.4   Polizei

Die Polizei des Landes Berlin ist mit der Organisationseinheit Verkehrsinformations- und Steuerungszentrale (VIS) in der VKRZ ständig vertreten. Dadurch ist eine Kommunikation zwischen der Polizei und der VKRZ in beiden Richtungen möglich: In der VKRZ erkannte Ereignisse (z. B. liegenbleibende Fahrzeuge, ausgelöste Höhenkontrollen an Tunneln) können direkt zur weiteren Bearbeitung an die Polizei weitergegeben werden. Umgekehrt sind die Kenntnisse über Aktivitäten der Polizei zu den zahlreichen Demonstrationen und Protokollfahrten für eine Bewertung der Verkehrslage und daraus resultierendem Regelungsbedarf erforderlich.

5.5   Rundfunkanstalten

Die VIZ stellt allen Medien werktäglich eine Verkehrsvorschau zu Verfügung. Diese enthält für den folgenden Tag die relevanten Veränderungen von Verkehrseinschränkungen sowohl im motorisierten Straßenverkehr als auch im öffentlichen Verkehr. Die Landes-

meldestelle Berlin stellt den Rundfunkanstalten Verkehrswarnmeldungen als TMC-Feed
zur Verfügung.

Darüber hinaus besteht seit 2004 eine Kooperation zwischen dem Rundfunk Berlin-
Brandenburg (RBB) und der VIZ Berlin. Der RBB erhält für seinen Sender Radio Berlin
88.8 einen Arbeitsplatz in der VIZ, von wo aus er lesend auf alle Informationen zugreifen
kann. Radio Berlin sendet von Montag bis Freitag von 6 bis 18 Uhr seine Verkehrsnachrichten halbstündlich (vormittags viertelstündlich) sowie bei besonderen Gefahrensituationen direkt aus der VIZ Berlin.

5.6 Private Dienstleister

Die VMZ Berlin Betreibergesellschaft mbH betreibt seit 2011 als private Dienstleister im
Auftrag des Landes Berlin die VIZ einschließlich der Außenanlagen (TEU-Detektion, Informationstafeln, Videosystem, z. T. Parkleitsystem Messe/Olympiastadion). In den Jahren 2001 bis 2010 wurde die damalige Verkehrsmanagementzentrale (VMZ) von dieser
Gesellschaft im Rahmen eines Public-Private-Partnerships mit dem Land Berlin betrieben. Das Land Berlin hat bei diesem Dienstleistungsauftrag die Aufgabe, das Leistungs-
spektrum und die Qualitätsmerkmale zu definieren und deren Einhaltung zu überprüfen.
Der private Dienstleister hingegen erbringt die definierten Leistungen und legt geeignete
Berichte zum Nachweis der erbrachten Leistungen und Qualitäten vor. In regelmäßigen
Abstimmungen kann der Leistungsumfang dieses 10 Jahre umfassenden Vertrags in bei-
derseitigem Einvernehmen an veränderte Anforderungen angepasst werden.

Auch für die Errichtung, den Betrieb und die Wartung der Lichtsignalanlagen ist in
Berlin ein privater Dienstleister im Auftrag des Landes tätig, der sog. Generalübernehmer.

5.7 Bedeutende Verkehrserzeuger

Die Messe Berlin und das Berliner Olympiastadion sind über ein Veranstaltungsleitsystem
für den ruhenden Verkehr mit der VIZ Berlin verbunden. Dieses System dient der Lenkung des ruhenden Verkehrs bei Großveranstaltungen in den beiden Veranstaltungsorten
und ist mit den dynamischen Informationstafeln der VIZ Berlin verbunden.

Die Berliner Flughäfen stellen der VIZ Berlin Informationen zu Ankünften und Abflügen zur Verfügung. Sie sind darüber hinaus am Störfall- und Informationsmanagement für
den geplanten Flughafen Berlin-Brandenburg beteiligt und arbeiten hier mit den Berliner
Verkehrszentralen zusammen.

Informationen über Konzerte, Sportveranstaltungen und andere Events werden der VIZ
von der BVG im Rahmen eines Veranstaltungskalenders bereitgestellt. Dies erlaubt eine
koordinierte Verkehrsinformation.

5.8   Betreiber von Verkehrsanlagen

Sämtliche straßenverkehrsbehördlichen Aufgaben mit landesweiter Bedeutung sind ebenso wie sämtliche Aufgaben im Zusammenhang mit Lichtsignalanlagen bei der VLB angesiedelt. Darüber hinaus erfolgt bei Ereignissen auf BAB und in Tunneln bei Bedarf eine
Abstimmung mit der TLZ-BE. Ebenso erfolgt bei Ereignissen, die ebenfalls das Land
Brandenburg betreffen, eine Abstimmung mit der VRZ in Stolpe.

Als Pilotprojekt wurde eine verkehrsträger- und baulastträgerübergreifende Zusammenarbeit im Südost-Korridor realisiert. Um eine bestmögliche Erreichbarkeit des Flughafens Berlin-Brandenburg sicherzustellen, wurden im Projekt AIRVIS Störfallszenarien
zwischen allen Beteiligten abgestimmt, Kommunikationsstrategien erarbeitet und die
Zentralen im erforderlichen Umfang vernetzt.

6   Qualität und Wirkungen

6.1   Qualitätsmanagement organisatorischer Prozesse

Wesentlicher Bestandteil des Qualitätsmanagements sind für die Verkehrsregelungszentrale die definierten Geschäftsprozesse und Regelablaufpläne. Damit wird eine gleichartige
Bearbeitung sämtlicher verkehrlicher und technischer Vorgänge sichergestellt. Darüber
hinaus werden in anlassbezogenen Feedbackbesprechungen Rückmeldungen von der Ar-
beits- an die Führungsebene gegeben und bei Bedarf die Geschäftsprozesse und Regelablaufpläne angepasst.

Die VIZ berichtet der VLB quartalsweise über die Qualität der aufgrund des Dienst-
leistungsvertrages erbrachten Leistungen. Weitere Hinweise auf organisatorische Defizite
erhält die VLB durch Rückmeldungen von Bürgerinnen und Bürgern, die an die VLB oder
die VIZ gerichtet sind. Diese werden regelmäßig ausgewertet.

6.2   Qualitätsmanagement technischer Prozesse

Der Betrieb der technischen Anlagen der Berliner Verkehrszentralen wird kontinuierlich
überwacht. Störungen führen zu entsprechenden Meldungen, die vom Betriebspersonal
bearbeitet werden. Eine Dokumentation erfolgt u. a. in den Betriebsmeldearchiven.

Die Außenanlagen werden regelmäßig gewartet. Dies erfolgt beispielsweise für die
Detektion, die Informationstafeln, das Videosystem und das Parkleitsystem der VIZ in
abgestufter Form auf quartalsweiser Basis. So ist sichergestellt, dass Verschleißerschei-
nungen u. a. oft schon vor Eintreten eines Defekts erkannt und behoben werden können.

6.3   Evaluierung verkehrstechnischer Maßnahmen

Die umfangreiche stationäre Detektion, über die die Berliner Verkehrszentralen verfügen, erlauben im Zusammenhang mit der aktuellen Verkehrslage und den zugehörigen Archiven eine Evaluierung verkehrstechnischer Maßnahmen. Dies erfolgt in der Regel anlassbezogen.

6.4   Bilanz/Wirkung des Maßnahmenverbunds

Im Stadtentwicklungsplan Verkehr ist eine Vielzahl von Maßnahmen dokumentiert, die zu einer verkehrlichen Weiterentwicklung des Landes Berlin einen Beitrag leisten sollen. Hierzu gehören auch die Maßnahmen der Berliner Verkehrszentralen. Die Wirkung des Maßnahmenverbunds kann über eine kontinuierliche Analyse der Verkehrsentwicklung stattfinden. Für die Einrichtung der Berliner Umweltzone wurden derartige Zeitreihen bereits analysiert.

7   Perspektiven

7.1   Strategische Entwicklungslinie

In der Zeit seit Inbetriebnahme der Verkehrsmanagementzentrale 2001 erfolgte eine rasante Entwicklung der Informationstechnik, die dazu führte, dass sich die Bedeutung der kollektiven Verkehrsinformation drastisch geändert hat: Sie wird inzwischen durch umfangreiche individuell aufbereitete und genutzte Information ergänzt und in einigen Fällen sogar ersetzt. Nichtsdestotrotz ist es Aufgabe der Straßenverkehrsbehörde, zwischen den unterschiedlichen Interessen aller Verkehrsteilnehmer und der übrigen Betroffenen für einen Ausgleich zu sorgen. Insofern hat sich die funktionale Aufteilung in Steuern und Informieren bisher bewährt.

Wenn Teile der technischen Systeme eine grundhafte Erneuerung erfordern, erfolgt eine Überprüfung, ob die Funktionen des Teilsystems in dieser Form überhaupt noch gebraucht werden, so z. B. bei den Infotafeln und der strategischen Detektion. Durch den intensiven Datenaustausch zwischen VKRZ und VIZ ist bei der Weiterentwicklung eines Systems häufig das jeweils andere System mit betroffen.

Der intermodale bzw. multimodale Ansatz der VIZ Berlin wird in der Zukunft eine noch größere Bedeutung erlangen als bislang. Verkehrswissenschaftliche Untersuchungen wie die SrV haben gezeigt, dass sich das Verkehrsmittelwahlverhalten der jüngeren Generation zu einer flexiblen Nutzung bestehender Angebote hin entwickelt. Dem soll die Weiterentwicklung der VIZ im Sinne einer weiteren Integration von Daten und Dienstleistungen für die Verkehrsteilnehmer Rechnung tragen. Hiermit soll der Gedanke fortgeführt

werden, dass die gut informierten Verkehrsteilnehmer die jeweils verfügbaren Mobilitätsangebote situationsangepasster nutzen, was zu einer gleichmäßigeren Auslastung der
bestehenden Infrastruktur führt. Hierbei wird auch der Gedanke der umweltorientierten
Steuerung des Verkehrs an Bedeutung gewinnen und weiterentwickelt werden.

7.2   Konzeptionell-inhaltliche Weiterentwicklung

Aus der strategischen Weiterentwicklung ergeben sich neue Anforderungen an bestehende
Funktionen oder auch neue Funktionen, beispielsweise:

Verkehrsvorschau: Durch die Pressearbeit der VMZ zu besonderen Sportereignissen
wurde ein Bedarf an einer Verkehrsvorschau erkannt. Diese Leistung wurde neu in den
VIZ-Dienstleistungsvertrag mit aufgenommen.

Arbeitszeit der Verkehrsredaktion: Bereits bei der Beauftragung der VIZ erfolgte eine
Erweiterung der Arbeitszeit der Verkehrsredaktion, diese wurde inzwischen nochmals an
die aktuellen Erfordernisse angepasst.

Integration von FCD: Zu Vertragsbeginn war von einer FCD-Flotte von Taxen ausgegangen, danach hat sich allerdings die Nutzung kommerzieller Daten als vorteilhafter dargestellt. In der Folge wurde das Erneuerungskonzept der strategischen Detektoren daran
angepasst.

Die VIZ Berlin verfügt über sehr umfangreiche und detaillierte Daten zum Verkehr in
Berlin. Gegenwärtig werden Konzepte entwickelt, wie diese Daten so verdichtet werden
können, dass sie als hochaggregierte Kennwerte für kurzfristig zu beantwortende Fragestellungen sowie zur Analyse von längerfristigen Entwicklungen von Maßnahmenpaketen
genutzt werden können.

Für die dynamischen Informationstafeln der VIZ Berlin werden Konzepte entwickelt,
wie aktuelle Reisezeiten so angezeigt werden können, dass sie die Bündelungsfunktion
der Stadtautobahn und der übrigen Hauptverkehrsstraßen unterstützen.

Integrierte Gesamtverkehrsleitzentrale Frankfurt am Main – IGLZ

Dorothee Allekotte und Heiko Jentsch

1 Organisationsform und Rahmenbedingungen

1.1 Aufgabenstellung und Ziele

Die zunehmende Motorisierung und das damit verbundene weitere Verkehrswachstum stellt die Betreiber der Verkehrssysteme vor große Herausforderungen, die nicht nur den motorisierten Individualverkehr (MIV), sondern immer stärker auch den öffentlichen Personennahverkehr (ÖPNV) betreffen. Im Ballungsraum Frankfurt/Rhein-Main ist auch zukünftig mit einer Fortsetzung dieser Entwicklung zu rechnen.

Als Lösungsansatz hat die Stadt Frankfurt am Main auf der Grundlage der Machbarkeitsstudie FRUIT [1] beschlossen, ein Gesamtverkehrsmanagementsystem aufzubauen.

Die Ziele des Gesamtverkehrsmanagements in Frankfurt am Main sind dem Grundprinzip einer umweltverträglichen und stadtgerechten Verkehrsabwicklung bei der Sicherung der Mobilitätsanforderungen verpflichtet. Ein besonderes Gewicht haben die verkehrlichen Ziele zur Stärkung des öffentlichen Verkehrs und zur Reduzierung des motorisierten Verkehrs auf ein wirtschaftlich notwendiges Maß.

Das Verkehrsmanagement Frankfurt am Main ist mit der Konzeption des regionalen Verkehrsmanagements des Landes Hessen abgestimmt. Die Voraussetzung für die Verwirklichung eines intermodalen Verkehrsmanagementsystems war der Aufbau einer Inte-

D. Allekotte (✉) · H. Jentsch
Frankfurt am Main, Deutschland
E-Mail: dorothee.allekotte@stadt-frankfurt.de

H. Jentsch
E-Mail: dorothee.allekotte@stadt-frankfurt.de

© Springer Fachmedien Wiesbaden 2014
M. Sandrock, G. Riegelhuth (Hrsg.), *Verkehrsmanagementzentralen in Kommunen*,
DOI 10.1007/978-3-658-04391-9_4

grierten Gesamtverkehrsleitzentrale (IGLZ) und die Erweiterung der verkehrsdatenerfassenden und steuernden Subsysteme.

Durch den Aufbau der IGLZ wurde ein Verkehrsmanagementsystem errichtet, welches die Ziele

- die Ressourcen zu schonen,
- die Umweltbelastungen zu reduzieren,
- die Wirtschaftlichkeit zu verbessern,
- die Verkehrssicherheit zu erhöhen,
- die Lebensqualität in der Stadt zu verbessern,
- die Standortqualitäten für die Wirtschaft zu fördern und
- die Mobilitätsbedürfnisse zu befriedigen
- verfolgt.

Aufgaben der IGLZ zur Erfüllung dieser Ziele sind

- der Betrieb und die Überwachung der verkehrstechnischen Systeme der Stadt Frankfurt am Main,
- die Überwachung, Erfassung und Dokumentation von Verkehrsabläufen,
- die Koordinierung und Durchführung der Baustellenüberwachung,
- die Aufbereitung und Weiterleitung von Verkehrsinformationen an den Rundfunk und andere Dritte sowie
- die Planung und Umsetzung eines integrierten Verkehrsmanagements im Straßenverkehr.

1.2 Rechtliche Grundlagen und sachliche Zuständigkeit

Gemäß § 44 Abs. 1 und § 45 Abs. 3 und 4 Straßenverkehrsordnung (StVO) obliegt den Straßenverkehrsbehörden die Ausführung der StVO und somit auch die Steuerung des fließenden Verkehrs.

Die IGLZ ist eine Organisationseinheit des Straßenverkehrsamtes der Stadt Frankfurt am Main und zuständig für die Steuerung des Verkehrs im Stadtgebiet von Frankfurt am Main in der Funktion der örtlich zuständigen Straßenverkehrsbehörde.

1.3 Organisation

Der Betrieb der IGLZ ist dem Sachgebiet „Betrieb IGLZ" übertragen. Es ist Teil der Abteilung Verkehrsmanagement des Straßenverkehrsamtes der Stadt Frankfurt am Main.

Der Zentralenbetrieb erfolgt im Regelfall montags bis freitags in der Zeit von 05:45 Uhr bis 20:15 Uhr und samstags in der Zeit von 08:00 Uhr bis 17:00 Uhr. Der Betrieb wird von vier Operatoren in einem Drei-Schicht-System geleistet. Die Betriebszeiten richten sich nach dem Bedarf für die Verkehrssteuerung.

Gerade die Verkehrsmanagementaufgaben der Zentrale sind auch zentraler Arbeitsinhalt des Sachgebietes „Planung und Konzeption" derselben Abteilung. Die Zusammenarbeit zwischen den Sachgebieten ist sehr eng, die Abgrenzung der Aufgaben ist fließend und variabel. Bedarfsabhängig, insbesondere bei Großveranstaltungen im Stadtgebiet von Frankfurt am Main, werden z. B. die Operatoren von weiteren Kollegen aus der Abteilung Verkehrsmanagement, auch von den Planern, personell unterstützt. Dies betrifft insbesondere den Betrieb des Verkehrsbeeinflussungssystems Commerzbank Arena, der aus einer Unterleitzentrale in der Commerzbank Arena heraus erfolgt. Aber auch im regulären Zentralenbetrieb kommen Planer z. B. bei Personalengpässen zum Einsatz. Genauso werden die Mitarbeiter des Zentralenbetriebs mit ihrem umfangreichen Erfahrungswissen eng in die Planung eingebunden. Deshalb wird der Begriff IGLZ, sofern nicht die physische Zentrale, sondern die organisatorische Einheit gemeint ist, im Folgenden für die Sachgebiete „Betrieb IGLZ" und „Planung und Konzeption" verwendet.

1.4   Finanzierung

Zur Finanzierung des Aufbaus des Gesamtverkehrsmanagementsystems wurde im Jahr 1999 beim Land Hessen ein Antrag zur Förderung dieser Maßnahme aus Mitteln des Gemeindeverkehrsfinanzierungsgesetzes (GVFG) gestellt und dem Land Hessen zur Bewilligung vorgelegt. Die Bewilligung erfolgte am 26.10.2000.

Der Fördermittelgeber hat die Förderung des Projektes in zwei Bauabschnitte unterteilt. In einem ersten Bauabschnitt erfolgte der Aufbau der Kernfunktionalitäten sowie die Ausstattung einer Musterstrecke (Messe Frankfurt – Hauptbahnhof Frankfurt am Main – Commerzbank-Arena) mit Verkehrserfassungseinrichtungen. In einem zweiten Bauabschnitt sollte dann die Ausweitung der Erfassungseinrichtungen auf das gesamte Stadtgebiet erfolgen. Im Rahmen des zweiten Bauabschnitts wurden dann jedoch nur noch die Verkehrsinformationstafeln (siehe Abschn. 3.2) finanziert. Alle anderen Maßnahmen wurden zurückgestellt bzw. waren nicht mehr erforderlich.

2   Verkehrstechnisches System

2.1   Systemanforderungen

Zielsetzung der IGLZ ist es im Sinne des integrierten Ansatzes, alle verkehrstechnischen Subsysteme auf der Verkehrsmanagementebene zusammenführen. In der Leitzentrale sind somit alle Subsysteme abrufbar und bedienbar. Der schnellen Gesamtübersicht dient eine 14 m² große Monitorwand (siehe Abb. 1). Hier sind die Übersichten der Systemzustände, Verkehrsinformationen und vor allem eine große Auswahl der Bilder der Verkehrsbeob-

Abb. 1 Integrierte Gesamtverkehrsleitzentrale im Betrieb

achtungskameras dargestellt. Die Monitorwand ist hinsichtlich der dargestellten Inhalte grundsätzlich frei gestaltbar. Es hat sich jedoch ein festes Darstellungs-Set als zielführend erwiesen, lediglich für die Kamerabilder werden situationsbezogen vorbereitete Bildfolgen verschiedener Straßenachsen auf Knopfdruck ausgetauscht.

Den Operatoren stehen fünf Arbeitsplätze mit jeweils drei Arbeitsstationen mit fünf Bildschirmen bereit, über die auf alle Teilsysteme zugegriffen und schnell zwischen den Systemansichten gewechselt werden kann.

2.2 Hard- und Softwarearchitektur

Die technische Systemarchitektur ist in Abb. 2 dargestellt. Dabei wird in Anlehnung an das OTS-Modell unterteilt in Feldebene, also die Geräte im Straßenraum, Leitebene, in der einzelne Gerätetypen auf einem Zentralrechner zusammengeführt werden, und Verkehrsmanagementebene, in der Verkehrsdaten zusammengeführt und auf dieser Basis Maßnahmen eingeleitet und angepasst werden.

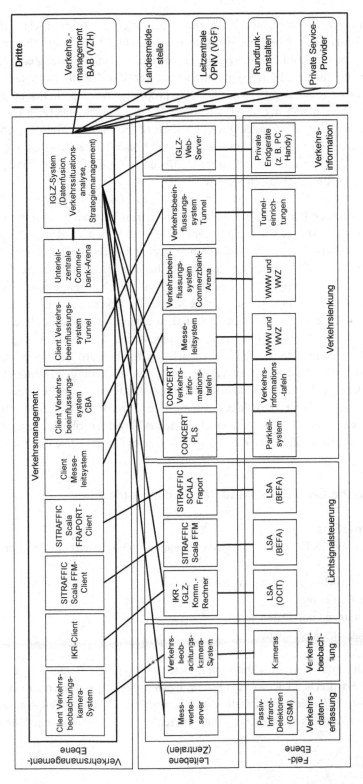

Abb. 2 IGLZ-Systemarchitektur

Die Systeme der Feldebene sind in Abschn. 3 beschrieben. Für die Lichtsignalsteuerung findet sukzessive ein Übergang zur standardisierten OCIT®-Schnittstelle statt (siehe Abschn. 2.3). Entsprechend sind derzeit zwei Rechnersysteme auf der Zentralenebene im Einsatz, wobei die OCIT-Lichtsignalanlagen an den IGLZ-Kommunikationsrechner (IKR) angeschlossen sind, Lichtsignalanlagen mit proprietären Schnittstellen an die SCALA-Rechner. Die Trennung der SCALA-Rechner für den Flughafenbereich und für das sonstige Stadtgebiet hat dagegen lediglich organisatorische Gründe. Von den derzeit 833 Lichtsignalanlagen (LSA) in Frankfurt am Main sind bisher 218 an den IKR angeschlossen. Langfristig sollen mit der vollständigen Umrüstung auf OCIT® alle zentral gesteuerten LSA an den IKR angeschlossen werden.

Das IGLZ-System stellt das zentrale Instrument des Verkehrsmanagements dar. Alle Verkehrsdaten sind abrufbar und werden teilweise weiter aufbereitet. Im Rahmen des Strategiemanagements wird über versorgte Regeln die Verkehrssituation abgefragt und Maßnahmen können eingeleitet werden. Die Kommunikation zwischen IGLZ-System und den LSA basiert auf dem OCIT®-Standard. Es sind bisher nur die am IKR angeschlossenen LSA integriert. Die weiteren LSA können über die Zentralenebene angesteuert werden.

Die Verkehrsbeeinflussungssysteme für die Messe, die Commerzbank-Arena und den Theatertunnel sind wegen ihrer lokalen Wirksamkeit ebenfalls nicht in das IGLZ-System integriert, sondern werden aus der Verkehrsmanagementzentrale an den jeweiligen Clients bedient. Für die Commerzbank-Arena hat es sich für den Fall größerer Veranstaltungen als effektiv erwiesen, dass das Straßenverkehrsamt am Veranstaltungsort vertreten ist, um sich insbesondere mit der für die Verkehrssicherheit zuständigen Einheit der Polizei direkt abzustimmen. Entsprechend wurde in der Commerzbank Arena eine Unterleitzentrale eingerichtet, in der sowohl das IGLZ-System als auch das Verkehrsbeobachtungskamerasystem und natürlich das Verkehrsbeeinflussungssystem über Clients bedienbar sind.

2.3   Technische Grundlagen und Basistechnologien

2.3.1   Datenerfassung

Die Datenerfassung als Grundlage des Verkehrsmanagements basiert auf den vier Säulen

- Detektion der Lichtsignalanlagen (LSA),
- strategische Detektion,
- externe Meldungen und Daten und
- Verkehrsbeobachtungskameras.

Bei der LSA-Detektion werden haltliniennahe Detektoren und ggf. Bemessungsdetektoren eingesetzt, die entsprechend der lokalen Steuerungsanforderungen implementiert werden. Die Detektionstechnik wird grundsätzlich nach den örtlichen Gegebenheiten ausgewählt. Bisher werden allerdings weitgehend Induktionsschleifen eingesetzt, wobei für die Bemessung im Fußgänger- und Kraftfahrzeugverkehr zunehmend Videosensoren verwendet werden. Die ÖPNV-Beschleunigung basiert auf einer Funk-Bake-Kommunikation.

Strategische Detektoren befinden sich außerhalb von Knotenpunktsbereichen an Querschnitten, an denen normalerweise freier Verkehrsfluss besteht, in denen aber im Fall von Störungen Staus auftreten. Sie werden speziell für das Strategiemanagement implementiert. Die Detektionstechnik ist grundsätzlich frei wählbar, bisher werden nur Passiv-Infrarot-Sensoren eingesetzt.

Externe Meldungen werden nicht von den Systemen der Stadt Frankfurt, sondern von anderen Akteuren des Verkehrsmanagements der Region erzeugt. In der Regel handelt es sich um TMC-Meldungen der Landesmeldestelle Hessen sowie darüber hinausgehende Meldungen der Verkehrszentrale Hessen (VZH), die aus deren Datenerfassung generiert werden. Darüber stehen im IGLZ-System selbst die Detektordaten der VZH von Autobahnen im Zulauf auf das Stadtgebiet bereit. Die Meldungen und Daten werden dem IGLZ-System über entsprechende Schnittstellen bereitgestellt und können für das Strategiemanagement verwendet werden.

Derzeit betreibt das Straßenverkehrsamt rund 80 frei schwenk- und zoombare Verkehrsbeobachtungskameras, die in der IGLZ abgerufen und über eine Client-Oberfläche bedient werden können. Verkehrsbeobachtungskameras werden in der IGLZ trotz wachsender Verfügbarkeit automatisch erfasster Daten als wichtige Datenquelle für die Strategieumsetzung gesehen, da die bewegten Echtzeitbilder die beste Möglichkeit zur Ursachenerkennung und zur Einschätzung der sich oft schnell verändernden Situation darstellen.

2.3.2 Datenverarbeitung

Die LSA-Rohdaten (Signalflanken) werden im IGLZ-System verarbeitet. Es werden die Kennwerte Belegung und Verkehrsstärke berechnet. Auf die Berechnung von Geschwindigkeiten wird verzichtet, weil die Genauigkeit der Ermittlung auf der Grundlage der für die LSA-Steuerung verbauten Einfach-Schleifen als zu gering für Verkehrsmanagementzwecke angesehen wird.

Die Rohdaten der strategischen Detektoren werden bereits in der Streckenstation aufbereitet. Neben den Kennwerten Belegung und Verkehrsstärke wird hier auch die Geschwindigkeit bereitgestellt, da die verwendeten Passiv-Infrarot-Detektoren dafür ausgelegt und entsprechend genauer sind. Verkehrsstärke und Geschwindigkeit werden fahrzeugklassenbezogen (2 + 0) bereitgestellt.

Für die Induktionsschleifen auf den angrenzenden Bundesfernstraßen werden ebenfalls Belegung und fahrzeugklassenbezogen (2 + 0) Verkehrsstärke und Geschwindigkeit geliefert. Meldungen bedürfen keiner weiteren Aufbereitung.

Das IGLZ-System erstellt für ein Teilnetz im Stadtgebiet einen Verkehrslagebericht, in dem die aktuelle Verkehrsqualität als sechsstufiger „Level of Service" dargestellt wird. Das Teilnetz war die Musterstrecke für die Pilotanwendung von OCIT®-LSA auf einer der wichtigsten städtischen Hauptverkehrsachsen vom Autobahnende der BAB A 648 im Bereich der Messe Frankfurt entlang des Hauptbahnhofs bis zur Commerzbank-Arena.

Für den Verkehrslagebericht werden die Online-Daten der LSA-Detektoren mit einem Verkehrsmodell verschnitten (siehe Abschn. 2.3.6). Eine Evaluierung hat jedoch gezeigt, dass derzeit mit vertretbarem Aufwand keine Genauigkeit erreicht werden kann, die für ein Strategiemanagement einschließlich von Eingriffen in die Lichtsignalsteuerung ausreichend ist. Verschiedene Optionen zur Verbesserung und räumlichen Erweiterung des Verkehrslageberichts werden derzeit erprobt (siehe Abschn. 7). Als Grundlage für das Strategiemanagement (siehe Abschn. 4.1) dienen deshalb neben manueller Auslösung auf der Basis von Videobeobachtungen bis auf weiteres die oben genannten aufbereiteten Daten, die orts- und situationsspezifisch über entsprechende Regeln kombiniert und in kurzen Intervallen geprüft werden.

2.3.3   Kommunikation und Datenübertragung

Die automatische Datenübertragung zwischen der Feld- und der Leitebene (siehe Abschn. 2.1) verläuft weitgehend über das städtische Datennetz als Kombination aus Lichtwellenleiter und Kupferkabel. Für einzelne dezentrale Lichtsignalanlagen hat es sich als wirtschaftlicher erwiesen, sie über das Mobilfunknetz in einer geschlossenen Benutzergruppe an den Verkehrsrechner anzuschließen. Auch die Passiv-Infrarot-Detektoren übertragen ihre Daten über Mobilfunk an den Messwerteserver.

Für den Informationsaustausch spielen aber auch die klassischen Kommunikationsmedien Telefon und Telefax noch eine wichtige Rolle. Diese Medien kommen insbesondere gegenüber dem Rundfunk zum Einsatz, wenn wichtige umfangreichere Informationen verbreitet werden sollen. Durch die Vielzahl der Meldungen im Ballungsraum Frankfurt Rhein-Main besteht eine Tendenz, dass gerade Informationen aus dem Stadtverkehr bei der grundsätzlich notwendigen Filterung durch die Verkehrsredakteure nicht in die Durchsagen aufgenommen werden. In diesem Fall kann durch Telefax-Sendungen und ergänzende Anrufe auf die Dringlichkeit von Durchsagen hingewiesen werden.

Darüber hinaus spielt das Telefon auch bei der Maßnahmenumsetzung in der Kommunikation mit den anderen Hauptakteuren des Verkehrsmanagements, insbesondere der Verkehrszentrale Hessen (VZH) und der Polizei, eine wesentliche Rolle. Zwar werden gerade mit der VZH automatisierte, in das EDV-gestützte Strategiemanagement integrierte Kommunikationswege zur Strategieabstimmung angestrebt (siehe Abschn. 4.1), doch in komplexen, störungssensiblen Situationen wie Großveranstaltungen ist die (fern-)mündliche Kommunikation bis auf Weiteres nicht zu ersetzen.

2.3.4   Räumliches Referenzierungssystem

Für die Kartendarstellung und räumliche Referenzierung im IGLZ-System wird das Straßennetz in einem Knoten-Kanten-Modell abgebildet. Alle verkehrsrelevanten Objekte, insbesondere die verkehrstechnische Ausstattung wie Lichtsignalanlagen, Detektoren etc., werden in dieser Karte verortet. Der Kartendarstellung können Stadtpläne oder Luftbilder hinterlegt werden. Netzänderungen sowie andere neue Objekte werden laufend über ein Geographisches Informationssystem (GIS) eingepflegt.

Für den Datenaustausch mit Dritten ist das Knoten-Kanten-Modell mit der RDS-TMC-Location Code List verknüpft. Da das Hauptverkehrsstraßennetz in Frankfurt am Main in diesem System gut abgedeckt ist, ist eine referenzierte Weitergabe bzw. Übernahme der wesentlichen Meldungen für das Stadtgebiet meist möglich. In Ausnahmefällen müssen Meldungen als nur sprachlich referenzierte Freitextmeldungen abgegeben werden.

2.3.5   Standards zum Daten- und Informationsaustausch

Die Stadt Frankfurt am Main strebt den Einsatz von etablierten Standards beim Betrieb und der Weiterentwicklung der IGLZ an und arbeitet selbst aktiv an der Entwicklung und Etablierung der Standards mit. Damit wird eine höhere Wirtschaftlichkeit insbesondere durch einen reduzierten Entwicklungsaufwand bei den Lieferanten sowie eine Hersteller-unabhängigkeit bei der Auftragsvergabe einzelner Systemkomponenten angestrebt. Allerdings hat der Aufbau der IGLZ im Jahr 2002 begonnen, als verkehrstechnische Standards gerade für den Stadtverkehr kaum vorlagen.

Die Stadt Frankfurt am Main übernahm den Vorstandsvorsitz der OCA – Open Traffic Systems City Association, die als Zusammenschluss öffentlicher Aufgabenträger im Verkehrswesen die Entwicklung öffentlicher Standards zur Verkehrssteuerung fordert und begleitet. In Frankfurt am Main wurde deswegen auch die Musterstrecke für die Erprobung des OCIT®-Standards (Open Communication Interface for Road Traffic Control Systems) als OCIT-Outstations-Schnittstelle zwischen LSA-Steuergerät und Zentralrechner realisiert. Die OCIT-Outstations-Schnittstelle ist inzwischen fester Bestandteil bei der Ausschreibung neuer Lichtsignalanlagen in Frankfurt am Main. Aus Wirtschaftlichkeitsgründen ist jedoch keine sofortige flächendeckende Umrüstung des LSA-Bestands möglich, vielmehr erfolgt die Umstellung sukzessive mit der Erneuerung des alternden Bestands. Derzeit sind etwa 200 OCIT-Lichtsignalanlagen an den Zentralrechner IKR angeschlossen.

Als nächster Schritt erfolgt jetzt die Implementierung der OTS – Open Traffic Systems-Schnittstelle für die Kommunikation zwischen Verkehrsrechner und Managementzentrale, also dem IGLZ-System.

Auch beim Austausch von Verkehrsinformationen ist die Stadt Frankfurt am Main bei der Standardisierung aktiv. Sie vertritt als Repräsentant der OCA die kommunalen Interessen bei der Entwicklung des MDM – Mobilitätsdatenmarktplatzes, der unter Federführung der Bundesanstalt für Straßenwesen (BASt) aufgebaut wird. Als Partner im Pilotbetrieb des MDM hat die Stadt Frankfurt am Main eine DATEX 2-Schnittstelle implementiert und liefert hierüber Verkehrs- und Baustelleninformationen an den MDM.

Das Messeleitsystem (siehe Abschn. 3.1.1) basiert auf dem Bundesfernstraßen-Standard TLS (Technische Lieferbedingungen für Streckenstationen), da es direkt an die Wechselwegweisung der Autobahn anknüpft.

Für weitere Kommunikationsverbindungen werden zumindest allgemeine Kommunikationsstandards eingesetzt. Dies umfasst GSM für die Datenübertragung der strategischen Detektoren sowie XML für die Datenweitergabe von der IGLZ an Dritte. Ansonsten werden derzeit proprietäre Schnittstellen verwendet.

2.3.6 Verkehrsmodelle

Das städtische makroskopische Verkehrsmodell ist nicht direkt mit der IGLZ verknüpft. Dieses wird vor allem für gesamtverkehrsplanerische Zwecke eingesetzt.

Die Quelle-Ziel-Matrix aus diesem Verkehrsmodell wurde für die Erstellung des IGLZ-Verkehrslageberichts übernommen (siehe Abschn. 2.3). Sie dient dabei als Eingangsschätzwert für die erste Stufe der Verkehrslageberechnung, die ebenfalls als makroskopische Modellierung erfolgt. Anhand der aktuell erfassten LSA-Detektordaten wird die Quelle-Ziel-Matrix korrigiert und mit dieser aktualisierten Matrix eine Verkehrsumlegung mit einem inkrementellen Mehrscheibenalgorithmus gerechnet. Matrix-Schätzung und Umlegung werden in einer vorgegeben Anzahl von Iterationen optimiert. Es ergeben sich kantenbezogene Verkehrsströme sowie eine Matrix der Abbiegeanteile an den Knotenpunkten.

Auf dieser Grundlage werden in der zweiten Stufe der Verkehrslagebericht-Ermittlung unter Berücksichtigung der aktuellen Grünzeitanteile je Fahrtrichtung in einem mesoskopischen Verkehrsflussmodell zyklisch Verkehrsfluss-Profile erzeugt. Daraus ergeben sich Geschwindigkeiten und Auslastungen, mit denen nach parametrierbaren Kriterien Qualitätsstufen des Verkehrs (Level of Service – LOS) generiert werden.

2.4 Verkehrs- und betriebstechnische Funktionen

Die verkehrstechnischen Funktionen der IGLZ ergeben sich aus den in Abschn. 3 beschriebenen Systemkomponenten. Den Kern bilden dabei die Lichtsignalanlagen, die den Straßenverkehr grundsätzlich automatisiert und entlang der Hauptachsen koordiniert steuern. In Sondersituationen werden diese Funktionen im Rahmen des Strategiemanagements (siehe Abschn. 4.1) zu koordinierten Maßnahmenbündeln zusammengeführt.

Als Grundlage der verkehrstechnischen Funktionen wird die technische Funktion der Systeme in der IGLZ laufend überwacht. Für alle Teilsysteme stehen entsprechende Oberflächen als Systemstatusübersicht in der IGLZ bereit, Systemfehler werden dokumentiert. Insbesondere kritische Fehler der Lichtsignalsteuerung werden über Alarme mit optischem und akustischem Signal gemeldet. Die IGLZ ist dann zuständig für die Einleitung und die verkehrliche Koordinierung der Fehlerbeseitigung.

Der Betrieb der IGLZ stellt eine Mischung aus automatischen und manuellen Abläufen dar. Die Lichtsignalsteuerung als Kernsystem des städtischen Verkehrsmanagements läuft grundsätzlich automatisch. Eine Anpassung an die verkehrliche Situation erfolgt zunächst durch die Jahresautomatik (JAUT), in der für die einzelnen Wochentage die entsprechend versorgten Signalprogramme (siehe Abschn. 3.1) für die verschiedenen Tageszeiten festgelegt werden. Ergänzend kann für wiederkehrende Sonderereignisse, insbesondere Feiertage, die zeitliche Signalprogrammauswahl versorgt werden. Auf lokaler Ebene, also an den einzelnen Knotenpunkten, wird dann im Falle einer verkehrsabhängigen Steuerung in dem durch das Signalprogramm vorgegebenen Rahmen eine Signalprogrammanpassung entsprechend der aktuellen Verkehrssituation durchgeführt. Dieser Ablauf kann als Null-Strategie bezeichnet werden.

Im nächsten Schritt können für planbare Sondersituationen wie z. B. Baustellen entsprechende Zeitpläne in einer Wochenautomatik (WAUT) versorgt werden.

Das Strategiemanagement (siehe Abschn. 4.1) bietet die Möglichkeit, im Falle von automatisch erfassten oder beobachteten Ereignissen vordefinierte, situationsabhängige Schaltabläufe zu initiieren. Neben LSA-Schaltungen können hier auch andere Systeme, insbesondere zur Information, eingebunden werden. Die Philosophie in der IGLZ ist, dass LSA-Schaltungen durch das Strategiemanagement nicht vollautomatisch aktiviert werden, sondern immer durch den Operator bestätigt werden müssen.

Für nicht in Strategien vorbereitete Situationen besteht die Möglichkeit, Handschaltungen von der IGLZ aus durchzuführen.

Weitere vollautomatisch gesteuerte Systeme sind das Parkleitsystem (siehe Abschn. 3.1.5) und das Tunnelsystem (siehe Abschn. 3.1.3) im Falle von Tunnelsperrungen bei automatischen Alarmen (z. B. über Rauchmelder). Ansonsten wird das Tunnelsystem anlassorientiert manuell geschaltet.

Ereignisorientiert manuell werden die Fahrstreifensignalisierungen an der Messe (siehe Abschn. 3.1.2) und die Verkehrsinformationssysteme (siehe Abschn. 3.2) geschaltet, wobei bei den Informationssystemen eine verstärkte Integration in das Strategiemanagement und damit eine Automatisierung bzw. Teilautomatisierung vorgesehen ist (siehe Abschn. 4.1).

3 Systemkomponenten

3.1 Verkehrssteuerung/-lenkung

3.1.1 Netzbeeinflussung

Eine klassische Netzbeeinflussung, in der Teilverkehrsströme mit bestimmten Zielen bei entsprechender Verkehrslage über Alternativrouten zu ihrem Ziel geführt werden, kommt im Stadtgebiet von Frankfurt am Main mit Ausnahme der Wechselwegweiser im Vorfeld der beiden Portale des Theatertunnels nicht zum Einsatz. Teilfunktionen einer Netzbeeinflussung werden jedoch im Bereich der Führung von Veranstaltungsbesuchern zu den aktuell verfügbaren Parkierungsanlagen sowie als besondere Einsatzform der Verkehrsinformationstafeln angewendet.

Für die Veranstaltungsorte Commerzbank-Arena und Messe Frankfurt werden neben den Parkierungsanlagen auf dem jeweiligen Gelände verschiedene Parkierungsanlagen im Umfeld genutzt. Aufgabe im Veranstaltungsfall ist es, den Besucherverkehr je nach Auslastungsgrad der Parkierungsanlagen und Verkehrssituation zu den verschiedenen Parkierungsanlagen zu führen und gleichzeitig den Grundverkehr möglichst wenig zu beeinträchtigen. Das Messeleitsystem und das Verkehrsleitsystem der Commerzbank-Arena verbinden also die Funktion von Netzbeeinflussung und Parkleitsystem, außerdem beinhalten beide Systeme Anlagen zur Streckenbeeinflussung.

Da beide Veranstaltungsorte nah an Bundesautobahnen liegen, ist das Gesamtsystem hierarchisch aufgebaut. Die Zielführung setzt in der Regel an den Grenzen des Frankfurter Autobahnrings aus den Bundesautobahnen BAB A 3, A 5 und A 661 ein. Im Nahbereich der Messeparkflächen erfolgt die weitere Zielführung über die Bedarfsanschlussstelle Frankfurt am Main-Rebstock sowie über den Autobahnzubringer BAB 648. Im Stadionumfeld erfolgt die Zielführung ebenfalls über Bedarfsabfahrten von der Bundesautobahn BAB A 3 und von der Bundesstraße 43/44. Anschließend setzt jeweils die Feinverteilung im Bereich der Parkflächen ein. Die Schaltung auf den Bundesfernstraßen erfolgt durch die Verkehrszentrale Hessen, im nachgeordneten Netz durch die IGLZ (siehe Abschn. 5.2).

Die Verkehrsinformationstafeln (siehe Abschn. 3.2) dienen als System der Netzbeeinflussung, wenn gezielt Empfehlungen zu Alternativrouten gegeben werden.

3.1.2 Streckenbeeinflussung

Streckenbeeinflussungsanlagen befinden sich in Frankfurt am Main an den Veranstaltungsorten Messe Frankfurt und Commerzbank-Arena in Form von Fahrstreifensignalisierungen im Zu- und Abfahrtsbereich der Parkierungsanlagen.

Im Bereich der Messe regelt die Anlage einen dreistreifigen städtischen Straßenabschnitt zwischen dem Autobahnzubringer BAB A 648 in Richtung Innenstadt und dem Messeparkhaus mit einer Kapazität von etwa 5000 Stellplätzen. Die Fahrstreifen werden je nach Lastrichtung freigegeben. Die Wegweisung in diesem Abschnitt ist in das System integriert und passt sich der Fahrstreifenfreigabe an. Die Schaltung kann zwar grundsätzlich von der IGLZ aus erfolgen, in der Praxis wird die Steuerungshoheit allerdings an die Verkehrszentrale im Messeparkhaus übergeben, in der die Betreiber und die Polizei die Steuerung abstimmen. Abbildung 3 stellt eine Systemübersicht dieses Abschnitts dar.

Zur Tiefgarage in der Commerzbank-Arena wird der Zielverkehr von der Autobahn über eine zweistreifige Brücke über die Bundesstraße B43/44 geführt. Auch hier können die Fahrstreifen je nach Lastrichtung freigegeben werden. Die Schaltung kann bei kleinen Veranstaltungen direkt von der IGLZ aus erfolgen, bei großen Veranstaltungen schaltet die Unterleitzentrale im Stadion.

3.1.3 Tunnelsysteme

Der Theatertunnel ist der einzige gesteuerte Straßentunnel in Frankfurt am Main. Das verkehrstechnische Tunnelsystem umfasst Wechselwegweiser im Vorfeld der beiden Portale, eine Fahrstreifensignalisierung, Tunnelsperren (Schranken, Lichtsignal) und sechs Kameras, die eine durchgängige Beobachtung des Tunnels einschließlich der Portalbereiche erlauben.

Da der Tunnel länger ist als 400 m, ist gemäß „Richtlinien für die Ausstattung und den Betrieb von Straßentunneln" [2] eine durchgehend besetzte Zentrale zur Überwachung und Steuerung erforderlich. Da die IGLZ diese Anforderung nicht erfüllt, wird der Tunnel von der Tunnelleitzentrale Hessen in Eschwege gesteuert.

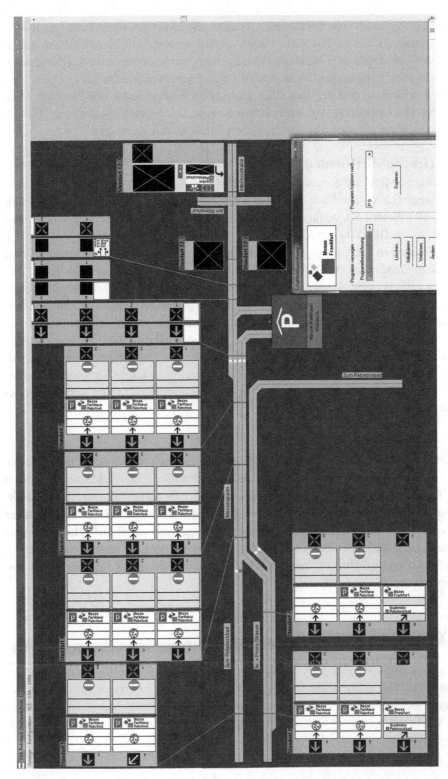

Abb. 3 Systemübersicht Messeleitsystem (Anfahrtssituation)

Die IGLZ ist jedoch über Sperrungen informiert, Systemstatus-Oberfläche und Kamerabilder werden auch in die IGLZ übertragen, so dass weitere Maßnahmen im Umfeld im Bereich der Ausweichrouten bei Bedarf durchgeführt werden können. In Sondersituationen können auch Systemschaltungen durch die IGLZ vorgenommen werden.

Derzeit wird außerdem der Bau eines Tunnels im Europaviertel Frankfurt am Main vorbereitet. Bei einer Länge von unter 400 m ist eine 24/7 besetzte Zentrale zur Tunnelsteuerung nicht erforderlich. Die Steuerung soll durch die IGLZ erfolgen.

3.1.4 Lichtsignalsteuerung

Das wichtigste Mittel zur Steuerung des Verkehrsablaufs im Stadtverkehr sind die Lichtsignalanlagen (LSA). Die Stadt Frankfurt am Main betreibt LSA an etwa 833 Knotenpunkten, 500 dieser LSA verfügen über eine verkehrsabhängige Steuerung, davon wird bei 370 LSA der ÖPNV bevorrechtigt.

560 LSA sind an die IGLZ angeschlossen. Durch den sukzessiven Systemwechsel vom proprietären Standard zu OCIT® werden diese LSA derzeit über zwei verschiedene Zentralrechner bedient (siehe Abschn. 2.3). Für diese LSA können an beiden Zentralrechnern die jeweils versorgten Programme situationsabhängig geschaltet werden. Die übliche Versorgung umfasst auf den Programmplätzen 1 bis 4 Festzeitprogramme für die Situationen Nacht, Anfahrt (morgendliche Verkehrsspitze), Tag und Abfahrt (abendliche Verkehrsspitze). Auf den Programmplätzen 5 bis 8 sind für die gleichen Situationen – sofern vorhanden – verkehrsabhängige Programme versorgt. Für spezifische lokale Situationen sind bei Bedarf weitere Programme versorgt. Dies ist vor allem im Umfeld von Veranstaltungsorten der Fall.

3.1.5 Parkleitsysteme

Das Parkleitsystem der Stadt Frankfurt am Main führt zu den 22 Parkhäusern in der Innenstadt sowie im daran angrenzenden Umfeld des Hauptbahnhofs. Das Gebiet wird zunächst in fünf Parkbereiche aufgeteilt. Das Parkleitsystem führt die Parkplatzsuchenden zunächst in diese Bereiche, erst innerhalb dieser Parkbereiche werden die einzelnen Parkhäuser ausgewiesen. Mit einer dynamischen Restplatzanzeige wird an Entscheidungspunkten über die aktuelle Parkraumsituation informiert, die Ausweisung der Routen ist statisch.

Das Parkleitsystem läuft vollautomatisch. Die Aufgabe der IGLZ liegt nur in der Betriebsüberwachung.

3.2 Verkehrsinformationen

Frankfurt am Main betreibt 18 Verkehrsinformationstafeln. Sie stehen überwiegend an Haupteinfallachsen in die Stadt. Die fünfzeiligen Freitextzeilen können im Rahmen der zulässigen Zeichenanzahl beliebig versorgt werden. Wechseltextschaltungen sind möglich, in der Praxis wird diese Option jedoch aus Gründen der Wahrnehmbarkeit auf maximal zwei Texte beschränkt.

Abb. 4 Verkehrsinformationstafel in Frankfurt am Main

Auf den Tafeln werden Informationen zu Ereignissen im Hauptstraßennetz, insbesondere Baustellen und Veranstaltungen, angezeigt. Die Anzeige setzt, sofern das Ereignis planbar ist, bereits einige Tage vor Beginn ein. Alternativrouten bzw. Hinweise zur Zielführung werden je nach Situation angegeben. Ansonsten bietet die frühzeitige Information dem Verkehrsteilnehmer die Möglichkeit, sich individuelle Ausweichrouten zu suchen. Abbildung 4 stellt exemplarisch eine Verkehrsinformationstafel mit der Ankündigung einer Straßensperrung dar.

Die Versorgung der Tafeln erfolgt bisher manuell, eine ergänzende automatisierte Schaltung auf Grundlage von Meldungen und Detektordaten wird derzeit vorbereitet.

Sofern keine aktuellen Meldungen versorgt sind, zeigen die Tafeln eine Default-Meldung, die auf die Verkehrsinformationswebsite der IGLZ hinweist. Alternativ wird auf verkehrsrelevante Initiativen der Stadt, z. B. die Verkehrssicherheitstage oder das sogenannte „Stadtradeln", hingewiesen.

Neben den Verkehrsinformationstafeln betreibt die IGLZ Onlinedienste und stellt ihre Informationen über eine Schnittstelle für Dritte bereit.

Als Onlinemedium betreibt die IGLZ die Website www.mainziel.de, auf der Verkehrsmeldungen, aktuelle und geplante Baustelle sowie dynamische und statische Parkraumdaten angezeigt werden. Darüber hinaus werden aktuelle Screenshots der Verkehrsbeobachtungskameras und weitere verkehrsrelevante Informationen, z. B. zur Umweltzone angeboten. Die dynamischen Informationen sind auch über das Sprachportal „mainziel mobil" abrufbar.

Abb. 5 Intermodale mobile Verkehrsinformation für Frankfurt am Main

In Kooperation mit dem Rhein-Main-Verkehrsverbund (RMV) wird die mobile Website „Parken & Verkehr Frankfurt" unter http://mobil.rmv.de angeboten. Hier werden die Informationen der IGLZ mit den ÖPNV-Informationen des RMV kombiniert. Die Startseite der Website ist in Abb. 5 dargestellt.

Über XML-Schnittstellen werden die Verkehrsmeldungen, Baustellen- und Parkrauminformationen Dritten zur Verbreitung bereitgestellt. Ein wichtiger Abnehmer ist dabei die Landesmeldestelle Hessen, so dass die Informationen in den TMC-Datenverbund eingespielt werden. Außerdem werden diese Informationen automatisiert in den Videotext des Hessischen Rundfunks eingestellt. Weiterhin werden die Informationen über den von der Bundesanstalt für Straßenwesen (BASt) betriebenen Mobilitätsdatenmarktplatz (MDM) bereitgestellt.

4 Managementprozesse

4.1 Strategiemanagement

4.1.1 Prozessschritte

Grundsätzlich ist beim Strategiemanagement zu unterscheiden zwischen umfassenden Großveranstaltungsstrategien, bei denen die IGLZ einer von vielen Akteuren ist (siehe

Abschn. 4.2), und lokalen Strategien, die aus dem Strategiemanagementsystem der IGLZ innerhalb des eigenen Zuständigkeitsbereichs durchgeführt werden.

Für Strategien auf der Basis des Strategiemanagementsystems im eigenen Zuständigkeitsbereich der IGLZ werden folgende Schritte durchgeführt:

- Strategieentwicklung
  - Situationsanalyse
  - Strategieplanung
  - Strategieversorgung
  - Test
- Strategieumsetzung
  - Strategieauslösung
  - Strategieüberwachung und -anpassung
  - Strategieaufhebung

In den folgenden Abschnitten werden die Grundlagen und Abläufe für Strategien innerhalb des IGLZ-Strategiemanagementsystems genauer dargestellt. Langfristig ist grundsätzlich eine engere Verknüpfung von Strategiemanagementsystem und Großveranstaltungsstrategien vorgesehen. Dies setzt jedoch weitere umfassendere betriebliche Erfahrungen mit dem Strategiemanagementsystem sowie eine technische Weiterentwicklung des Systems voraus.

4.1.2 Strategisches Netz

Im Rahmen der IGLZ-Planung wurde ein strategisches Netz definiert, dass im Strategiemanagement berücksichtigt werden soll. Das strategische Netz stellt eine Straßenauswahl nach verkehrlicher Bedeutung innerhalb des Grundnetzes dar. Außerdem beinhaltet das Netz weitere Örtlichkeiten, die für ein intermodales Verkehrsmanagement von strategischer Bedeutung sind: Points of Interest (POI) und die zugehörigen Haltestellen und Parkflächen, P+R-Anlagen sowie die Parkhäuser des Parkleitsystems.

In der Praxis konzentriert sich das Verkehrsmanagement im Rahmen des IGLZ-Strategiemanagementsystems auf die wesentlichen Hauptachsen der Stadt – aus technischen Gründen insbesondere auf den Bereich der OCIT-Musterstrecke (siehe Abschn. 2.3) –, bei Veranstaltungen auf die Zu- und Abfahrtsstrecken der Veranstaltungsorte einschließlich einiger nur temporär nutzbarer Straßen.

4.1.3 Handlungsspektrum

Im Strategiemanagement wird grundsätzlich auf alle Subsysteme der IGLZ zurückgegriffen. Außerdem können situationsspezifisch weitere Maßnahmen eingeleitet werden. Dies umfasst insbesondere:

- Wechselwegweiser bzw. dWiSta auf den Bundesfernstraßen durch die Verkehrszentrale Hessen,

- Verkehrsregelung durch die Stadtpolizei Verkehrssicherheit oder die Landespolizei,
- Errichtung von statischen Verkehrszeichen, insbesondere Straßensperrungen und stati-sche Umleitungen, durch das Amt für Straßenbau und Erschließung.

Im Strategiemanagementsystem der IGLZ sind entsprechende Abstimmungsaktivitäten für solche Maßnahmen anderer Akteure als Anweisung an die Operatoren im Workflow zu integrieren.

Ein direkter Zugriff aus dem Strategiemanagementsystem auf LSA ist nur möglich, wenn die LSA über eine OCIT-Schnittstelle an den IKR angebunden sind. Auch hier sind ggf. Anweisungen an die Operatoren, weitere Schaltungen manuell durchzuführen, er-forderlich.

4.1.4 Strategieentwicklung

Grundsätzlich soll die Strategieentwicklung auf einer systematischen Problemanalyse ent-sprechend der einschlägigen Hinweise der FGSV zur Strategieentwicklung [2] und Strate-gieanwendung [3] im strategischen Netz der Stadt Frankfurt am Main erfolgen. Entspre-chend wurde als Grundlage der Strategieentwicklung während der Bearbeitung des ersten Bauabschnitts der IGLZ eine umfangreiche systematische Problemanalyse durchgeführt und in einer Datenbank erfasst. Das EDV-gestützte Strategiemanagement der IGLZ ist jedoch weiterhin im Aufbau und erfordert in dieser Phase eine pragmatische Vorgehens-weise, die auch die bisherigen, erfahrungsbasierten Abläufe im Betrieb der Leitzentrale sowie die verfügbare verkehrstechnische Infrastruktur berücksichtigt. Entsprechend sind zunächst die bereits bekannten und in Teilen bereits im Betrieb behandelten Probleme sowie die jeweiligen Handlungsmöglichkeiten eine maßgebende Grundlage für die Stra-tegieentwicklung.

Die aktuelle Situationsanalyse beginnt somit mit der Abfrage der Erfahrungen und der Praxis des IGLZ-Betriebs. Diese Beschreibung wird ggf. auf der Basis der in Abschn. 2.3 dargestellten Datenquellen quantitativ geprüft und bewertet.

In der Strategieplanung werden geeignete Maßnahmen zusammengestellt. Den Kern des Maßnahmenbündels stellen dabei bisher die LSA-Schaltungen dar. Dabei wird auf den bisherigen Betriebserfahrungen aufgebaut, ggf. werden diese optimiert. Informationsmaß-nahmen werden bei Bedarf ergänzt.

Die Strategie kann einen dynamischen Verlauf nehmen, Anfangsschaltungen müssen nicht durchgehend beibehalten werden. Wird z. B. durch die Detektion oder über die Vi-deobeobachtung eine temporäre Überlastung einer Nebenrichtung an einem Knotenpunkt festgestellt, kann ein Programmwechsel innerhalb der Strategie erfolgen, ohne die Strate-gie abbrechen zu müssen. Diese Optionen sind in der Strategieplanung zu berücksichtigen.

Die Strategie wird zunächst in einem einfachen Flussdiagramm dargestellt. Dies dient der Dokumentation und der internen Abstimmung. Anschließend erfolgt die Strategie-versorgung im Strategiemanagementsystem. Dafür werden Regeln definiert, nach denen zyklisch die Verkehrssituation auf der Basis der Datenerfassung abgefragt wird. Die er-kannten Situationen können zur Auslösung der Strategie, zur Anpassung der Maßnahmen und zur Deaktivierung führen. Weiterhin sind alle Aktivitäten, also Schaltungen der Systeme der Feldebene, zu versorgen. Anschließend wird der Strategieablauf in einem Workflow abgebildet, nach dem die vorgesehenen Zustände schrittweise durchlaufen werden. Die Zustände enthalten die Aktivitäten, Erläuterungen für den Operator und ggf. weitere Handlungsanweisungen. Die Zustände können über einfache Verbindungen oder sogenannte Eskalationen verknüpft werden. Bei einfachen Verbindungen wird der Operator den geeigneten Folgezustand, z. B. aufgrund einer Kamerabeobachtung, manuell auswählen. Eine Eskalation leitet durch Regeln, in denen z. B. eine automatisch detektierte Verkehrssituation abgefragt werden kann, direkt in den nächsten Zustand über. Bei der Strategieversorgung kann eine Detaillierung des in der Strategieplanung gröber dargestellten Ablaufs erfolgen.

Anschließend folgen Tests der versorgten Strategie. Die Situationserkennung durch die versorgten Regeln wird nach Möglichkeit in entsprechenden Realsituationen überprüft. Die Aktivitäten aus dem Workflow heraus werden ebenfalls getestet, wobei zunächst gerade für die LSA-Schaltungen Schwachverkehrszeiten genutzt werden, um den technischen Ablauf zu testen, ohne im Fall von Fehlern den Verkehrsablauf zu beeinträchtigen. Erst dann wird die Wirksamkeit in entsprechenden Verkehrssituationen überprüft.

Neben den LSA-fokussierten Strategien im eigenen Zuständigkeitsbereich werden derzeit zwei weitere Ansätze zur Umsetzung im Strategiemanagementsystem vorbereitet. In einem ersten Ansatz soll der Fokus von der LSA-Schaltung auf Informationen verschoben werden. Auf kritische detektierte Verkehrssituationen, bei denen keine Verbesserungen durch LSA-Schaltungen möglich sind, wird auf den Verkehrsinformationstafeln im Zulauf und über die Online-Medien hingewiesen. Wenn möglich, werden Ausweichrouten benannt, ansonsten besteht ggf. die Möglichkeit für den Autofahrer, individuelle Alternativrouten zu wählen.

Im zweiten Ansatz wird über die Zuständigkeitsgrenzen hinweg eine Verknüpfung zwischen der Verkehrslenkung auf den Bundesfernstraßen durch die Verkehrszentrale Hessen und dem Verkehrsmanagement der IGLZ aufgebaut. Dies betrifft den Zielverkehr nach Frankfurt, der entweder bei einer Störung im Bundesfernstraßennetz über andere Routen in die Stadt geführt wird, oder wegen einer Störung im städtischen Netz über eine andere Route geführt werden soll. In einem dezentralen Ansatz fragt der jeweils betroffene Verkehrsmanagement-Partner an, ob die Voraussetzungen für eine entsprechende Schaltung gegeben sind, bei Zustimmung kann die abgestimmte Schaltung erfolgen. Die Deaktivierung läuft analog dazu ab.

4.1.5 Strategieumsetzung

Eine Strategie kann je nach Versorgung durch eine automatisch erfasste Verkehrssituation ausgelöst oder durch den Operator z. B. bei Beobachtung einer entsprechenden Situation über die Kameras manuell ausgewählt werden. Auf die automatische Auslösung wird der Operator durch einen Alarm (Signalton und Pop-Up) hingewiesen.

Der Strategieverlauf wird am Strategie-Client, einer browserbasierten Benutzeroberfläche, dargestellt. Diese Oberfläche führt den Operator durch den Workflow und bietet entsprechende Folgezustände an, so dass der Operator den jeweiligen Status erkennen und entscheiden kann. LSA-Schaltungen als Maßnahme mit rechtlich bindender Wirkung werden grundsätzlich erst nach Bestätigung durch den Operator durchgeführt. Über den Strategie-Client können die Maßnahmen angepasst werden, auch die abschließende Deaktivierung erfolgt durch den Operator.

Bei den derzeit vorbereiteten Informationsstrategien ist eine automatische Strategieumsetzung vorgesehen, wobei jederzeit ein Abbruch durch den Operator möglich ist.

4.2 Ereignismanagement

4.2.1 Baustellen

Das Baustellenmanagement in Frankfurt am Main ist nicht primär Aufgabe der IGLZ, es ist jedoch auch in der Abteilung „Verkehrsmanagement" im Sachgebiet „Verkehrliche Baustellenkoordinierung" angesiedelt. Dort sind alle straßenverkehrsrelevanten Baustellen auf städtischen Straßen zu melden. Eine Fachsoftware erlaubt die Eingabe der Baustellen einschließlich ihrer Ausweichrouten mit Zeitplan und stellt Konflikte fest. Die Baustellenkoordinierung kann dann die Zeitpläne mit Beteiligten abstimmen. Die Freigabe der Baustelle durch die Baustellenkoordinierung ist – außer bei Notständen – Voraussetzung für ihren Beginn.

Aufgabe der IGLZ im Rahmen des Baustellenmanagements ist die Anpassung der Lichtsignalprogrammauswahl (siehe Abschn. 3.1.4) sowie die Verbreitung entsprechender Information über ihre Subsysteme (Verkehrsinformationstafeln, Online-Medien). Dabei hat es sich grundsätzlich als sinnvoll erwiesen, wenige Tage vor Beginn auf die Baustelle hinzuweisen.

4.2.2 Veranstaltungen

Bei Großveranstaltungsstrategien kann in der Regel einerseits auf einen umfassenden Erfahrungsschatz der Akteure zurückgegriffen werden, andererseits zeigt sich, dass immer wieder Abweichungen bzw. Besonderheiten gegenüber den Vorveranstaltungen auftreten. Dies kann zum Beispiel die zeitliche Überschneidung von Ereignissen, die eingeschränkte Verfügbarkeit der Infrastruktur oder die Einführung neuer Maßnahmen betreffen.

Für Großveranstaltungen findet im Vorfeld mindestens ein Abstimmungstermin statt, in dem alle Akteure die verkehrlichen Maßnahmen abstimmen. In der IGLZ werden Schaltungen soweit wie möglich vorversorgt. Weitere Schaltungen werden situationsbedingt manuell durchgeführt. Auslöser sind in der Regel telefonische Vereinbarungen mit Beteiligten vor Ort (in der Regel Polizei) während des Veranstaltungsverlaufs oder die Beobachtungen über die Kameras.

4.3 Störfallmanagement

Die IGLZ ist in der Regel nicht Federführer eines Störfallmanagements, sondern beteiligter Akteur. Schaltungen der angeschlossenen Systeme werden als Ad-hoc-Maßnahmen in direkter Abstimmung mit den weiteren Akteuren unter Federführung der Polizei durchgeführt.

5 Kooperationspartner

5.1 Grundlagen und Regelung der Zusammenarbeit

Grundsätzlich ist zu unterscheiden zwischen Verkehrsmanagementpartnern und Datenabnehmern. Verkehrsmanagementpartner führen Maßnahmen in Abstimmung mit der IGLZ durch. Diese können je nach Situation vorab oder ad hoc abgestimmt werden. Auch abgestimmte Verkehrsinformationen können Teil dieser Maßnahmen sein. Die IGLZ arbeitet mit allen Verkehrsmanagementpartnern mit einem dezentralen Ansatz, in dem alle Beteiligten in möglichst abgestimmter Weise ihre Aufgaben in ihrem räumlichen und sachlichen Zuständigkeitsbereich durchführen.

Der Schwerpunkt der Zusammenarbeit der IGLZ als Einheit des Straßenverkehrsamtes liegt naturgemäß auf dem Straßenverkehr, wobei hier auch der straßengebundene ÖPNV von Bedeutung ist (siehe Abschn. 5.3). Betreiber des unabhängigen Schienenverkehrs sind zwar gerade bei der Vorbereitung und Durchführung von Großveranstaltungen ebenfalls vertreten, eine direkte Zusammenarbeit mit der IGLZ besteht jedoch in der Regel nicht. Die IGLZ ist jedoch bemüht, ihre Informationen im multimodalen Gesamtkontext anzubieten (siehe Abschn. 5.3).

Kooperative Maßnahmen werden, sofern sie planbar sind, vorab abgestimmt und vorbereitet. Je nach Dauer des Ereignisses und Umfang der verkehrlichen Konsequenzen werden eine oder mehrere Besprechungen durchgeführt, um die erforderlichen Maßnahmen abzustimmen. Bei sehr geringen Auswirkungen kann die Vorabstimmung im Einzelfall auch telefonisch erfolgen.

Bei regelmäßigen Ereignissen an festen Veranstaltungsorten entsteht eine entsprechende Besprechungsroutine, die vom Betreiber der Veranstaltungsorte organisiert wird. Dies betrifft insbesondere die Messe Frankfurt sowie den Fußballbundesliga-Betrieb in der Commerzbank-Arena. Ebenso werden Wartungsmaßnahmen an Lichtsignalanlagen in turnusmäßigen amtsinternen Besprechungen der Bauverantwortlichen, der Stadtpolizei Verkehrssicherheit und der IGLZ abgestimmt. Es wird festgelegt, in welchen Zeiträumen die LSA von der Stadtpolizei geregelt werden müssen und welche weiteren Maßnahmen (An- und Abschaltung, Information) zu welchem Zeitpunkt durch die IGLZ erfolgen sollen.

Die Maßnahmenkoordination während eines Ereignisses erfolgt, sofern sie nicht einem festgelegten Zeitplan folgt, weitgehend über Telefon. Mit der Verkehrszentrale Hessen wird ein computergestützter, formalisierter Ablauf für die Strategieabstimmung vorbereitet.

Datenabnehmer sind nicht direkt in das Verkehrsmanagement eingebunden. Sie erhalten Verkehrsdaten und -informationen in der Regel permanent und verwenden sie im Rah-

men ihrer Dienste. Die von diesen Datenabnehmern weitergegebenen Informationen sind
nicht mit der IGLZ abgestimmt, es wird im Rahmen der Datenüberlassungsverträge lediglich ein Rahmen gesetzt. Zukünftig wird jedoch eine engere Abstimmung der hoheitlichen
Verkehrsmanagementmaßnahmen mit den Anbietern von Navigationsdiensten angestrebt
(siehe Abschn. 7).

5.2 Regionale Verkehrszentralen

Auf übergeordneter Netzebene ist die Verkehrszentrale Hessen (VZH) als Betreiber der
verkehrstechnischen Systeme auf den hessischen Bundesfernstraßen wichtigster Verkehrsmanagementpartner der IGLZ. Dieser Kooperation wird eine besondere Bedeutung
zugemessen, weil der Verkehrsteilnehmer sich der Zuständigkeitsgrenzen der Verwal-
tungseinheiten nicht bewusst ist und zu Recht eine schlüssige Verkehrslenkung und -in-
formation erwartet.

Bei Veranstaltungen im Stadtgebiet werden die notwendigen Schaltungen der dynamischen Wegweisung durch die VZH vorab bei Hessen Mobil als Verkehrsbehörde für
Autobahnen und Straßen mit besonderer Bedeutung schriftlich angefragt und von dort
gegenüber der VZH verkehrsrechtlich angeordnet. Notwendige Anpassungen im Veran-
staltungsverlauf sowie andere Ad-hoc-Maßnahmen werden im Rahmen der Anordnung
telefonisch abgestimmt.

Für nicht planbare Ereignisse wie Sperrungen oder Staus, die Zielführungsrouten aus
dem übergeordneten ins das städtische Straßennetz betreffen, werden abschnittsweise
Strategien entwickelt, bei denen die Umsetzbarkeit einer Alternativroutenführung in beiden Zuständigkeitsbereichen geprüft und Maßnahmen abgestimmt durchgeführt werden
können. Mit einem definierten Kommunikationsablauf führen Strategieanfrage und Zustimmung des anderen Partners innerhalb des computergestützten Strategiemanagements
zur Auslösung der kooperativen Strategie, die Maßnahmenumsetzung wird dem Partner
jeweils bestätigt. Die Deaktivierung der Strategie erfolgt entsprechend. Dieser Ablauf
wurde erfolgreich getestet, ein Probebetrieb wird vorbereitet.

Außerdem erhält die IGLZ von der VZH auf der Grundlage eines Datenüberlassungsvertrags stadtverkehrsrelevante Meldungen sowie Geschwindigkeits- und Verkehrsstärke-
daten der VZH-Detektoren auf den Bundesfernstraßen von allen Zufahrten in das Stadtgebiet (siehe Abschn. 2.3).

Ansätze eines regionalen Meldungsmanagements, in denen die Städte im Ballungsraum sowie Polizei und Rettungsdienste aktuelle Ereignisse auf einer gemeinsamen, kar-
tenbasierten Internetplattform bereitstellen sollten, konnten bisher wegen des entstehenden Mehraufwandes nicht in den Regelbetrieb überführt werden.

5.3   Verkehrsunternehmen im Öffentlichen Verkehr

Entsprechend der Aufgabenteilung im ÖPNV sind je nach Aufgabenstellung die traffiQ als lokale Nahverkehrsgesellschaft und damit Aufgabenträger oder Verkehrsunternehmen als Betreiber in das Verkehrsmanagement einzubeziehen.

Die traffiQ ist verantwortlich für die Planung und Bestellung von Leistungen des kommunalen ÖPNV. Sie ist deswegen für die Planung von Verkehrsmanagementmaßnahmen bei planbaren Ereignissen, insbesondere bei Großveranstaltungen beteiligt. Als Verkehrsunternehmen spielt die Stadtwerke Verkehrsgesellschaft Frankfurt am Main mbH (VGF) eine besondere Rolle, denn sie betreibt zum einen die Stadtbahn, die Straßenbahn und eine Vielzahl der Buslinien und zum anderen die Betriebsleitzentrale, die den gesamten kommunalen ÖPNV in Frankfurt am Main koordiniert. Die VGF ist somit ebenfalls in die Maßnahmenplanung einzubeziehen, ist dann für die Umsetzung verantwortlich und hat den Überblick über die aktuelle Verkehrslage im ÖPNV. Die Abstimmung mit der IGLZ während der Maßnahmenumsetzung erfolgt ggf. telefonisch.

Über eine Schnittstelle verfügt die IGLZ jedoch auch über eine direkten Lesezugriff auf das rechnergestützte Betriebsleitsystem, so dass sich die IGLZ-Operatoren bei Bedarf direkt einen ersten Überblick über die Gesamtsituation im ÖPNV verschaffen können.

5.4   Polizei

In der Zusammenarbeit mit der Polizei ist zu unterscheiden zwischen der Landespolizei und der Stadtpolizei. Bei der Landespolizei sind vor allem die Direktion Verkehrssicherheit als zentrale Einrichtung im Polizeipräsidium Frankfurt am Main sowie die einzelnen Reviere einzubeziehen. Die Abstimmung erfolgt in Besprechungen anlassbezogen oder in den bereits genannten regelmäßigen Besprechungen, in der Umsetzung über Telefon. Bei besonders kritischen Ereignissen wird von der Polizei ereignisbegleitend der „Regiekreis Verkehr" einberufen, in der jede beteiligte Institution einen Verbindungsbeamten entsendet, der dann den Kontakt zu seiner Behörde herstellt. Der Regiekreis Verkehr wurde bisher bei der Fußballweltmeisterschaft 2006 sowie bei zwei Demonstrationen einberufen.

Eine besonders enge Zusammenarbeit mit der Direktion Verkehrssicherheit besteht in der Commerzbank-Arena, in der bei Veranstaltungen mit mindestens 20.000 Zuschauern Mitarbeiter der IGLZ und der Direktion Verkehrssicherheit in einer gemeinsamen Zentrale arbeiten und sich somit direkt mündlich abstimmen können. Nachdem die Zentralen beim Neubau des Stadions zunächst räumlich getrennt waren, hat sich der Bedarf einer direkten Zusammenarbeit gezeigt, die sich in der Umsetzung bewährt hat. Gerade für die Erfassung der Gesamtverkehrssituation sowie die Einleitung von Ad-hoc-Maßnahmen in Situationen, in denen keine verkehrstechnischen Systeme eingesetzt werden können, ergänzen sich die 23 Verkehrsbeobachtungskameras der IGLZ im Stadionumfeld sowie die mobilen Einsatzkräfte der Polizei sehr gut.

Der Bereich Verkehrssicherheit der Stadtpolizei, der von kommunaler Seite für die Verkehrsüberwachung zuständig ist, ist im Straßenverkehrsamt und somit in der gleichen

Behörde angesiedelt wie die IGLZ. Insofern besteht ein enger Arbeitskontakt. Die Zusammenarbeit erfolgt in regelmäßigen (siehe Abschn. 5.1) oder anlassbedingten Besprechungen und telefonisch (siehe Abschn. 2.3.3).

5.5 Rundfunkanstalten

Über die RDS-TMC-Schnittstelle stehen die IGLZ-Meldungen den Rundfunkanstalten zur Verfügung. Bei umfangreichen Meldungen und komplexen Situation, z. B. bei besonderen Parkangeboten bei Großveranstaltungen, werden die gewünschten Meldungen per Fax an die größten Rundfunkanstalten der Region gesendet, kurzfristig werden auch telefonisch Verkehrsmeldungen angefragt.

5.6 Private Dienstleister

Die IGLZ gibt Baustellen- und dynamische Parkraumdaten sowie Verkehrsmeldungen an private Dienstleister weiter, die diese Daten im durch die Datenüberlassungsverträge gesetzten Rahmen für ihre Dienste verwenden. Bisher wurden Daten als Textdatei oder über eine XML-Schnittstelle bereitgestellt. Datenabnehmer sind z. B. der ADAC, BMW und T-Systems. Basis war der Musterdatenüberlassungsvertrag des Deutschen Städtetages (DST).

Mit der Implementierung des Mobilitätsdatenmarktplatzes (MDM) stellt die IGLZ ihre Daten zukünftig über diesen Weg mit den dort empfohlenen Standards (DATEX 2) zur Verfügung. Im Rahmen des MDM-Projekts ist die Firma Inrix der erste Datenabnehmer. Teil des MDM-Projekts war die Formulierung eines standardisierten Datenüberlassungsvertrags auf der Basis des bestehenden DST-Mustervertrags. Die Stadt Frankfurt am Main hat als ein Vertreter des Deutschen Städtetags an der Formulierung dieses Vertrags mitgearbeitet und setzt diesen Vertrag zukünftig ein.

5.7 Bedeutende Verkehrserzeuger

Die wesentlichen Verkehrserzeuger in Frankfurt am Main, mit denen die IGLZ regelmäßig kooperiert, sind die Messe Frankfurt und die Commerzbank-Arena in der bereits dargestellten Weise. Besonderheit des Messegeländes im Vergleich zu vielen anderen Messestädten ist die zentrale Lage in der Innenstadt von Frankfurt am Main. Dieses für die Veranstalter grundsätzlich positive Merkmal führt gleichzeitig zu Konflikten, durch das hochausgelastete Verkehrsnetz im Umfeld und durch den Parkdruck, der gerade in den umliegenden Wohngebieten kritisch ist. Dies wird im Verkehrsmanagement berücksichtigt.

Der Flughafen Frankfurt verfügt über ein eigenes Wegweisungs- und Parkleitsystem, das mit entsprechender Gestattung teilweise auf städtischen Straßen einsetzt. Eine dynamische Wegweisung ist auch an einigen Stellen von den angrenzenden Bundesfernstraßen möglich, dies erfolgt jedoch in direkter Abstimmung zwischen dem Flughafenbetreiber FRAPORT und der Verkehrszentrale Hessen.

Bei Großveranstaltungen in der Commerzbank-Arena werden je nach Veranstaltungsart und Verfügbarkeit auch Parkplätze in den Parkhäusern am Flughafen angeboten. Die IGLZ ist hier der initiierende und koordinierende Akteur, die Umsetzung erfolgt jedoch ebenfalls durch die Landesverwaltung Hessen Mobil – Straßen- und Verkehrsmanagement und die FRAPORT.

5.8 Betreiber von Verkehrsanlagen

Das Amt für Straßenbau und Erschließung (ASE) der Stadt Frankfurt am Main als Baulastträger der städtischen Straßen setzt die verkehrsrechtlichen Anordnungen des Straßenverkehrsamts – ggf. durch private Auftragnehmer – um. In Bezug auf Verkehrsmanagementmaßnahmen sind das vor allem temporäre Beschilderungen (Halteverbote, Durchfahrtsverbote und Wegweisung) oder das Öffnen und Schließen von Klappschildern im Bereich der Veranstaltungsorte sowie Straßensperren.

Bei Störfällen zu Zeiten, in denen der Bauhof des ASE nicht besetzt ist, kann die notwendige temporäre Beschilderung durch die Feuerwehr aufgestellt werden.

6 Qualität und Wirkungen

6.1 Qualitätsmanagement organisatorischer Prozesse

Die organisatorischen Prozesse im Verkehrsmanagement werden derzeit von den Prozessbeteiligten anlassbedingt optimiert und weiterentwickelt. Die Qualitätsanalyse erfolgt weitestgehend erfahrungsbasiert im Rahmen der Besprechungen der Beteiligten. Die rechtlichen Vorgaben, z. B. der Straßenverkehrsordnung werden dabei eingehalten, sie fordern aber keinen festen Rahmen für Prozesse im Sinne eines Qualitätsmanagements.

Ein wichtiger Baustein eines Qualitätsmanagements, der nicht das Verkehrsmanagement selbst betrifft, in dem es aber ein wichtiger Beteiligter ist, ist die Einführung eines Prozesses „LSA-Neubau". Die Prozessbeschreibung stellt die erforderlichen Aktivitäten der wesentlichen im Straßenverkehrsamt beteiligten Einheiten am Gesamtprozess von der Planung einer LSA bis zur Übergabe in den Betrieb sowie die Schnittstellen zwischen allen beteiligten Einheiten dar.

6.2   Qualitätsmanagement technischer Prozesse

Die wichtigsten Grundlagen einer Qualitätssicherung beim Bau und Betrieb verkehrstechnischer Anlagen sind gerade in Bezug auf die Sicherheit durch die einschlägigen Normen und Richtlinien festgelegt und werden in Frankfurt am Main entsprechend umgesetzt.

Darüber hinaus gehören die Störungserfassung und die Einleitung der Störungsbeseitigung für alle verkehrstechnischen Systeme zu den Grundaufgaben der IGLZ. Für alle IGLZ-Subsysteme stehen in der IGLZ entsprechende Oberflächen bereit, die über den Systemstatus informieren. Bei den LSA wird auf potentiell sicherheitsrelevante Störungen durch Warnanzeigen und Alarmtöne hingewiesen, es wird umgehend reagiert.

Ergänzend zu diesen basisfunktionsbezogenen Grundlagen sollen zukünftig schrittweise vertiefende Analysen unter Einbeziehung der verkehrlichen Funktion aufgebaut werden. Entsprechend der Wertschöpfungskette wird dabei mit der Verkehrsdatenerfassung begonnen. Die Stadt Frankfurt am Main, vertreten durch die IGLZ, war assoziierter Partner im vom Bundesministerium für Wirtschaft und Technologie geförderten Projekt „Traffic IQ", in dem Prüfverfahren in Form von technischen Benchmarkingsystemen entwickelt und implementiert wurden, die das Ziel haben, den durchgehenden Nachweis der Datenqualität sicherzustellen. Die Ergebnisse des Projekts stehen der IGLZ in Form entsprechender Softwarekomponenten zur Verfügung. Diese werden jetzt in den Regelbetrieb überführt.

6.3   Evaluierung verkehrstechnischer Maßnahmen

Die Evaluierung verkehrstechnischer Maßnahmen erfolgt bisher auf manueller bzw. visueller Basis während des Betriebs insbesondere mittels der Verkehrsbeobachtungskameras. Dies betrifft sowohl den Grundbetrieb der verkehrstechnischen Systeme als auch ad hoc eingeleitete, erfahrungsbasierte Maßnahmen. Gerade für den Grundbetrieb werden Störungen und unerwünschte Wirkungen von den IGLZ-Operatoren dokumentiert und – sofern nicht aus Sicherheitsgründen eine sofortige Störungsbeseitigung erforderlich ist – in entsprechende Routinen mit den amtsinternen Lichtsignalplanern sowie mit den beauftragten Signalbaufirmen eingebracht und abgefragt.

Auch im systemgestützten Strategiemanagement erfolgt die Evaluierung in der jetzigen Phase noch auf der Grundlage direkter Beobachtungen während der Strategieumsetzung sowie manueller Einzelauswertungen.

Bei Veranstaltungen ist die direkte Beobachtung ebenfalls die Grundlage der Evaluierung, vorteilhaft ist hier einerseits die hohe Dichte der Verkehrsbeobachtungskameras im Umfeld der wesentlichen Veranstaltungsorte sowie die Rückmeldungen der weiteren Beteiligten, insbesondere der Polizei mit ihren Einsatzkräften vor Ort. Quantitative Analysen erfolgen nur ein Einzelfällen, insbesondere durch die Erfassung und den Vergleich von Parkraumbelegungsdaten gerade bei veränderten oder neu eingeführten Maßnahmen wie neu einbezogene Parkierungsanlagen, veränderte Zielführungen oder den Einsatz neuer Informationsmedien.

6.4 Bilanz/Wirkung des Maßnahmenverbunds

Die Wirkungsanalyse größerer Maßnahmenverbünde, wie sie insbesondere bei Veranstaltungen zum Einsatz kommt, erfolgt im ersten Schritt durch die Auswertung der Verkehrsmanagementdatenbank, die IGLZ-intern geführt wird und in der Maßnahmen, Verkehrsdaten und Beobachtungen möglichst umfassend systematisch erfasst werden.

Die Ergebnisse werden in die Nachbesprechungen und Besprechungsroutinen (siehe Abschn. 5) eingebracht und mit den Erfahrungen und Beobachtungen der weiteren Beteiligten abgeglichen. Auf dieser Grundlage werden die Maßnahmenpakete gegebenenfalls optimiert.

7 Perspektiven

7.1 Strategische Entwicklungslinie

Grundsätzliches, langfristiges Ziel der IGLZ ist der Ausbau der bisherigen Ansätze zu einem umfassenden und qualitätsgesicherten Strategiemanagement.

Das IGLZ-Team hat neben dem Grundbetrieb in den letzten Jahren viel Aufwand in Forschungsprojekte auf nationaler und auch auf EU-Ebene investiert. In der kommenden Zeit soll der Fokus jetzt auf einer „Konsolidierung" des erreichten Standes liegen. Ergebnisse und pilothafte Ansätze sollen in den Regelbetrieb überführt werden. Dies betrifft auch interne Ansätze, die nicht in Forschungsprojekten erarbeitet wurden, aber noch nicht etabliert werden konnten.

Als Grundlage soll die Verkehrslageerfassung in Qualität und Umfang erweitert werden. Darauf aufbauend soll das Strategiemanagement sukzessive systematisch erweitert werden. Begleitend soll ein Qualitätsmanagement aufgebaut werden, das sowohl die Prozess- als auch die Ergebnisqualität berücksichtigt.

In diesem Rahmen sollen abgängige Systeme erneuert und auf den aktuellen technischen Stand gebracht werden. Den Anforderungen der aktuellen Stadtentwicklung, z. B. durch neue Verkehrserzeuger oder eine flexiblere Nutzung des Messegeländes, soll mit der Erweiterung der Systeme begegnet werden.

7.2 Konzeptionell-inhaltliche Weiterentwicklung

Datenerfassung Die Ergebnisse bei der IGLZ-Entwicklung mit der Ermittlung eines Verkehrslageberichts auf der Basis von Verkehrsmodellen waren nicht zielführend im Sinne einer belastbaren Grundlage für das Verkehrsmanagement (siehe Abschn. 2.3). Außerdem erlaubt der schrittweise Ausbau der Lichtsignalsteuerung nach OCIT-Standard nur langfristig eine flächendeckende Nutzung der LSA-Daten als Modelleingangsdaten. Gleichzeitig zeigt sich, dass private Dienstleister mit zunehmender Verbreitung vernetzter mobiler Endgeräte (z. B. Navigationsgeräte, Smartphones) über einen umfangreichen Datenpool verfügen, den sie aufbereiten und vermarkten. In der IGLZ werden die Datenqualität und die Kostenstruktur verschiedener Anbieter geprüft, um festzustellen, ob auf diese Weise eine belastbare Verkehrsdatengrundlage für das Verkehrsmanagement im gesamten strategischen Netz wirtschaftlich generiert werden kann.

Gleichzeitig werden aber auch weitere Verkehrsbeobachtungskameras installiert, da sie auch zukünftig als wertvolles Instrument zur Verkehrssituationsanalyse gesehen werden (siehe Abschn. 2.3.1).

Strategiemanagement Im Strategiemanagement sollen die in Abschn. 4.1 dargestellten Ansätze weiter ausgebaut werden. Die Anzahl der Strategien soll mit besserer Verkehrslageerfassung erweitert werden. Gerade bei den reinen Informationsstrategien soll der Grad der Automatisierung erhöht werden. Dabei sollen Standards für die bisher noch in der Einführungsphase befindlichen Prozesse von der Strategiebenennung bis zur Strategiedokumentation entwickelt und etabliert werden. In diesem Rahmen sollen auch die wichtigen Stadt-Land-Strategien im Übergangsnetz zwischen Bundesfernstraßen und städtischem Netz in den Regelbetrieb überführt und erweitert werden.

Als weitere Entwicklung des Strategiemanagements ist außerdem vorgesehen, die Inhalte des hoheitlichen Strategiemanagements mit den Empfehlungen privater Navigationsdienstleister abzustimmen. Die IGLZ ist derzeit assoziierter Partner in einem von der Bundesanstalt für Straßenwesen betreuten Projekt „Maßnahmen zur Gewährleistung der Interoperabilität zwischen öffentlichem Verkehrsmanagement und individuellen Navigationsdiensten" (FE 03.0484/2011/IRB) unter Federführung von Hessen Mobil – Straßen- und Verkehrsmanagement, in dem die organisatorischen und technischen Grundlagen für diese Abstimmung erarbeitet werden.

Ausbau und Erneuerung des technischen Systems Die Umstellung des LSA-Bestandes auf OCIT ist eine Daueraufgabe, die aus Kostengründen begleitend mit der regulären System-Erneuerung erfolgen muss. Mit dieser Entwicklung wächst der Handlungsspielraum für das Verkehrs- und Strategiemanagement.

Auch das Parkleitsystem, das zu Beginn der neunziger Jahre errichtet wurde, soll aktualisiert werden. Dabei wird auch das hierarchische Grundkonzept von den Parkbereichen zu den einzelnen Parkierungsanlagen geändert. Varianten für das neue System wurden bereits erarbeitet, die Variantenauswahl sowie Zeitplan und Finanzierungskonzept werden derzeit vorbereitet.

Ein wichtiger Baustein für das veranstaltungsbezogene Verkehrsmanagement wird das neue Integrierte Verkehrsleitsystem Frankfurt-West (IVLS Frankfurt West) im Frankfurter Westen, in dem auch die Messe beheimatet ist. Die Anforderungen an das System steigen erheblich, weil auf dem wachsenden Messegelände mehrere parallele Veranstaltungen durchgeführt werden sollen bzw. der Auf- und Abbau abgewickelt werden soll, während andere Messen in weiteren Bereichen des Areals durchgeführt werden sollen. Dies erfordert in Verbindung mit der in Abschn. 5.7 dargestellten Situation eine differenzierte Zielführung in Bezug auf die Ziele selbst (Messetore und umliegende Parkierungsanlagen) und auf die Nutzergruppen (Besucher, Auf- und Abbauverkehr veranstaltungsbezogen) sowie eine höhere zeitliche Dynamik bei den Schaltungen. Dieses Leitsystem wird derzeit geplant. Hessen Mobil – Straßen- und Verkehrsmanagement ist neben der Messe und der Stadt Frankfurt am Main beteiligt, da die Zielführung bereits im Autobahnnetz einsetzt.

Qualitätsmanagement Das in Abschn. 6 beschriebene Qualitätsmanagement basiert weitgehend auf gewachsenen Strukturen mit häufig aus akuten Situationen initiierten Abläufen. Aktuelle Ansätze wie die Umsetzung der Ergebnisse von „Traffic IQ" und die Einführung des Prozesses „LSA-Neubau" sind bereits systematisch erarbeitet worden und basieren auf EDV-basierten, vernetzen Instrumenten. Ziel der IGLZ ist es, diese Basis zu nutzen und zu einem systematischen umfassenden Qualitätsmanagement weiterzuentwickeln. Dieser Ansatz soll die gesamte Wertschöpfungskette von der Datenerfassung über die Datenaufbereitung bis zur Planung und Umsetzung von Maßnahmenbündeln im Rahmen der Strategien umfassen und sowohl die Prozess- als auch die Ergebnisqualität berücksichtigen. Dies beinhaltet auch die zugrundeliegenden Aufgaben, insbesondere die Lichtsignalsteuerung. Nächste Schritte sind u. a. der Aufbau eines Betriebsmeldesystems zur Optimierung des technischen Betriebs aller IGLZ-Subsysteme und die Integration der Evaluierung bei der Strategieentwicklung.

Literatur

1. AS& P – Albert Speer & Partner GmbH, Heusch/Boesefeldt GmbH, PTV Planungsbür Transport und Verkehr GmbH: FRUIT – Frankfurt Urban Integrated Traffic Management. Ergebnisbericht, im Auftrag der Stadt Frankfurt am Main, Frankfurt am Main 1993, unveröffentlicht.
   Veröffentlichte Zusammenfassung der Ergebnisse:
   M. Boltze, U. Schöttler: Das Projekt FRUIT – ein Ansatz für ein besseres Verkehrsmanagement in Frankfurt am Main und in der Rhein-Main-Region. In: Der Nahverkehr, Heft 5, Düsseldorf 1993, S. 30–36,und
   M. Boltze, M. Dinter, U. Schöttler: Ergebnisse des Projektes FRUIT – Bewertung und Bündelung von betrieblichen Maßnahmen zum Verkehrsmanagement. In: Der Nahverkehr, Heft 10, Düsseldorf 1993, S. 40–48.
2. Forschungsgesellschaft für Straßen- und Verkehrswesen (FGSV): RABT – Richtlinien für die Ausstattung und den Betrieb von Straßentunneln, Köln 2006, FGSV-Nr. 339
3. Forschungsgesellschaft für Straßen- und Verkehrswesen (FGSV): Hinweise zur Strategieentwicklung im dynamischen Verkehrsmanagement, Köln 2003, FGSV-Nr. 381
4. Forschungsgesellschaft für Straßen- und Verkehrswesen (FGSV): Hinweise zur Strategieanwendung im dynamischen Verkehrsmanagement, Köln 2011, FGSV-Nr. 381/1

Verkehrsmanagement aus Sicht der privaten Dienstleister

Joachim Wahle

> *Zu unserer Natur gehört die Bewegung; die vollkommene Ruhe ist der Tod.*
> (Blaise Pascal)

1 Organisationsform und Rahmenbedingungen

Bisher wurden verschiedene Verkehrsmanagement-Zentralen aus Sicht der Betreiber dieser Zentralen diskutiert. Neben diesen Zentralen, welche durch die öffentliche Hand betrieben werden, gibt es eine Vielzahl privater Dienstleister, die ebenfalls einen Beitrag zum Verkehrsmanagement leisten und daher im Rahmen dieses Beitrags aufgeführt werden [1].

Das Ziel dieses Beitrags ist, dem Leser einen Überblick über die derzeit schnell wachsende Anzahl von Akteuren in diesem Feld zu geben, das Verkehrsmanagement aus ihrer Sicht zu analysieren und allgemeine Angaben zu Strategie und Technologien zu geben. Dabei wird zur Vergleichbarkeit mit den vorangegangenen Artikeln die buchinterne Gliederung zur Beschreibung der Aktivitäten genutzt.

Um sich dem Markt der privaten Dienstleister zu nähern, definieren wir hier folgende Kategorien von Unternehmen:

- Automobilhersteller
- Navigationsanbieter
- Informationsanbieter

J. Wahle (✉)
Krefeld, Deutschland
E-Mail: wahle@traffgoroad.com

© Springer Fachmedien Wiesbaden 2014
M. Sandrock, G. Riegelhuth (Hrsg.), *Verkehrsmanagementzentralen in Kommunen*,
DOI 10.1007/978-3-658-04391-9_5

Dabei ist zu beachten, dass einzelne Unternehmen in mehreren Geschäftsfeldern tätig sind. Im Rahmen dieses Beitrags konzentrieren wir uns auf die Informationsanbieter, deren Informationen auch über weitere Partner, z. B. Navigationsanbieter oder durch Automobilhersteller verbreitet werden.

Im Folgenden seien die Akteure genannt, die auf dem deutschen Markt aktiv sind und regelmäßig mit der öffentlichen Hand Kontakt haben:

- ADAC
  Der Allgemeiner Deutscher Automobil-Club e. V. ADAC ist ein Verein, der als Vereinszweck die Wahrnehmung und Förderung der Interessen des Kraftfahrzeugwesens und des Motorsports verfolgt. Er vertritt rund 18 Mio. Mitglieder in Deutschland und stellt neben dem Pannendienst als Mitgliederservice auch Verkehrsinformationen öffentlich bereit (maps.adac.de).
- INRIX
  INRIX ist ein nordamerikanischer Anbieter von Verkehrsinformationen und wurde 2005 von ehemaligen Mitarbeitern von Microsoft in Kirkland gegründet. Seitdem bietet INRIX verschiedene Produkte, z. B. INRIX XD Traffic an, die schwerpunktmäßig auf Floating-Car-Daten basieren.
- Nokia Here
  ist seit 2012 aktiv und ist aus NAVTEQ und Nokia Location & Commerce entstanden. Here ist schwerpunktmäßig als Kartenanbieter aktiv und bietet einen eigenen Verkehrsservice, der für Deutschland auf den Aktivitäten der DDG beruht. Das frühere Basisprodukt in Deutschland war der TMCPro-Dienst, ein Pionier im Bereich der Verkehrsinformation.
- TomTom
  ist vor allen Dingen als Hersteller von Navigationsgeräten bekannt. Aus diesen Geräten gewinnt TomTom die Daten für seinen Informationsdienst HD Traffic. Die Daten werden über verschiedene Kommunikationskanäle zur Verfügung gestellt und beispielsweise auf Basis von Tele-Atlas Karten ausgeliefert.
- Waze/Google
  Waze ist ein Navigationsprogramm und Verkehrsinformationssystem für Smartphones, entwickelt von Waze Mobile, einem in Israel ansässigen Unternehmen. Waze vereint die Verkehrsinformation mit den Vorteilen von sozialen Netzwerken. Die Nutzer registrieren sich und können ihre persönlichen Erkenntnisse über Staus, Baustellen an die Community der anderen angemeldeten Nutzer mitteilen. Durch die Erfolge, die Waze mit diesem Ansatz erzielte, wurden große Internetfirmen auf sie aufmerksam. Mittlerweile gehört Waze zu Google und liefert Verkehrsdaten für maps.google.de.

Teilweise besitzen die Akteure eigene Karten, auf den Verkehrsdaten ausgeliefert werden. Sicherlich erhebt die oben dargestellte Liste keinen Anspruch auf Vollständigkeit. So gibt es im europäischen Umfeld verschiedene Dienstleister, die bisher in Deutschland noch nicht aktiv sind, z. B. Bemobile[1].

1.1 Aufgabenstellung und Ziele

Der Bedarf an Verkehrsmanagementdiensten auch und gerade außerhalb der Einzugs-bereiche der Verkehrsmanagementzentralen der öffentlichen Hand ist groß. Verkehrs-teilnehmer, die lange Distanzen zurücklegen und dabei verschiedene Ballungsräume durchfahren, haben das Bedürfnis nach einer durchgängigen und qualitätsgesicherten Information. Diese Verkehrsteilnehmer sprechen private Dienstleister mit folgenden Zielsetzungen an:

- Versorgung der Verkehrsteilnehmer mit einer durchgängigen Information,
- Beschaffung flächendeckender Information aus verschiedensten Quellen,
- Integration der Informationen in Mehrwertdienste wie Navigation und
- die Qualitätssicherung der Daten und Dienste.

Die Dienstleister verfolgen damit das Ziel, ihren Kunden die optimale Information bereit zu stellen und damit ihre Services zu refinanzieren.

1.2 Rechtliche Grundlagen und sachliche Zuständigkeit

Die rechtlichen Grundlagen im Bereich der privaten Anbieter unterscheiden sich sehr deutlich von denen der öffentlichen Verwaltung. Eine sachliche Zuständigkeit besteht nicht. Eine räumliche Zuständigkeit entsteht ebenfalls nicht notwendigerweise, da sich die privaten Dienstleister in der Regel nicht auf Verwaltungsgrenzen der öffentlichen Hand beschränken. Ausnahmen bilden beispielsweise Vereine, die laut Satzung nicht im Aus-land tätig sein können. Inwiefern rechtliche Nutzungsbedingungen auf Basis von deut-schem Recht auch im Ausland wirksam sind, ist sicherlich zu hinterfragen. Soll aber nicht der Gegenstand des vorliegenden Artikels sein.

In der Regel nimmt der Verkehrsteilnehmer aktiv Kontakt zu einem privaten Anbieter auf, indem er beispielsweise eine Webseite bzw. Smartphone-App besucht oder ein Gerät des Dienstleisters nutzt. Der Dienstleister bietet seinen Service entweder kostenpflichtig oder kostenfrei an.

Nutzt ein Verkehrsteilnehmer einen Dienst, so wird in der Regel ein Dienstleistungs-vertrag geschlossen, in dem der Verkehrsteilnehmer die Nutzungsbedingungen des Dienst-leisters akzeptiert.

---

[1] http://www.be-mobile.be/.

Abb. 1 Screenshot der Nutzungsbedingungen aus der Smartphone App TomTom Places. (Quelle: Copyright Firma TomTom, Mit freundlicher Genehmigung von Herrn Thomas Henkel, TomTom)

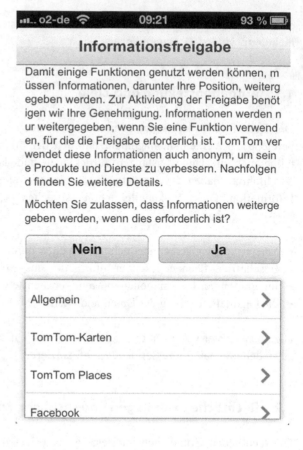

Im Folgenden seien einige Beispiele genannt:

- Besucht ein Verkehrsteilnehmer vor Fahrtantritt eine Webseite, die kostenfrei Verkehrsinformationen über eine öffentliche Webseite zur Verfügung stellt, so akzeptiert er die dort aufgeführten Nutzungsbedingungen. Als Beispiel seien die Nutzungsbedingungen der Seite routes.tomtom.com genannt[2]. Diese regeln die Nutzung des kostenfreien Service und untersagen beispielsweise die kommerzielle Verwertung der Seite.
- Geht man über den Besuch einer Web-Seite hinaus, so kann man sich beispielsweise für kostenfreie Dienste registrieren. Sobald sich ein Nutzer für einen kostenfreien Dienst registriert, muss er die allgemeinen Geschäftsbedingungen aktiv akzeptieren (Abb. 1).

Durch die aktive Annahme der AGBs akzeptiert man einen privatrechtlichen Vertrag des Anbieters. Nutzt man bezahlte Services, so werden andere Verträge geschlossen, die beispielsweise die Nutzung weiterer Services ermöglichen. Da private Dienstleister die Bewegungsdaten der Nutzer für ihre Verkehrsdatenerfassung nutzen, läuft ein Vertrag häufig

---

[2] Webseite mit den Nutzungsbedingungen http://www.tomtom.com/de_de/legal/.

Abb. 2 Screenshot der Nutzungsbedingungen aus der Smartphone App ADAC. (Quelle: Copyright ADAC, Mit freundlicher Genehmigung von Herrn Matthias Marohn, ADAC)

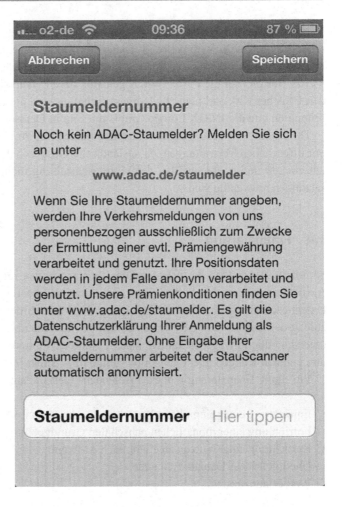

auf ein Tauschgeschäft hinaus, d. h. der Nutzer erhält freie Informationen, im Gegenzug gibt er seine Positionsdaten an den Dienstleister ab. Ein Beispiel für Nutzungbedingungen zeigt Abb. 2.

Ein gutes Beispiel für diese Art von Vereinbarung sind Staumelder, die beispielsweise dem ADAC helfen seine Informationen zu verbessern. Dabei erhalten besonders aktive Staumelder Prämien für ihre aktive Teilnahme. So können die Verkehrsteilnehmer, welche den Verkehr häufig als Bestrafungssystem (Geschwindigkeits- und Parkraumüberwachung) wahrnehmen, für ihre Mitarbeit belohnt werden.

1.3 Organisation

Die Dienstleister sind sehr unterschiedlich organisiert. So ist der ADAC e. V. beispielsweise ein Verein, der seinen Mitgliedern einen Mehrwert-Service zur Verfügung stellt.

Die meisten der oben genannten Anbieter haben als Geschäftsgebiet den paneuropäischen Raum bzw. agieren weltweit. Daher sind sie in verschiedenen Gesellschaften organisiert und stellen ihre Services in der Regel in mehreren Ländern zur Verfügung.

Als Beispiel sei die Firma INRIX genannt, deren Hauptsitz die INRIX Inc. derzeit in den USA bei Kirkland liegt. Tochtergesellschaften sind die INRIX UK mit Sitz in Großbritannien und die INRIX Europe GmbH mit Sitz in Deutschland.

Durch die weltweite Struktur entstehen manchmal Probleme in der Zusammenarbeit mit öffentlichen Verwaltungen, da ausländische Gesellschaften einerseits anderem Recht unterliegen und andrerseits bei der Vertragsgestaltung nicht selten umfangreiche Übersetzungen notwendig sind.

1.4 Finanzierung

Sämtliche Aktivitäten der privaten Dienstleister müssen refinanziert werden. Zu diesen Aktivitäten zählen der Aufbau einer Organisation, die Entwicklung von Services, die Datenbeschaffung, die Datenaufbereitung, der Vertrieb der veredelten Daten und nicht zuletzt der Betrieb der IT-Systeme. Gerade bei der Datenbeschaffung gehen die Anbieter unterschiedliche Wege, so kaufen manche Anbieter Flotten ein, während andere Anbieter ihre eigenen Kunden über Navigationsgeräte bzw. Smartphone als Datengeber nutzen.

Für die Refinanzierung gibt es verschiedene Geschäftsmodelle:

- Entrichtung einer einmaligen Pauschale für die gesamte Nutzungsdauer,
- Entrichtung einer monatlichen pauschalen Grundgebühr,
- Entrichtung einer Nutzungsgebühr nach Aufwand,
- Unentgeltlicher Datentausch oder
- Werbefinanzierung.

Die Entrichtung einer einmaligen Pauschale ist im Automobilbereich sehr beliebt. Man erwirbt ein Fahrzeug und zahlt einmalig für die gesamte Nutzungsdauer ein Entgelt. Ein Problem hierbei ist, dass sich nicht jeder Kunde für die gleichen Services interessiert und manche Services vielleicht zum Fahrzeugerwerb noch nicht vorhanden waren. Daher geht der Trend dahin, dass man monatliche Servicegebühren entrichtet und Pakete ähnlich wie im Mobilfunk hinzubuchen kann. Der Nachteil dieser Refinanzierung ist, dass der Nutzer monatlich daran erinnert wird, dass er den Service bezahlen muss, wohin gegen er bei der einmaligen Zahlung keine wiederkehrenden Kosten wahrnimmt.

Noch differenzierter ist die Refinanzierung nach Aufwand. Hier ruft der Nutzer beispielsweise einen Service auf und zahlt für dessen Nutzung. Der Vorteil ist, dass der Nutzer nur für das zahlt, was er wirklich in Anspruch nimmt, der Nachteil ist, dass er dauerhaft mit Kosten konfrontiert wird.

Im Bereich der Smartphone-Applikationen wird häufig das oben dargestellte Modell des Datentauschs genutzt. Das heißt der Nutzer erhält die Basisservices kostenfrei, willigt aber auch zu, dass seine Bewegungsdaten für die Verkehrslageermittlung genutzt werden.

Ein weiterer Weg der Refinanzierung ist die Werbung. Nutzt ein Verkehrsteilnehmer die freie Smartphone Applikation eines Anbieters, so kann dieser für ihn Werbung auswählen und darstellen. Dies ist insbesondere im Fall von Location-Based Services ein interessanter Anwendungsfall.

Sicherlich sollte man im Hinterkopf behalten, dass viele Services, die kostenfrei angeboten werden, den Verkehrsteilnehmer zunächst einmal anlocken sollen und ggf. über andere Einnahmen der Dienstleister refinanziert werden.

2 Verkehrstechnisches System

Aufgrund der Diversität der Systeme der privaten Dienstleister wird hier ein allgemeiner Blick auf die Anforderungen für die Hard- und Softwarearchitektur gerichtet. Aus der Forderung einen hochverfügbaren, qualitätsgesicherten Dienst anzubieten ergeben sich verschiedene funktionale und nicht-funktionale Systemanforderungen, die hier kurz dargestellt werden sollen.

2.1 Systemanforderungen

Die Kernanforderung an einen privaten Dienstleister ist, seinen Kunden einen Service bereit zu stellen, der durchgehend zur Verfügung steht. Jeder Ausfall der Services kann aufgrund der Refinanzierungsnotwendigkeit auch zu finanziellen Einbußen bzw. Vertragsstrafen führen.

Dementsprechend sind die von den privaten Dienstleistern genutzten verkehrstechnischen Systeme durch folgende Kernanforderungen geprägt (Abschn. 1.4).

Die *Hochverfügbarkeit* der Dienste ist ein wesentlicher Aspekt an die Systemanforderungen. Da die privaten Dienstanbieter auf eine Refinanzierung ihrer Dienste angewiesen sind, müssen diese den Kunden möglichst auch zu jeder Zeit zur Verfügung stehen. Da die Dienstleister weltweit agieren wird diese Anforderung noch verschärft. Die Anforderung an die Verfügbarkeit ist natürlich in den Verkehrsspitzenzeiten besonders groß. Agiert man nun weltweit gibt es nur wenige Zeitfenster in denen keine Verkehrsspitzen zu finden sind. Um diese Anforderung zu erfüllen werden verschiedene Maßnahmen ergriffen (Abschn. 2.2).

Gleichermaßen erwarten die Kunden, dass der Dienstleister zu jeder Zeit *verfügbar* ist, d. h. dass der Dienstanbieter eine Hotline mit einem 24/7-Service zur Verfügung stellt. Dies bezieht sich insbesondere auf die Meldung von technischen aber auch inhaltlichen Fehlern in den Systemen. In diesem Zusammenhang wird eine kurze Reaktionszeit des Dienstanbieters bei dem Ausfall eines Systems erwartet. Diese Anforderung bzw. Erwartung wird zum Teil noch erhöht, wenn der Dienstleister andere Geschäftsfelder bedient, z. B. Google. Die Erfahrungen aus anderen Geschäftsfeldern, werden aber auch regelmäßig auf die Qualität der Dienstleistung übertragen, so dass Anbietern, die einen guten Ruf in einem anderen Geschäftsfeld genießen, eine höhere Qualität seitens der Verkehrsteilnehmer zugetraut wird, ohne dass dies durch persönliche Erfahrungen belegt werden kann.

Eine weitere Anforderung ist die *Qualitätssicherung* der Dienste. So werden die Dienste insbesondere von den B2B-Kunden der Dienstanbieter dauerhaft geprüft und bewertet. Dabei ist die Qualität ein Kriterium, welches derzeit noch nicht ausreichend und abschließend definiert ist und ausführlich in anderen Kapiteln diskutiert wird (Abschn. 6.2).

Eine Anforderung, bei der die privaten Dienstleister einen erheblichen Vorteil haben, ist die flächendeckende *Netzabdeckung*. Die Anforderung der Kunden ist eine möglichst vollständige Abdeckung des Straßennetzes. So sollen die Dienste nach Möglichkeit auf dem gesamten Netz Informationen liefern. Inwieweit ein Verkehrszustand auf einer Nebenroute zuverlässig zu ermitteln ist, sei hier nicht diskutiert.

Ein weitere nicht-funktionale Anforderung, welche insbesondere beim Datentausch von Positionsdaten eine vertrauensbildende Rolle spielt ist *Sicherheit*: Die privaten Dienstanbieter nutzen Daten von Nutzern und müssen daher die Datensicherheit der Nutzerdaten verantworten. Diese Anforderung tritt derzeit nur sehr begrenztem im Rahmen der öffentlichen Dienstanbieter auf. So ist insbesondere die Anonymisierung von Floating-Car-Daten eine wichtige Anforderung, die den Erfolg eines Dienstes sichern kann.

2.2   Hard- und Softwarearchitektur

All diese Systemanforderungen können nur dann erfüllt werden, wenn die Hard- und Softwarearchitektur der Dienste hochverfügbar und skalierbar ist. Dabei muss berücksichtigt werden, dass für einen weltweiten Informationsdienst große Datenmengen in kürzester Zeit verarbeitet werden müssen.

Die Anforderungen an *Hochverfügbarkeit* und *Ausfallsicherheit* werden gewährleistet, in dem Systeme redundant ausgelegt werden. So hosten die einige Anbieter ihre Services in externen Rechenzentren, z. B. Cloud-Rechenzentren renommierter Anbieter. Der Vorteil großer Rechenzentren ist, dass die weltweiten Services in verschiedene Rechenzentren nahe den Zielmärkten betrieben werden können, so dass die Laufzeiten der Daten verringert werden.

Um die Anforderungen an die *Fehlertoleranz* zu gewährleisten, muss die Softwarearchitektur so konzipiert sein, dass auch bei Datenausfällen einzelner (externen) datenliefernder Systeme die Software weiter funktioniert und valide Ergebnisse liefert. Eine besondere Bedeutung kommt der Anbindung externer Datenlieferanten zu.

Die Dienstanbieter sammeln verschiedenste Daten ein und verarbeiten diese in ihren Systemen. Hierbei werden sehr großen Datenmengen bewegt, die übertragen, verarbeitet und in die intelligenten Systeme integriert werden müssen.

Um die GPS-Rohdaten der Floating-Car-Flotten zu übertragen, werden je nach System des Datenlieferanten minütlich oder in noch kleineren Intervallen Positionsdaten, Geschwindigkeiten und evtl. weitere Daten von den Floating-Cars an die zentralen Systeme übermittelt. Man kann davon ausgehen, dass Millionen Fahrzeuge gleichzeitig Daten liefern, die zeitnah verarbeitet werden müssen.

Um diese Daten zu verarbeiten, sind einerseits große Bandbreiten ins Internet, über das die meisten Quellen geliefert werden, notwendig. Andererseits ist eine Hardware-infrastruktur erforderlich, die mit den großen Datenmengen („Big-Data") umgehen, d. h. diese speichern, verarbeiten und sichern kann. Dies kann dadurch erreicht werden, dass die Systeme skalierbar ausgelegt werden, d. h. so dass die Software der Systeme dupliziert wird und einzelne Regionen auf unterschiedlichen Rechner berechnet werden.

Die hohen Anforderungen an die Ausfallsicherheit bedingen auch eine dauerhafte Überwachung der eigenen Systeme. Diese Überwachung geschieht in Verkehrsinformationszentralen, die dann beispielsweise große Märkte überwachen, z. B. Nordamerika oder Europa.

Zur Verbreitung der Informationen an die verschiedenen Kunden werden APIs[3] genutzt, die über das Internet (https) abgerufen werden können [2]. Als Beispiele können hier die API von INRIX, TomTom oder Here genannt werden [3–5]. Der Abruf von Informationen erfolgt jeweils in zwei Schritten. Zunächst ruft der Nutzer per http-Request einen Sicherheitsschlüssel ab, der für die weiteren Abfragen genutzt wird. Hier muss der Programmierer seine Nutzerdaten hinterlegen.

In weiteren Abrufen werden dann ebenfalls über http konkrete Abfragen von Verkehrsinformationen initiiert. Die Abfragen können dann über Parameter bequem auf ein einzelnes Gebiet, eine Straßenklasse oder eine Informationsebene beschränkt werden.

2.3 Technische Grundlagen und Basistechnologien

Der Kernunterschied zwischen den privaten Dienstleistern und den öffentlichen bzgl. der Datenbasis ist, dass die öffentliche Verwaltung zumeist Datenquellen nutzt, welche auf ihrem Hoheitsgebiet mit Hilfe von stationären Detektoren erfasst werden. Gleichzeitig werden die Datenquellen im Auftrag der öffentlichen Verwaltung betrieben. Sie muss dafür Sorge tragen, dass die für die jeweilige Anwendung notwendige Qualität erreicht wird. Damit ist die Verwaltung für die gesamte Wertschöpfungskette zuständig und kann damit den gesamten Prozess kontrollieren.

Im Gegensatz hierzu, sind bei den privaten die eigenen Daten meist nicht ausreichend für die Dienste, die flächendeckend angeboten werden sollen. Vielmehr sind die Dienstleister auf den Erwerb von Daten Dritter angewiesen. Dies sind beispielsweise die GPS-Rohdaten der Fahrzeugflotten von Logistikern. Insgesamt ist die Datenbasis breiter, d. h. es werden viele verschiedene Datenquellen genutzt und diese müssen in den Systemen der Dienstleister zu Verkehrsinformationen zusammengeführt werden.

---

[3] API = Application programming interface. Eine API ist eine Schnittstelle zur Anwendungsprogrammierung.

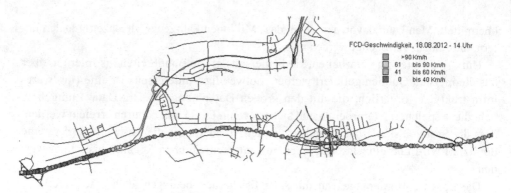

Abb. 3 Räumliche Auflösung eines Stauereignisses anhand von GPS-Rohdaten des ADAC. (Quelle: Copyright aus einer Studie des Landes Niedersachsen. Mit freundlicher Genehmigung der Autoren S. Krampe, J. Wahle, S. Trupat)

2.3.1 Datenerfassung

Die Datenerfassung privater Anbieter kann sowohl durch die Erfassung von eigenen Daten als auch durch den Zukauf von externen Quellen erfolgen. Die wichtigste Datenquelle sind Floating-Car Daten, bei denen die durch Navigationsgeräte oder Smartphones erfassten Positionen ausgewertet werden. Voraussetzung für die Erzeugung von aktuellen Verkehrsinformationen ist eine Anbindung der Geräte an das mobile Internet und die möglichst zeitnahe Übermittlung der Daten.

Einige Anbieter erfassen die Daten selbst durch ihre Kunden, die Navigations-Software, -bzw. mobile Geräte nutzen; da die wenigsten Anbieter eine ausreichend große Marktdurchdringung in der Fläche haben werden aber auch Daten zugekauft, z. B. von kommerziellen Flotten (Taxi, Speditionen) oder durch Kooperation mit Partnern wie Automobilherstellern

Daneben sammeln manche Anbieter auch die in offline-Geräten gespeicherten historischen Routen, um damit ihre Datenbasis zu ergänzen. In Abb. 3 und 4 aus Krampe et al. [6] erkennt man die Datenbasis aus GPS-Rohdaten.

Jeder Punkt in Abb. 3 entspricht einem Messwert. Die Punkte sind je Geschwindigkeit unterschiedlich eingefärbt. Die zwei Abbildungen zeigen einen Autobahnabschnitt im Bereich Hannover-West, A 2, FR Westen über alle Einzelfahrten zwischen 14:00 und 15:00 Uhr am 18.08.2012. Man kann deutlich erkennen, wie der Stau sich räumlich und zeitlich ausbreitet. Anhand solcher Beobachtungen kann man Staulängen und das Stauende erkennen.

Ergänzend zur Erfassung von Floating-Car-Daten werden von einigen Anbietern auch Daten aus der Zellortung der Mobilfunkprovider, sogenannte Floating-Phone-Data, genutzt. Dabei werden die Positionen von Mobilfunkgeräten in Funkzellen bzw. beim Übergang zwischen Mobilfunkzellen ausgewertet. Aktive Geräte (on-call) können dabei deutlich genauer lokalisiert werden als passive Geräte (off-call), allerdings ist bei letzteren die Durchdringungsrate deutlich höher, da alle (eingeschalteten) Geräte eines Anbieters zum Datenpool beitragen. Aufgrund der wesentlich schlechteren räumlichen Auflösung sind diese Daten insgesamt nur eingeschränkt für die Verkehrslageerfassung

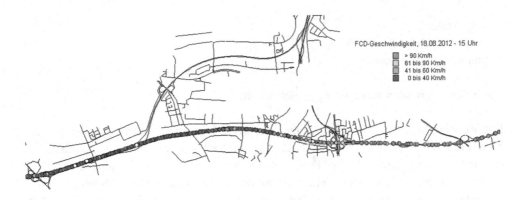

Abb. 4 Räumliche Auflösung eines Stauereignisses anhand von GPS-Rohdaten des ADAC. (Quelle: Copyright aus einer Studie des Landes Niedersachsen. Mit freundlicher Genehmigung der Autoren S. Krampe, J. Wahle, S. Trupat.)

geeignet. Da aber gerade bei der Auswertung der off-call-Signale eine wesentlich höhere Durchdringungsrate als bei FCD vorliegt, können solche Daten in Gebieten mit schlechter FCD-Abdeckung als Ergänzung von Nutzen sein. Die Qualität von Floating-Phone-Daten wurde in verschiedenen Forschungsprojekten dokumentiert. Ein Beispiel ist das Do-IT-Projekt, das im Rahmen der Forschungsinitiative Verkehrsmanagement 2010 des Bundesministeriums für Bildung und Forschung gefördert wurde [7].

Wurden in der Vergangenheit noch stationäre Sensoren auch durch private Betreiber errichtet[4], so spielen diese heute für private Verkehrsinformationsdienstleister keine Rolle mehr. Eigene stationäre Detektion wird nicht mehr errichtet bzw. bestehende z. T. nicht mehr erneuert. Allerdings sind die privaten Anbieter nach wie vor interessiert, Daten aus stationärer Detektion der öffentlichen Hand zu integrieren. Hier helfen die Aktivitäten des Mobilitätsdatenmarktplatzes sehr [8].

Daneben erfassen viele Anbieter auch von Ihren Nutzern generierte Ereignismeldungen. Neben der klassischen Aufnahme von Meldungen über eine Telefonzentrale (z. B. Staumelder des ADAC) können User inzwischen auch Meldungen über Apps eingeben, bzw. bestehende Meldungen bestätigen. Damit können sowohl Ereignisse automatisiert erfasst werden, als auch eine Qualitätssicherung von Meldungen durchgeführt werden. Als Beispiel sei die Applikation Traffic4All genannt (siehe auch Abb. 13).

2.3.2 Datenverarbeitung

Die Datenverarbeitung der GPS-Rohdaten erfolgt in mehreren Schritten:

1. Datenübernahme
2. Plausibilisierung und Normalisierung

---

[4] Als Beispiel wird hier das Projekt der DDG angeführt, die deutschen Autobahnen flächendeckend mit Überkopfdetektion auszustatten.

3. Map-Matching
4. Datenermittlung für Abschnitt
5. Statistische Verfeinerung

Diese Schritte werden im Folgenden beschrieben:

Datenübernahme Die Datenübernahme von den Flottenmanagementsystemen wurde bereits mehrfach beschrieben (Abschn. 2.3.1). Bei der Datenübernahme ist zu beachten, dass die Messfrequenz, d. h. die Häufigkeit mit der Messungen am Floating-Car durchgeführt werden, nicht mit der Lieferfrequenz des Flottenmanagements übereinstimmen muss. Das bedeutet, dass eine Flotte Daten von Messungen liefert, die bereits einige Zeit zurückliegen.

Plausibilisierung und Normalisierung Da ein privater Dienstleister Daten von verschiedenen Quellen bezieht, müssen die Daten plausibilisiert und normalisiert werden. Bei der Plausibilisierung ist zum Beispiel wichtig, welcher Fahrzeugtyp die Daten liefert. So sind Daten von LKW-Flotten anders zu interpretieren, als Daten von PKW-Flotten. Unter Umständen sind die Fahrzeugtypen nicht bekannt und müssen anhand der Daten ermittelt oder ggf. verworfen werden.

Map-Matching Sind die Daten plausibilisiert, müssen die Informationen einem Ort bzw. Streckenabschnitt zugeordnet werden (Map-Matching). In diesem Schritt wird der Geschwindigkeits-Messwert eines Floating-Cars, der eine Geokoordinate enthält, einem Segment der zugrundeliegenden Karte zugeordnet. Besondere Bedeutung hat das Map-Matching in innerstädtischen Bereichen, wo die Zuordnung zu einem Abschnitt aufgrund des dichten Straßennetzes eine besondere Herausforderung ist.

Datenermittlung für Abschnitte Wenn die räumliche Zuordnung erfolgt ist, folgt die Auswertung auf Streckenabschnitten. Im Idealfall liegen für ein Zeitintervall verschiedene Geschwindigkeitsmessungen vor. Diese werden auf Konsistenz und Plausibilität geprüft.

So können durch den Vergleich der Einzelmessungen mit dem Durchschnitt aller anderen Ergebnisse (leave-one-out-Analyse) nicht repräsentative Geschwindigkeitswerte für den Streckenabschnitt identifiziert und ausgeschlossen werden. Dabei können auch unterschiedliche Quellen gegeneinander gewichtet werden. Beispielsweise können die GPS-Signale einer Smartphone-Applikation auch von Bahnfahrern oder Radfahrern stammen, während dies bei Daten von kommerziellen Flotten ausgeschlossen ist. Ausreißer in den Daten können durch Routing zwischen den Datenpunkten eines Fahrzeugs und Prüfung auf Plausibilität der entstehenden Fahrtstrecke erfolgen.

Statistische Verfeinerung Neben der intrinsischen Bewertung auf Basis der aktuellen Messwerte ermöglicht die breite Datenbasis bzw. die Vielzahl anderer Datenquellen einen

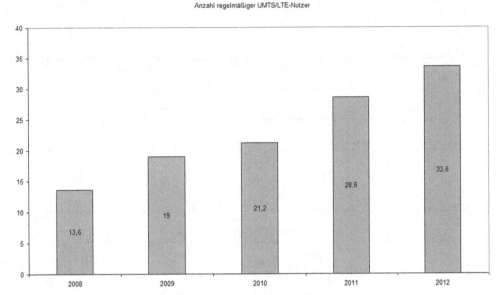

Abb. 5 Wachstum der UMTS-Nutzer im Zeitraum 2008–2012 (Quelle: Bundesnetzagentur; Selbsterstellte Grafik. [Urheberrecht beim Autor])

Abgleich. Die Informationen von Floating-Cars können mit den Messwerten von stationären Detektoren plausibilisiert werden.

Zusätzlich kann auch ein Vergleich mit klassifizierten historischen Ganglinien erfolgen. Diese Heuristik auf Basis der historischen Daten ermöglicht auch eine Prognose.

Die Zusammenfassung der einzelnen Bewertungsschritte ergibt dann die Grundlage, auf der entschieden wird, welchen Daten Vertrauen geschenkt werden kann.

Mit welchen Algorithmen die Datenfusion im Einzelnen durchgeführt wird, wird durch die Dienstleister nicht veröffentlicht und ist ein gut gehütetes Geschäftsgeheimnis. Erläuterungen von Teilaspekten findet man beispielsweise unter [2, 9].

2.3.3 Kommunikation und Datenübertragung

Die Kommunikation und Datenübertragung erfolgt in zwei Richtungen. Einerseits liefern die Nutzer auf verschiedenen Wegen Informationen an die Dienstleister. Andererseits werden die verarbeiteten Verkehrsinformationen wieder an die Nutzer zurückgeliefert. Dies wird im Folgenden erläutert.

Wie erwähnt nutzen die privaten Dienstanbieter auch Daten von mobilen Geräten, wie OVIs, Mobiltelefone oder Navigationsgeräte. Diese Melden ihre Position an den Dienstanbieter, der diese zur Generierung von Verkehrsinformationen nutzt (Abschn. 2.3.1). Dies wurde erst in den letzten Jahren möglich, als die Verbreitung und die Nutzung von breitbandigem Mobilfunk signifikant zunahmen. Die Entwicklungen der Anzahl der regelmäßigen Nutzer von UMTS/LTE ist in Abb. 5 zu sehen.

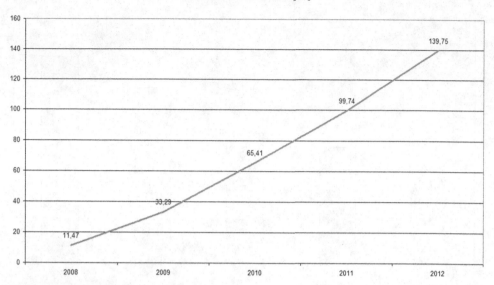

Abb. 6 Wachstum des übertragenen Datenvolumens von 2008–2012. (Quelle: Bundesnetzagentur, Selbsterstelle Grafik [Urheberrecht beim Autor])

Die Anzahl hat sich von 2008 (13,6 Mio. Nutzer) bis zum Jahr 2012 fast verdreifacht.

Noch deutlicher erkennt man die explosionsartige Entwicklung anhand der Steigerung des über UMTS/LTE übertragenen Datenvolumens (Abb. 6). Hier ist das Volumen von 11,47 GB im Jahr 2008 auf das 13-fache im Jahr 2012 gestiegen [10].

Die privaten Dienstanbieter nutzen zwar auch das Festnetz, jedoch sind sie in besonderer Weise auf die mobile Datenerhebung zur Erfassung von Floating-Car-Daten angewiesen. Durch die hohe Verbreitung von Geräten, die über den Mobilfunk hochfrequent Positionsdaten versenden und empfangen können, sind Dienste wie die Ermittlung und Bereitstellung von Verkehrsdaten außerhalb des durch stationäre Detektoren abgedeckten Netzes oder auch dynamisches Routing erst möglich geworden.

Die Verbreitung der Informationen an den Kunden erfolgt ebenfalls auf verschiedenen Wegen. Hier ist die Kommunikation abhängig vom Geschäftsprozess. Werden die Informationen der Dienstleister von einem B2B-Kunden genutzt, so geschieht dies in internen Prozessen. So verbreiten die Automobilhersteller ihre Verkehrsinformationen über ihre Flotte.

Die B2B-Kunden nutzen die von den Dienstanbietern bereitgestellt API. Auf diese Weise können individualisierte Informationen durch den Dienstleister angeboten und durch den Kunden genutzt werden.

Zur Informationsverbreitung an Endgeräte der privaten Kunden wie Smartphones wird schwerpunktmäßig das mobile Internet (UMTS/LTE) genutzt. Die Endgeräte verfügen alle über eine entsprechende Schnittstelle. Die Kommunikation erfolgt durch die Applikation auf dem Smartphone direkt mit dem Dienstanbieter beispielsweise über https.

Konventionelle Navigationsgeräte nutzen häufig noch RDS-TMC-Meldungen, die über RDS/UKW übertragen werden. In aktuelleren Geräten wird nun TPEG genutzt, dass über DAB+ (Abschn. 2.3.4) verbreitet wird.

2.3.4 Räumliches Referenzierungssystem

Um eine möglichst große Verbreitung auf dem Markt zu erzielen, unterstützen die Anbieter von Verkehrsinformationsdiensten in der Regel verschiedene Georeferenzierungsverfahren, wobei die internen Berechnungen, z. B. das Map-Matching in der Regel auf kommerziellen Navigationskarten erfolgen.

Nach wie vor von großer Bedeutung ist die Referenzierung auf TMC Location Codes. Auf Grund der in den unterschiedlichen Ländern stark schwankenden Qualität der Location Code Listen bezüglich Netzabdeckung, räumlicher Auflösung, Pflege der Liste ist diese Referenzierung für international agierende Unternehmen problematisch. So findet man nicht in allen Ländern eine Location-Code-Liste vor. In manchen Ländern gibt es sogar mehrere Location-Code Listen. Dies führt zu schwer kalkulierenden Abhängigkeiten von Dritten und erhöht den eigenen Aufwand.

Für die Integration von Verkehrsdaten in Navigationslösungen bieten die Dienstleister zum Teil eine direkte Abbildung ihrer Verkehrsinformationen auf die Kanten der die in diesem Bereich gängigen kommerziellen Karten (TomTom Maps, HERE) an. Hier muss allerdings die Kompatibilität der auf Sender- und Empfängerseite verwendeten Kartenversionen gewährleistet sein. Der Grund hierfür ist, dass eine Identifikation eines Abschnitts über eine permanente ID derzeit nicht vorgesehen ist.

Um die Interoperabilität der verschiedenen Dienste zu sichern, wurden daher Verfahren zur dynamische Georeferenzierung entwickelt. Diese Verfahren verzichten auf vordefinierte Referenzpunkte wie z. B. TMC Location Codes. Stattdessen wird die Ortsangabe dynamisch anhand der Geokoordinaten angegeben. Damit können Verkehrsinformationen in hoher räumlicher Auflösung unabhängig von genutzten Karten übertragen und abgebildet werden. Eine alleinige Übertragung von Geokoordinaten reicht wegen der unterschiedlichen Darstellungen des Straßennetzes (Detailgrad, Geometrie der Straßen) in den verschiedenen Karten nicht aus, um einen eindeutigen Ortsbezug herzustellen. Daher verwenden alle diese Verfahren noch zusätzliche Metainformationen, wie z. B. die Straßenklasse, Straßennamen, Verweis auf Kreuzungspunkte, etc. Damit können sowohl Punktinformationen als auch Strecken und Flächen kodiert werden. Einige der gebräuchlichsten Verfahren zur dynamischen Ortsreferenzierung sind:

- AGORA-C [11] – aus Arbeiten im EU Projekt AGORA hervorgegangener Standard (ISO 17572-3), in dem diverse Unternehmen aus dem Bereich der Fahrzeugnavigation (u. a. Bosch, TomTom, Siemens) sich zu einem Patentpool zusammengeschlossen haben. Wird auch im TPEG Automobile Profile (TAP) verwendet.
- OpenLR [12] – ein von TomTom entwickelter, offener Standard. Es existieren inzwischen auch Datenmodelle, um OpenLR in Datex2 und TPEG Anwendungen zu verwenden.

- TPEG-LOC – nativer Ansatz zur dynamischen Ortsreferenzierung im TPEG Standard [13].

Die oben genannten Standards werden in verschiedenen Anwendungsfeldern bereits einge-setzt und haben je nach Anwendung Vor- bzw. Nachteile. Um möglichst alle Kunden errei-chen zu können, halten die privaten Dienstleister in der Regel verschiedene Standards vor.

2.3.5 Standards zum Daten- und Informationsaustausch
Zur Vereinfachung des Datentauschs werden weitere Standards definiert, die hier im Fol-genden kurz dargestellt werden sollen.

Datenquellen
Für die Bereitstellung von FCD Rohdaten existieren mehrere Industriestandards GATS, ACP, GTP. Nach diesen Standards enthalten übertragene Daten minimal:

- GPS-Position als Koordinate
- Geräte-ID (anonymisiert)
- Uhrzeit

Zum Teil werden noch weitere Daten übertragen, wie

- Aktuelle Geschwindigkeit
- Richtung
- (Vorgängerposition)

Grundsätzlich kann man davon ausgehen, dass auch hier einfache Datenübertragungsfor-mate wie das csv-Format ihre Anwendung finden.

2.3.5.1 Schnittstellen
Die Kommunikation mit den Kunden erfolgt in der Regel über die Nutzung einer durch den Dienstanbieter bereitgestellten API [3–5]. Hierüber kann der Kunde die benötigten Informationen abrufen und in seine Systeme integrieren. Die Schnittstellen sind sehr hete-rogen, da die Dienstanbieter eigene APIs entwickelt haben.

Im Allgemeinen werden die Verkehrsdaten dabei in eigenen XML (z. B. INRIX, Nokia) oder JSON (z. B. Nokia) Strukturen übertragen, die sich leicht in andere Formate konver-tieren lassen.

Die Schnittstellen sind flexibel, so dass dem Kunden individuell zugeschnittene Ver-kehrsinformationen zur Verfügung gestellt werden können. Eine Parametrisierung ermög-licht eine Einschränkung auf eine Region, aber auch auf die Dateninhalte.

Im Folgenden ist ein Beispiel des Testzugangs zur API von TomTom [5] aufgeführt. Der in Abb. 7 dargestellte API-Call würde Verkehrsinformationen für eine bestimmte geo-graphische Region liefern. Das Ergebnis kann in drei verschiedenen Formaten geliefert werden: XML, JSON, JSONP.

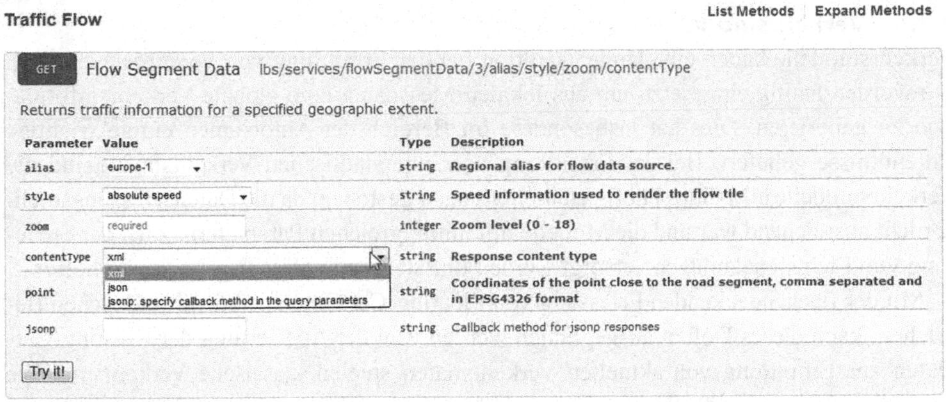

Traffic Flow

Abb. 7 Aufruf der TomTom API unter developer.tomtom.com. (Quelle: Copyright Firma TomTom; Mit freundlicher Genehmigung von Herrn Thomas Henkel, TomTom)

2.3.5.2 Protokolle

Im Bereich der Verkehrsinformationen werden derzeit immer noch hauptsächlich TMC-Meldungen verbreitet. Beispielsweise empfangen die meisten Navigationsgeräte Verkehrsinformationen über dieses Protokoll. Das Protokoll ist digital kodiert und nutzt das Radio-Data-System oder UKW [13]. Die Informationen sind auf der TMC-Locations referenziert. Dies bedeutet direkt eine Einschränkung auf Teile des Netzes, die mit TMC-Locations versorgt sind.

TPEG [13] als Nachfolger von RDS-TMC bekommt eine immer größere Bedeutung. TPEG steht für das Format der Transport Protocol Experts Group und ist ein neues Verfahren, das Verkehrsinformationen auf digitalen Verbreitungswegen, etwa DAB, DMB, DVB oder dem Internet, überträgt. Die Daten werden kodiert ausgesendet und können im Empfangsgerät in verschiedenen Formen ausgegeben werden: der Autofahrer kann sich die Informationen also entweder von einer Computerstimme ansagen lassen oder als Textinformation bzw. grafische Anzeige im Display seines Navigationssystem ablesen. Es könne auch weitere Daten über dieses Format übertragen werden, wie z. B. Informationen zum öffentlichen Personenverkehr sowie zu Parkräumen. Dieses Protokoll hat erhebliche Vorteile gegenüber RDS-TMC, da es zum einen eine stark komprimierte Übertragung der Daten erlaubt, zum anderen genauere Informationen liefern kann, als RDS-TMC.

Die Bereitstellung von Verkehrsinformationen privater Anbieter z. B. an eine VMZ erfolgt über http. Als Beispiel ist im Folgenden eine Abfrage der INRIX-API [4] aufgeführt:

http://na.api.inrix.com/V3/Traffic/Inrix.ashx?Action=GetRoadSpeedInSet&TmcSetId=234763578&SpeedOutputFields=Speed,Average,Reference,Score,TTM,confidence&Units=0&Token=BXu4DtvRjx6vkBr-ZpYPa*rHQ0NMFWNehrxPa-0lmb0|

In diesem Beispiel werden Geschwindigkeitsinformationen (*GetRoadSpeedInSet*) für eine vorher definierte Liste von TMC-Locations (*TmcSetId*) abgerufen. Als Ergebnis wird eine XML-Datei zurückgeliefert.

2.3.6   Verkehrsmodelle

Verkehrsmodelle haben eine lange Tradition bei der Ermittlung von Verkehrslagen [14]. Sie wurden häufig eingesetzt, um aus lokalen Messdaten eine globale Verkehrsinformation zu generieren. Dies hat insbesondere im Bereich der Autobahnen einige wichtige Erkenntnisse geliefert. Bei der Ermittlung von innerstädtischen Verkehrslagen sind die Verkehrsmodelle allerdings häufig an ihre Grenzen gestoßen, da die Datenerfassungsdichte nicht ausreichend war und die Modelle mit umfangreichen Parametern, z. B. der Steuerung von Lichtsignalanlagen versorgt werden mussten, um valide Ergebnisse zu liefern.

Mit der flächendeckenden Erfassung von Floating-Car Daten gerade in städtischen Bereichen, kann dieses Defizit ausgeglichen werden. Bei der Auswertung der Floating-Car-Daten zur Ermittlung von aktuellen Verkehrsdaten spielen klassische Verkehrsmodelle daher nur eine geringe Rolle.

Interessant wird die Nutzung von Floating-Car-Daten bei der Verkehrsplanung, da bei hinreichender Durchdringungsrate eine flächendeckende und zeitlich kontinuierliche Datenerfassung auf dem Straßennetz erfolgt, das als Grundlage für die Kalibrierung von Modellen genutzt werden kann.

2.4   Verkehrs- und betriebstechnische Funktionen

Anders als bei den Verkehrsmanagementzentralen der öffentlichen Hand erfüllen die Dienstleistungen der privaten Dienstleister nur bedingt verkehrs- und betriebstechnische Funktionen.

Durch die Verbreitung von Verkehrsinformationen und deren Verarbeitung in Navigationssystemen erfolgt eine verkehrstechnische Funktion. Dabei steht auf Seiten der Dienstleister im Vordergrund, dass alle Abläufe nahezu vollautomatisch erfolgen. So sind die betrieblichen Zentralen in der Regel mit wenig Personal besetzt. Dieses Personal ist im Wesentlichen damit beschäftigt, die IT-technischen Funktionen des Gesamtsystems aufrecht zu erhalten. Ein steuernder Eingriff ist in Regel nicht vorgesehen.

Für die B2B-Kunden der privaten Dienstleister, z. B. Automobilhersteller oder die öffentliche Verwaltung, ist allerdings immer ein technischer Ansprechpartner vorzuhalten.

3   Systemkomponenten

3.1   Verkehrssteuerung/-lenkung

Die Verkehrssteuerung ist eine hoheitliche Aufgabe der öffentlichen Hand. Dabei wird versucht, in einem ausgewählten Netz ein Optimum des Gesamtsystems zu erreichen (Minimierung von Störungen, Reisezeiten; evtl. auch weitere Randbedingungen wie Umweltziele).

Private Anbieter (insbesondere von Navigationsservices) wirken durch die Bereitstellung von Informationen an ihre Kunden de facto verkehrslenkend. Mit diesen „Lenkungsmaßnahmen" richten sie sich aber nur an einen Teil der Verkehrsteilnehmer. Angestrebtes Ziel ist nicht das Optimum des Gesamtsystems zu erreichen, sondern eine optimale Route für den einzelnen Nutzer.

Aus Sicht der öffentlichen Hand besteht hier verständlicher Weise die Gefahr, dass die individuellen Empfehlungen aus Navigationsgeräten den Verkehrsmanagementmaßnahmen entgegenlaufen. Andererseits bieten online-Navigationsgeräte aber auch einen neuen Verbreitungskanal, um Empfehlungen des öffentlichen Verkehrsmanagements an die Verkehrsteilnehmer zu kommunizieren.

Um den Widerspruch zwischen öffentlichem Strategiemanagement und privaten Routenempfehlungen aufzulösen, wurden seitens der Akteure bereits viele Gesprächsrunden bzw. Forschungsprojekte durchgeführt. Im Folgenden soll kurz dargestellt werden, welchen Einfluss private Dienstleister auf die Verkehrssteuerung/-lenkung der öffentlichen Hand haben, bzw. welche Daten sinnvoll einzusetzen wären.

3.1.1 Netzbeeinflussung

Bislang ist Stand der Technik, dass auch in den connected Navigationsgeräten autonom geroutet wird. Dabei ist aber die Einbeziehung dynamischer Daten heute bereits Standard, so dass aktuelle Meldungen an die Nutzer kommuniziert werden können. Hier kann durch Einbeziehung der Meldungen der öffentlichen Hand die Wirkung von Empfehlungen erhöht, sowie ein Gegeneinander der Routenempfehlung des Navigationssystems und der öffentlichen Verkehrsbeeinflussung verhindert werden [1].

Inzwischen erproben mehrere Anbieter auch Ansätze, bei denen die Navigationsempfehlung nicht mehr im Fahrzeug errechnet wird, sondern die Navigationsgeräte mit einer Zentrale kommunizieren, in der die Routenberechnung stattfindet [15]. Der Vorteil dieses Ansatzes ist, dass bei der Berechnung auf einem zentralen Serverpraktisch unbeschränkt sämtliche verfügbaren verkehrsrelevanten Daten verarbeitet werden können, während bei der Routenberechnung im Fahrzeug sowohl der Kommunikationskanal zur Datenübertragung als auch die Rechenleistung starken Beschränkungen unterliegen. In einer solchen Architektur können auch die Verkehrslenkungsmaßnahmen der öffentlichen Hand integriert werden.

Im Bereich der Netzbeeinflussung besteht auch ein großes Interesse der öffentlichen Hand die Daten der privaten Dienstleister für die Reisezeitermittlung auf den Netzmaschen einzusetzen. Eine beispielhafte Analyse wurde für die Netzbeeinflussung im Saarland für die Netzmasche A6/A620/A8 durchgeführt. Abbildung 8 zeigt die von INRIX ermittelten Reisezeiten auf der Netzmasche. Die Reisezeiten für die unterschiedlichen Routen sind farblich gekennzeichnet (blau und grün). Man erkennt einfach über die Visualisierung, wann es zu Störungen auf den einzelnen Routen kommt. Diese Analyse kann die durch die VRZ getroffene Entscheidung unterstützen.

3.1.2 Streckenbeeinflussung

Grundsätzlich werden für Streckenbeeinflussungsanlagen fahrstreifenbezogene Daten benötigt, die mit Hilfe der FC-Technologie derzeit nicht geliefert werden können. Dann können die Schaltungen von Streckenbeeinflussungsanlagen durch zusätzliche FCD-basierte

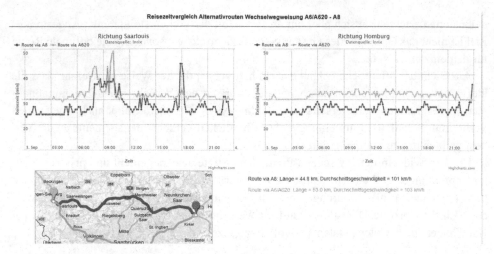

Abb. 8 Analyse der Reisezeiten auf der Netzmasche A6/A620/A8 auf Basis von INRIX-Reisezeiten. (Quelle: Copyright Firma TraffGo. [Urheberrecht beim Autor])

Daten verbessert werden, da diese eine genauere Reisezeitbestimmung und die räumlich exaktere Lokalisierung von Verkehrsstörungen erlauben.

Da fahrstreifenaufgelöste Daten aber in absehbarer Zeit auf diesem Wege nicht zur Verfügung stehen werden, wird die klassische stationäre Detektion hier weiterhin unverzichtbar sein.

Interessant ist die Übertragung der Schaltzustände der SBA (Tempolimits, Überholverbote, …) an die Fahrzeuge. Sie würden in Echtzeit eine wertvolle Datenquelle für Navigations- und insbesondere Fahrerassistenzsysteme liefern.

3.1.3 Tunnelsysteme
Die Steuerung von Tunnelsystemen hat wenig Einfluss auf die Aufgaben der privaten Dienstanbieter. Allerdings können die Systeme als Datenlieferanten interessant sein. Informationen wie (zulässige Höchstgeschwindigkeit, freigegebene Fahrstreifen und vor allem Sperrungsinformationen von hohem Interesse.

3.1.4 Lichtsignalsteuerung
Echtzeit-Daten aus der Lichtsignalsteuerung sind für die Weiterentwicklung von Fahrerassistenzsystemen im Rahmen kooperativer Systeme von Interesse. Ein Beispiel hierfür ist der von AUDI, BMW und der Stadt Frankfurt am Main im Rahmen des Forschungsprojekts SIM-TD entwickelte Ampelphasenassistent. Auch die Ergebnisse aus dem Forschungsprojekt „Urbaner Raum: Benutzergerechte Assistenzsysteme und Netzmanagement" werden von großem Interesse bei der weiteren Entwicklung sein[5].

---

[5] http://urban-online.org/de/urban.html.

3.1.5 Parkleitsysteme

Parkleitsysteme sind eine wichtige ergänzende Datenquelle für Navigationsservices. Typische Daten sind Gesamtkapazität, freie Stellplätze u. Tendenz der Auslastung. Eine Anbindung der öffentlichen Systeme ist in Deutschland z. B. über den MDM [8] möglich.

Üblicherweise arbeiten die privaten Dienstleister mit Serviceanbietern zusammen, die sich auf die deutschlandweite bzw. weltweite Beschaffung von Parkrauminformationen konzentrieren. Als Beispiel seien hier der ADAC oder das Unternehmen Parkopedia mit Sitz in Großbritannien genannt. Derzeit verfügt Parkopedia über Informationen aus 40 Ländern mit rund 28 Mio. Stellplätzen.

3.2 Verkehrsinformationen

Verkehrsinformationen werden von verschiedenen privaten Dienstleistern angeboten.

Die Unterscheidung der Verbreitung und Nutzung von Verkehrsinformationen in Pre-Trip und On-Trip Informationen hat in den letzten Jahren deutlich an Relevanz verloren. Durch die immer weitere Verbreitung von (breitbandigen) Internetverbindungen in Mobiltelefonen oder (im Auto integrierten) Navigationsgeräten stehen die Datenquellen jederzeit zur Verfügung.

Verkehrsinformationen werden kartenbasiert angeboten, d. h. die Daten werden direkt in einer Karte angezeigt. Listeninformationen sind nur noch ergänzende zu sehen.

3.2.1 Pre-Trip-Informationen

Die Informationsfülle, die angeboten wird, hat sich in den letzten Jahren stetig vergrößert. Während zu Beginn die reine Verkehrsinformation (Level-of-Service) im Fokus stand, werden nun auch weitere Informationen bereitgestellt, die den Verkehrsteilnehmer interessieren können.

Pre-Trip-Informationen werden häufig durch die öffentliche Hand, in diesem Fall meist durch die Bundesländer, in Verkehrsinformationsportalen im Internet angeboten.

Ähnliche Angebote privater Anbieter sind oftmals auch frei verfügbar. Hier sind als Beispiel zu nennen:

- ADAC (maps.adac.de)
- Google (google.maps.com)
- HERE (here.com)
- INRIX (inrixtraffic.eu)
- TomTom (routes.tomtom.com

In den Internetportalen werden folgende Verkehrsinformationen angeboten:

- Flächendeckende Verkehrslage für Städte und Autobahnen,
- Level-of-Service (basierend auf der Abweichung zur Referenzgeschwindigkeit),

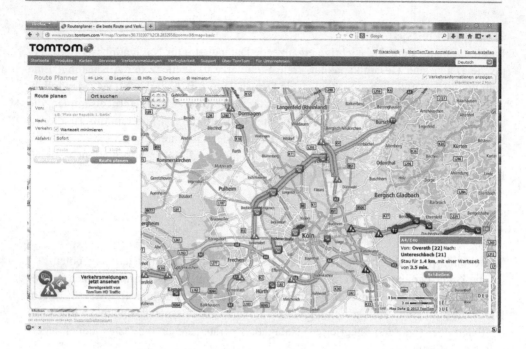

Abb. 9 Screenshot der Verkehrslage von TomTom. Es werden Abschnitte angezeigt auf denen eine Störung vorliegt. (Quelle: Copyright Firma TomTom; Mit freundlicher Genehmigung von Thomas Henkel Firma TomTom)

- (Verlust-)Reisezeiten,
- Baustelleninformationen auf Bundes- und Landesstraßen,
- Verkehrsmeldungen und
- Web-Cam-Bilder.

Oft wird gleichzeitig eine Möglichkeit zur Routenplanung angeboten. Die Darstellung verfolgt in den Portalen unterschiedliche Philosophien. Während z. B. der ADAC, Google die Verkehrslage als Level-of-Service darstellen, geht TomTom einen anderen Weg. Hier werden nur die Abschnitte, auf denen Verkehrsstörungen vorliegen, auf der Karte farblich gekennzeichnet und mit weiteren Informationen hinterlegt, wie einer Wartezeit (Abb. 9).

Die Verkehrsinformationen werden oft durch andere Informationen ergänzt, die den Autofahrer interessieren könnten, aber nicht direkt mit dem Verkehrsgeschehen in Verbindung stehen:

- Wetterinformationen
- Position von Tank- und Rastanlagen
- Touristische Informationen
    - Hotels
    - Restaurants
    - Sehenswürdigkeiten

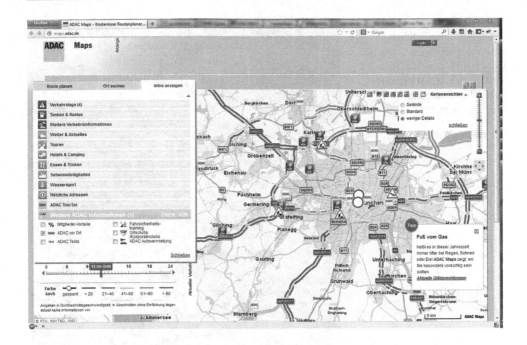

Abb. 10 Screenshot des Internetauftritts des ADAC. Neben allgemeinen Verkehrsinformationen werden auch spezielle Informationen des ADAC angezeigt. (Quelle: Copyright ADAC/PTV. Mit freundlicher Genehmigung von Herrn Möwes, PTV und Herrn Marohn ADAC)

In den Angeboten der Dienstleister können auch spezifische Informationen des Dienstleisters selbst eingebunden werden. Ein Beispiel ist in Abb. 10 für das Internetangebot des ADAC gegeben. Hier gibt es neben den oben genannten, in verschiedenen Internet-Auftritten angebotenen Daten, auch Information zu beispielsweise den ADAC-Standorten oder Institutionen, welche Vorteile für die Mitglieder bieten.

3.2.2 On-Trip-Informationen

On-Trip Informationen werden über Navigationsgeräte und Apps für Smartphones bzw. Tablets verbreitet. Dies ist aufgrund der inzwischen durchgehenden Verfügbarkeit von mobilem Internet und den geringen Kosten inzwischen möglich. Auch Navigationsgeräte mit ständiger Internetverbindung (connected devices) sind weit verbreitet. Die Verbreitung über Digitalradio erfolgt durch einige Rundfunkanstalten (BR, NDR, WDR).

Durch die Verfügbarkeit von mobilem Internet können die Nutzer direkt mit aktuellen Verkehrsinformationen versorgt werden und es existiert nun ein neuer Verbreitungskanal, um auch Meldungen und Empfehlungen der öffentlichen Hand direkt an die Verkehrsteilnehmer weiterzuleiten, ohne neue kostspielige Infrastruktur errichten zu müssen.

Abb. 11 Übersicht verschiedener kostenfreier Smart-
phone Applikationen. (Quelle:
Copyright Firma TomTom;
INRIX; ADAC; Mit freund-
licher Genehmigung dieser
Unternehmen])

Applikationen für Smartphones werden von allen in diesem Artikel genannten Dienst-leistern angeboten (s. Abb. 11 und 12). Oftmals gibt es unterschiedliche Versionen – kos-tenfrei und kostenpflichtige Applikationen. Die kostenpflichtigen Apps unterscheiden sich durch die Inhalte aber vor allen Dingen durch die Funktionalität. Zum Beispiel enthält die kostenlose Version von „ADAC Maps für Smartphones" Verkehrsinformationen oder und Routenplanung an, enthalten aber keine Parkinformationen an, die in der Variante für die Mitglieder enthalten sind.

Die Applikationen sind kartenbasierte Anwendungen, in denen eine Routingfunktion eine zentrale Rolle spielt. In der Karte werden der Verkehrszustand, weitere Verkehrs-informationen wie Baustellen oder Warnhinweise dargestellt.

Abb. 12 Screenshot der
INRIX-App mit einer Routenempfehlung. (Quelle: Copyright Firma INRIX Inc; Mit
freundlicher Genehmigung von
René Fritz INRIX Europe)

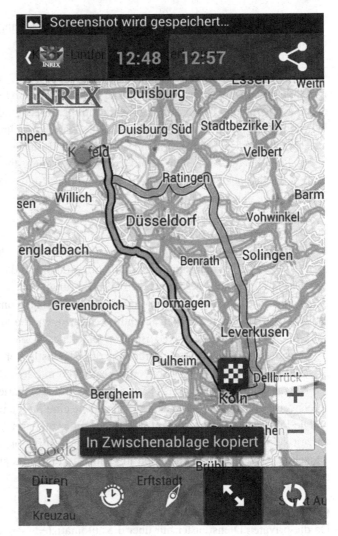

4 Managementprozesse

4.1 Strategiemanagement

Aufgabe der privaten Dienstleister ist nicht die Optimierung von Strategien für ein spezi-
fisches Verkehrsnetz, sondern die Bereitstellung optimaler Daten für ihre Kunden, da sie
hier im Wettbewerb zu anderen Anbietern stehen.

Eine hohe Durchdringung von privaten Diensten kann daher eine verkehrslenkende
Wirkung entfalten. Dabei sind die Strategien der Verkehrsmanagementzentralen eine
wichtige Information für Navigationsdienste, da die öffentliche Hand in der Regel regional über präzisere Informationen und große Erfahrungen verfügt.

Daher ist ein Austausch von Strategien über den MDM angedacht, der für beide Seiten einen Mehrwert erzeugt.

4.1.1 Prozessschritte

Die Erzeugung einer Strategie bzw. Route für einen einzelnen Verkehrsteilnehmer erfolgt durch das Routing. Dieses wird durch Algorithmen erzeugt, deren Ergebnisqualität deutlich von der Kartengrundlage abhängt. Ist die Kartengrundlage gut, können gute Ergebnisse erzielt werden. Sind einzelnen Daten, wie zum Beispiel die Freiflussgeschwindigkeit im nachgeordneten Netz nicht korrekt versorgt, so kann dies zu schlechten Ergebnissen führen, da die hohe Geschwindigkeitswerte auf den Routen im nachgeordneten Netz beispielsweise zu einem Re-Routing von der Autobahn führen.

4.1.2 Strategisches Netz

Die Definition eines strategischen Netzes, auf dem Maßnahmen des Verkehrsmanagements umgesetzt werden erfolgt durch die öffentliche Hand als Betreiber des Straßennetzes. Das strategische Netz basiert auf den Erfahrungen, welche beispielsweise die Mitarbeiter einer Verkehrsmanagementzentrale beim Verkehrsmanagement gesammelt haben. Üblicherweise werden alle Netzabschnitte einbezogen, die von verkehrlicher Bedeutung sind. In einem strategischen Netz ist also viel lokales Wissen enthalten.

Über dieses lokale Wissen verfügen private Dienstleister nur selten, da sie durch ihr Geschäftsgebiet sehr viel größere Netze bearbeiten müssen. Daher bewerten die Anbieter die Netzabschnitte auf Grundlage der Attribute von Navigationskarten. Diese halten beispielsweise Functional Road Classes vor, welche eine Straße in rund 9 Kategorien einteilt.

Die von Verkehrsmanagementzentralen definierten strategischen Netzen spielen hier zurzeit keine Rolle, unter anderem da häufig die von regional Zentralen definierten strategischen Netzen und die auf ihnen implementierten Strategien den kommerziellen Anbietern nicht bekannt sind.

4.1.3 Handlungsspektrum

Da die privaten Dienstleister nur über die automatisierte Auswertung von Verkehrsinformationen auf Basis von Routing Algorithmen verfügen, ist das Handlungsspektrum sehr eingeschränkt.

Durch die Einführung des Mobilitäts-Daten-Marktplatz besteht inzwischen die Möglichkeit, Informationen über die Maßnahmen des Verkehrsmanagements auf bundesweit standardisierte Weise (DATEX 2) zu beziehen.

4.1.4 Strategieentwicklung

Während die Strategieentwicklung bei der öffentlichen Hand einen großen Raum einnimmt, beschränkt sie sich bei den privaten Dienstleistern derzeit darauf, wie ein automatisierter Algorithmus Strategien auf Basis aktuelle Daten errechnen kann.

4.1.5 Strategieumsetzung

Bei der Strategieumsetzung können die Daten der privaten Anbieter helfen, da sie teilweise Daten liefern können, die über den derzeitigen Datenbestand der öffentlichen Anbieter hinausgehen. Genannt seien hier Reisezeiten (Abb. 8).

4.2 Ereignismanagement

Ereignisdaten sind für die Anbieter privater Verkehrsinformationsdienste von großer Bedeutung: Zum einen als Eingangsdaten für die Berechnung von Verkehrslage und Reisezeiten, zum anderen bieten sie häufig auch selber Meldungsdienste an. In diesen sind nicht nur die allgemein zugänglichen öffentlichen Meldungen enthalten, sondern auch selbst generierte Ereignismeldungen. Es werden Algorithmen implementiert, die vollautomatisch Meldungen auf Grundlage der vorliegenden Rohdaten erzeugen. Diese automatisch generierten Meldungen werden dann z. T. noch durch eine Verkehrsredaktion plausibilisiert, zum Beispiel durch Rückgriff auf Webcam Bilder.

Daneben greifen die Anbieter auch auf user-generated-content zurück. So können die Nutzer über Apps oder telefonisch Meldungen absetzen oder aber vorhandene Meldungen ablehnen oder bestätigen Abb. 13.

4.2.1 Baustellen

Die Beschaffung und Integration von Baustelleninformationen sind ein großes Problem, das sich besonders im nachgeordneten Netz zeigt.

Die Baustellen auf Autobahnen und teilweise auf Bundesstraßen sind noch relativ gut zu beschaffen. Die meisten Länder in Deutschland stellen die aktuellen Baustellen unter anderem über den MDM bereit, von wo sie durch die privaten Dienstanbieter abgerufen werden können. Baustellen auf Landstraßen oder innerhalb der Städte liegen nur in sehr begrenzten Umfang vor. Beispiele sind die Datenfeeds der Landeshauptstadt Düsseldorf auf dem MDM [8].

4.2.2 Veranstaltungen

Gesicherte Informationen über Veranstaltungen und deren verkehrliche Auswirkung liegen noch in geringerem Maße vor. So sind beispielsweise Sperrungen aufgrund eines Marathons in der Regel nur schwer in bearbeitbarer Form zu beschaffen. Positive Beispiele findet man bei der VMZ-Berlin.

4.3 Störfallmanagement

Die privaten Anbieter nutzen ihre eigenen Informationen auch zur Erkennung von Störfällen [9]. So bietet die Firma INRIX beispielsweise automatisierte Störfalldetektion an Abb. 14.

Dargestellt sind die GPS-Rohdaten in einem Raum-Zeit-Diagramm. Die Punkte stellen die Messungen eines Fahrzeugs dar. Stammen die Punkte von einem Fahrzeug, so werden diese mit einer Linie verbunden. Die Farbe der Linie entspricht der jeweils gemessenen Geschwindigkeit (grün = freier Fluss, gelb=zähfließend, rot = gestaut, schwarz=stehendes Fahrzeug).

Anhand der vorliegenden GPS-Rohdaten kann man über Korrelationen eine Sperrung aus den Daten des Raum-Zeit-Diagramms erkennen und diese zum Teil früher als die Polizei melden. Zusätzlich kann man die Meldung noch durch Nutzer vor Ort bestätigen lassen (user-generated content).

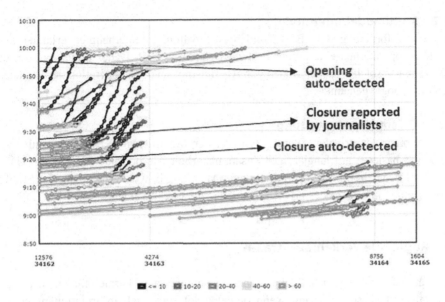

Abb. 14 Beispiel von GPS-Rohdaten zur Erkennung einer Sperrung. (Quelle: INRIX, Copyright INRIX Inc. Mit freundlicher Genehmigung René Fritz INRIX Europe GmbH)

Ein weiterer großer Vorteil entsteht auch bei der Abmeldung einer Störung, da diese in der Regel früher als bei stationärer Detektion erfolgen kann.

Die Anbieter, die über eine große Flotte von Floating-Car-Daten verfügen, haben auch Informationen im nachgeordneten Netz. Informationen auf dem nachgeordneten Netz sind bei der öffentlichen Hand, die zum größten Teil auf stationäre Detektoren angewiesen sind, oft nur rudimentär vorhanden.

5   Kooperationspartner

Die Kooperationspartner der privaten Dienstleister sind vielfältig. So werden beispielsweise auch FC-Rohdaten von Dritten beschafft. Grundsätzlich hängt die Anzahl und Tiefe der Kooperationen auch vom jeweiligen Dienstleister ab. So kann man sicherlich feststellen, dass der ADAC durch seine langjährige Tätigkeit bereits vielfältige Kooperationen unterhält, während ein global agierendes Unternehmen wie Google zunächst ebenfalls nach global agierenden Partnern Ausschau hält.

5.1   Grundlagen und Formen der Zusammenarbeit

5.1.1   Zentral/Dezentral

Die Zusammenarbeit mit Partnern ist immer dezentral, d. h. ein Informationsanbieter versucht möglichst mit allen regionalen Partnern direkt zusammenzuarbeiten.

5.1.2   Multimodal/intermodal

Durch die Anforderungen der B2B-Kunden, z. B. Automobilunternehmen, erlangen intermodale Kooperationen eine immer größere Bedeutung [16]. Daher findet man mittlerweile verstärkt solche Kooperationen vor. Als Beispiel sei die Kooperation der Deutschen
Bahn mit Google genannt.

5.1.3   Öffentliche Verwaltung

Kooperationen der privaten Dienstleister mit der öffentlichen Verwaltung finden sich
häufig und basieren auf langjähriger Zusammenarbeit wie beispielsweise beim ADAC.
Manchmal beinhaltet die Kooperation einen Datentausch, wobei die Daten der Straßen-
bauverwaltung mit denen des privaten Anbieters getauscht werden.

5.2   Regionale Verkehrszentralen

Grundsätzlich sind regionale Verkehrszentralen interessante Partner für einen privaten
Dienstleister. Insbesondere dann, wenn sie gebündelte regionale Informationen über einfach zu adressierende Schnittstellen zur Verfügung stellen können.

5.3   Verkehrsunternehmen im Öffentlichen Verkehr

Die Potenziale in der Zusammenarbeit von privaten Dienstleistern mit Verkehrsunternehmen im öffentlichen Verkehr sind noch sehr groß. Typischerweise benötigen die Verkehrsunternehmen selber eine detaillierte lokale Verkehrslage, um ihre betriebstechnischen
Aufgaben zu erfüllen. Das Interesse an Verkehrsinformationen ist daher sehr groß. Bisher
ist die mangelnde räumliche Auflösung der Verkehrsinformationen ein Hemmschuh.

5.4   Polizei

Die Polizei arbeitet verschiedentlich mit den privaten Dienstleistern zusammen. Die Po-
tentiale im Bereich der automatisierten Meldungsgenerierung sind sehr groß, so dass man
in Zukunft sicherlich noch interessante Entwicklungen erwarten darf.

5.5   Rundfunkanstalten

In einigen Ländern, z. B. Großbritannien, gibt es schon eine intensive Zusammenarbeit
der öffentlichen und privaten Rundfunkanstalten mit den privaten Dienstleistern. Sicherlich stehen die privaten Dienstleister mit den Bezahldiensten im Wettbewerb mit den öf-

fentlich rechtlichen Rundfunkanstalten, da kostenfreie Services mit einer hohen Qualität bereitstellen.

5.6 Private Dienstleister

Die Kooperation mit anderen Dienstleistern ist von großer Bedeutung für alle privaten Dienstleister. Häufig findet eine Kooperation mit spezialisierten Diensten statt, z. B. mit dem Anbieter Parkopedia für Parkdaten, Vizzion für Verkehrskameras oder verschiedenen Anbietern für die Benzinpreise an Tankstellen.

5.7 Bedeutende Verkehrserzeuger

Kooperationen mit den Verkehrserzeugern wie Messen, Flughäfen oder Veranstaltungsorten in einer Region und privaten Dienstleistern sind kaum bekannt. Es ist davon auszugehen, dass dies in den nächsten Jahren eine größere Bedeutung spielen wird.

5.8 Betreiber von Verkehrsanlagen

Wichtige private Betreiber von Verkehrsanlagen sind die Hafenlogistiker. Hier ist als Beispiel die HPA (Hamburg Port Authority) zu nennen. Die HPA unterhält ein eigenes Verkehrsmanagement für das Straßennetz des Hamburger Hafens, das Port Road Management [17]. Ziel dessen ist ein effizientes Verkehrsmanagementkonzept zur Optimierung des Verkehrsflusses im Hafengebiet „dass die Hafenkunden möglichst problemlos ans Ziel kommen". Die Wartung und der Ausbau aller Fahrstraßen im Hafen gehört ebenso zu den Aufgaben. Derzeit gibt es einen Erfahrungsaustausch zwischen dem ADAC und der HPA über Floating-Car-Daten [18].

6 Qualität und Wirkungen

6.1 Qualitätsmanagement organisatorischer Prozesse

Ein Wichtiger Aspekt im organisatorischen Qualitätsmanagement ist der Einsatz von eigenen Verkehrsredaktionen bzw. Verkehrszentralen, die ständig die technischen Systeme betreuen. Wenn Störfälle wie Stauereignisse auch durch automatische Systeme und Algorithmen erkannt werden, können diese durch die Redaktionen bewertet und qualitätsgesichert werden. Zur Validierung werden häufig Webcam-Bilder genutzt, mit denen die Redakteure die Existenz von Sperrungen oder Staus validieren können.

6.2   Qualitätsmanagement technischer Prozesse

Qualitätsmanagement findet auf mehreren Ebenen statt:

* Qualität der Eingangsdaten
* Qualität der Services
* technische Qualität der Dienste

Qualität der Eingangsdaten Wie bereits in Abschn. 2.3.2 geschildert, werden die Eingangsdaten einer ständigen Prüfung auf Grundlage von statistischen Verfahren unterworfen. Neben dem unmittelbaren Ausschluss von einzelnen nicht plausiblen Daten ist ein weiteres Ergebnis dieses Monitorings auch eine Bewertung der verschiedenen Datenlieferanten.

Inhaltliche Qualität der Services Ein weiterer Aspekt ist die Qualität der Dienste. Um die Qualität der Verkehrsinformationen für den Kunden transparent zu gestalten, werden die übermittelten Daten mit Qualitätskennzahlen bewertet. Dabei handelt es sich um Konfidenzwerte, welche die Verlässlichkeit der Daten auf Grundlage des gewählten statistischen Verfahrens wiedergeben, z. B. Anzahl Datenpunkte.

Ein ähnlicher Ansatz wurde durch Krampe et al. [6] verfolgt. In einem Pilotprojekt mit GPS-Rohdaten Archiven des ADAC wurde auf der A2 in Niedersachsen ein FCD-Bewertungskennwert ermittelt. Dieser Bewertungskennwert wurde viertelstündlich ermittelt. Basis der Berechnung waren die Detektionshäufigkeit pro Zeitabschnitt und Streckensegment sowie die Schwankung der Geschwindigkeitswerte der Messungen. Im Ergebnis zeigte sich, dass auf einzelnen Abschnitten mehrere hundert Messwerte im Viertelstundenintervall vorlagen.

Bei den Geschwindigkeitsschwankungen zeigte sich allerdings, dass in gebundenen Verkehrszuständen die Schwankungen mit zunehmender Messwertanzahl vergrößert wurden. Dies wirkte sich negativ auf den Bewertungskennwert aus. Ein wünschenswertes Verhalten wäre, dass sich der Bewertungskennwert bei einer höheren Anzahl Messwerte tendenziell verbessert. Es ist festzuhalten, dass noch Arbeiten zur Verbesserung der Definition des Bewertungskennwerts gerade für hochbelastete Autobahnen notwendig sind.

Neben diesen in der Regel intern vom Anbieter ermittelten Qualitätsparameter werden aber auch häufig intensive Tests der Dienste Qualität extern durch die Kunden der Dienstanbieter, bzw. gemeinsam von Anbieter und Kunden durchgeführt [19]. Dabei hat sich eine Reihe von Vorgehensweisen etabliert.

Eine populäre Methode zur Validierung der Verkehrsinformationen ist der Vergleich der FCD-Reisezeiten mit externen Messungen der Reisezeit. Dies kann zum Beispiel durch Testfahrten geschehen [6]. Diese haben allerdings den Nachteil, dass in der Regel nur eine relativ geringe Anzahl an Testfahrten durchgeführt werden kann, so dass die statistische Aussagekraft der daraus ermittelten Referenzreisezeit gering ist. Alternativ werden inzwischen häufig Reisezeitmessungen mit Bluetooth-Readern durchgeführt [20, 21]. Damit kann eine deutlich größere und damit aussagekräftigere Stichprobe erhoben werden.

Ein anderes gängiges Maß zur Beurteilung von Verkehrsinformationen auf einer höheren Aggregationsstufe, nämlich als Staumeldungen, sind die Qualitätsindizes QKZ und QFCD. Diese geben die Detektionsrate bzw. die Fehlalarmrate der Meldungen eines Dienstes im Vergleich zu einer aus statischen Sensordaten (QKZ) oder Befahrungen (QFCD) rekonstruierten Verkehrslage für einen Netzabschnitt wieder [22].

Um eine Bewertung auf Ebene des Level-of-Service durchzuführen, wird die QBench-Methode verwendet, bei der die gemeldete Reisezeit mit einer durch Befahrungen ermittelten Reisezeit und der Freifluss-Reisezeit in Bezug gesetzt wird [23].

Technische Qualität der Dienste Um die hohen Anforderungen an die technische Qualität der Services zu gewährleisten, ist ein ständiges Monitoring der eigenen Hard- und Softwareressourcen durch die Anbieter nötig. Damit soll eine ständige weltweite Verfügbarkeit (24/7) der Services gewährleistet werden.

6.3 Evaluierung verkehrstechnischer Maßnahmen

Zur Evaluierung verkehrstechnischer Maßnahmen stehen der öffentlichen Hand mit den Daten der privaten Dienstleister neue Möglichkeiten zur Verfügung, um beispielsweise zu ermitteln, wie sich die Schaltung einer Netzbeeinflussungsanlage auf die Reisezeit auswirkt. In diesem Bereich stehen viele neue Möglichkeiten zur Verfügung.

6.4 Bilanz/Wirkung des Maßnahmenverbunds

Auch bei einer Bilanz bzw. Wirkung eines Maßnahmenverbunds stehen neue Wege offen, die Wirkung der Maßnahmen der öffentlichen Hand zu bewerten. So können zum Beispiel durch die Floating-Car Daten die Staustunden in Baustellen besser ermittelt werden. Sicherlich ist aufgrund der fehlenden Verkehrsmengen zur Ermittlung der gesamten Staustunden eine Verknüpfung mit den Messstellen der öffentlichen Verwaltung notwendig. Die Fusion der beiden Datenbestände kann hier gute Ergebnisse liefern.

7 Perspektiven

7.1 Strategische Entwicklungslinie

Die geschäftliche Entwicklung der privaten Dienstleister hat in den letzten Jahren einen positiven Verlauf genommen. Die Verfügbarkeit von Informationen hat in kurzer Zeit stark zugenommen, so dass nun auch neue Märkte bzw. Kunden erschlossen werden können. Dabei sind im Bereich der Privatkunden neue Wege zu definieren. So verfügen viele Verkehrsteilnehmer schon über ein Navigationsgerät und es müssen Argumente angeführt werden, welche Vorteile ein neues Navigationsgerät bringt. Auch die Konkurrenz durch Smartphone-Applikationen, die schon in einer kostenfreien Version erstaunlich gute Informationen liefern, ist groß.

Daher sind derzeit verschiedene strategische Entwicklungslinien zu erkennen:

- Verbesserung der Zusammenarbeit mit der öffentlichen Hand
  Neben den Automobilherstellern ist der Markt der Zusammenarbeit mit der öffentlichen Hand sehr groß, da die öffentliche Verwaltung zur Erfüllung ihrer Aufgaben in verschiedenen Anwendungsfällen Floating-Car Daten gut verwenden kann. Insbesondere die Zusammenarbeit mit den Kommunen wird in den nächsten Jahren noch vertieft werden.
- Erschließung neuer Länder
  Neben der Vertiefung der Zusammenarbeit auf dem jeweiligen Markt, steht die räumliche Ausdehnung auf andere Länder eine große Rolle. Als Beispiel sind hier vor allen Dingen die BRIC-Länder Brasilien, Russland, Indien und China zu nennen. Bedingt durch Bevölkerungswachstum und den zunehmenden Grad der Motorisierung werden die Verkehrsprobleme gerade in den Mega-Cities weiter wachsen.

7.2   Konzeptionell-inhaltliche Weiterentwicklung

Konzeptionell und inhaltlich stehen verschiedene Aspekte im Vordergrund, z. B.:

- Verfahren zur Bestimmung der Qualität
  Aus Sicht der öffentlichen Verwaltung müssen vor einem flächendeckenden Einsatz von Verkehrsdaten Informationen zur Qualität vorliegen. Von besonderer Bedeutung ist beispielsweise die Anzahl der Fahrzeuge, die zu einem Messergebnis beitragen. Diese wird in der Regel als Durchdringungsrate bezeichnet. Für diese Fragestellungen gibt es bisher nur wenige Grundlagen oder Verfahren. Diese werden derzeit zwischen den Anbietern und der öffentlichen Hand erarbeitet.
- Weiterentwicklung der Produkte
  Die FC-Daten ermöglichen die Entwicklung verschiedener Produkte, die für verschiedene Märkte interessant sein können. So können beispielsweise auf Basis der FC-Daten eine Staulänge, die Position des Stauendes oder der Reisezeitverlust ermittelt werden. Informationen, die zur Generierung von Verkehrsmeldung oder zur Erhöhung der Verkehrssicherheit eine bedeutende Rolle spielen können.

Sicherlich steht die Nutzung von FC-Daten auch im Bereich der öffentlichen Verwaltungen erst an ihrem Anfang. Werden die wichtigen Fragen nach Qualität von den privaten

Dienstleistern erfolgreich beantwortet, wird dies zu einem weiteren Anstieg der Qualität des Verkehrsmanagements führen.

Literatur

1. Van de Weijer C, Rutten B (2012) How Navigation Centric Traffic Management is rapidly changing traffic management already today, 19th ITS World Congress, Wien
2. INRIX (2011) I-95 VPP Interface Guide, http://www.i95coalition.org/i95/Portals/0/Public_Files/uploaded/Vehicle-Probe/I-95 VPP IF Guide v4 February 2013 (Final).pdf
3. HERE Api http://developer.here.com
4. INRIX Api http://demo.inrix.com
5. TOMTOM Api http://developer.tomtom.com
6. Krampe S., Trupat S, Wahle J (2014) Qualitätsbewertung von FC-Daten zur Verkehrslageermittlung und Integration in verkehrstelematische Anwendungen in Niedersachsen, erscheint in Tagungsband HEUREKA 2014
7. Immisch, K. Jehlicka P., Schlaich J., Otterstaetter T., Friedrich M. (2011) Mobilfunkdaten im Verkehrswesen – Teil 1: Beobachtung von Ortsveränderungen/Teil 2: Anwendungen von Mobilfunktrajektorien/Mobile phone data in transportation, Straßenverkehrstechnik, Volume 55 (3), Forschungsgesellschaft für Straßen- und Verkehrswesen (FGSV)
8. BASt, Mobilitäts Daten Marktplatz http://service.mdm-portal.de/mdm-portal-application/
9. Chapman et. al. (2012) Determining Road Traffic Conditions Using Multiple Data Sources, US Patent US8090524B2
10. Bundesnetzagentur (2013) „Jahresbericht 2012", http://www.bundesnetzagentur.de/SharedDocs/Downloads/DE/Allgemeines/Bundesnetzagentur/Publikationen/Berichte/2013/130506_Jahresbericht2012.pdf?__blob=publicationFile&v=4
11. Hiestermann V., Map-independent location matching certified by the AGORA-C standard, Transp. Res. C, 16, 307
12. www.openlr.org
13. TISA www.tisa.org
14. Wahle J, (2001) Information in intelligent transportation systems. Dissertation 2001, Universität Duisburg-Essen
15. Isaac G, Lange T (2012) Split Routing as a part of the urban navigation,, 19th ITS World Congress, Wien
16. Borghols-Wilmink H, Lange T (2012) BMW Seamless Intermodal Routing Service, 19th ITS World Congress, Wien
17. HPA Port Road Management http://www.hamburg-port-authority.de/de/hamburg-port-authority/arbeitsfelder/Seiten/default.aspx
18. ADAC, persönliches Gespräch
19. Brockfeld E. und Sohr A. und Ebendt R. (2010) VALIDATION OF A TAXI-FCD SYSTEM BY GPS-TESTDRIVES. In: Proceedings CD ROM 17th ITS World Congress 2010 Busan, Korea, 17th ITS World Congress, 25.-29. Oct. 2010, Busan, Korea.
20. I95 http://i95coalition.org/i95/Projects/ProjectDatabase/tabid/120/agentType/View/PropertyID/107/Default.aspx
21. Kim, K. (2011), Chien, S., Spasovic, L. „Evaluation of Technologies for Freeway Travel Time Estimation: A Case Study of I 287 in New Jersey", Transportation Research Board Annual Meeting, Washington, 2011

22. Bogenberger K., Mariacher T. (2011) „Quality of Traffic Messages - The Austrian A12 Example" In: Qualität von On-Trip Verkehrsinformationen im Straßenverkehr, Berichte der Bundesanstalt für Straßenwesen, F82, Bergisch-Gladbach
23. Lux C. (2011) „QBench – Evaluation of Traffic Flow Quality". In: Qualität von On-Trip Verkehrsinformationen im Straßenverkehr, Berichte der Bundesanstalt für Straßenwesen, F82, Bergisch-Gladbach
24. INRIX, persönliches Gespräch.

Das Dresdner Verkehrsmanagementsystem VAMOS

Jürgen Kimmling

1 Organisationsform und Rahmenbedingungen

1.1 Aufgabenstellung und Ziele

Das Dresdner Verkchrsmanagementsystem VAMOS wurde im Rahmen des Forschungsprojektes *intermobil* Region Dresden entwickelt und aufgebaut. Die Abkürzung VAMOS
steht für *V*erkehrs-, *A*nalyse-, *M*anagement- und *O*ptimierungs- *S*ystem, worin sich auch
die einzelnen Aufgabenbereiche des Systems widerspiegeln. Als übergeordnete Zielstellung wurde der Aufbau eines intermodalen und baulastträgerübergreifenden Verkehrsmanagementsystems für die gesamte Region Dresden formuliert. Entstanden ist ein Verkehrsmanagementsystem, welches über die Stadtgrenzen Dresdens hinaus und verkehrsträgerübergreifend wirksam ist. Es werden sowohl die aktuellen Verkehrssituationen und
die verkehrlichen Wechselwirkungen zwischen dem innerstädtischen Verkehr und dem
Verkehr auf den stadtnahen Autobahnen A4 und A17 erfasst und beeinflusst als auch die
aktuellen Verkehrssituationen und die verkehrlichen Wechselwirkungen zwischen dem IV
und dem ÖV. Das beinhaltet natürlich auch einen intensiven Informationsaustausch zwischen den einzelnen Komponenten und die Übertragung von Verkehrsinformationen an
die verschiedenen Nutzergruppen.

Im Einzelnen dient das VAMOS-System den klassischen Zielstellungen von Verkehrs-
managementsystemen, also der Sicherung guter Verkehrsqualitäten im Netz, der verkehrsträgerübergreifenden Verkehrsinformation, der Verkehrsflussoptimierung sowie der Ver-
kehrssteuerung- und -lenkung in Ereignisfällen. Mit Hilfe der Kenntnis über die durch die

J. Kimmling (✉)
TU Dresden, Dresden, Deutschland
E-Mail: juergen.krimmling@tu-dresden.de

© Springer Fachmedien Wiesbaden 2014
M. Sandrock, G. Riegelhuth (Hrsg.), *Verkehrsmanagementzentralen in Kommunen*,
DOI 10.1007/978-3-658-04391-9_6

VAMOS-Komponenten erfasste und ausgewertete aktuelle Verkehrslage sollen die Nutzer in die Lage versetzt werden, den Fahrtzeitzeitpunkt, die Verkehrsmittelwahl und die Fahrtroute entsprechend den jeweiligen Erfordernissen und der aktuellen Situation optimal auszuwählen. Dadurch wird sowohl eine individuelle als auch eine optimale Verkehrssituation im Gesamtsystem angestrebt. Mit der Optimierung der Gesamtverkehrslage dient das VAMOS-System gleichermaßen der Verbesserung der Umweltsituation, indem die verkehrsbedingten Emissionen minimiert werden. Durch die Gewährleistung optimaler Verkehrsverhältnisse leistet es ebenfalls einen Beitrag zur Erhöhung der Verkehrssicherheit und für die Sicherung des Wirtschaftsstandortes Dresden.

1.2   Rechtliche Grundlagen und sachliche Zuständigkeit

Das VAMOS-System wurde in einer Kooperation zwischen mehreren Partnern zunächst im Rahmen des Forschungsprojektes „Intermobil Region Dresden" konzipiert und danach schrittweise aufgebaut. Die wesentlichen Partner bei Entwicklung und Aufbau des VAMOS-Systems waren und sind die folgenden Institutionen:

- der Lehrstuhl für Verkehrsleitsysteme der TU Dresden
- das Straßen- und Tiefbauamt der Landeshauptstadt Dresden (STA)
- die Dresdner Verkehrsbetriebe AG (DVB)
- das Landesamt für Straßenbau und Verkehr des Freistaates Sachsen (LASuV, vormals Autobahnamt Sachsen)
- die Taxigenossenschaft Dresden
- weitere Ämter der Stadt Dresden (Vermessungsamt, Straßenverkehrsbehörde)
- die Verkehrsverbund Oberelbe GmbH
- Fraunhofer-Institut für Verkehrs- und Infrastruktursysteme IVI

Bereits während des Forschungsprojektes konnten erste Komponenten des Verkehrsmanagementsystems praktisch erprobt werden, so dass sich alle Partner zur Fortführung und Weiterentwicklung des Systems nach Beendigung des Forschungsprojektes entschlossen. Dazu wurden entsprechende Stadtratsbeschlüsse gefasst, die z. B. die Beteiligung der städtischen Partner untersetzen.

Für die einzelnen Komponenten des Verkehrsmanagementsystems ist zunächst jeder der beteiligten Partner im Rahmen seiner Verantwortlichkeit zuständig. So liegen sämtliche Komponenten des Straßenverkehrsmanagementsystems der Stadt (z. B. Detektoren, Verkehrsinformationstafeln, dynamische Wegeweiser, Rechner- und Netzwerkkomponenten) in der Obhut des STA. Die Verkehrsmanagementkomponenten auf den BAB A4 und A17 (z. B. Verkehrs- und Streckenbeeinflussungsanlagen, Tunnelsteuerungen, Videokameras, Datenübertragungskomponenten) liegen in der Verantwortung des LASuV, und das RBL-System wird von den Verkehrsbetrieben betreut. Der Datenaustausch wurde unbürokratisch auf der Basis der partnerschaftlichen Zusammenarbeit geregelt und realisiert.

Die TU Dresden pflegt und betreibt einen Teil der Rechner- und Softwarekomponenten im Auftrag des STA. Dabei handelt es sich insbesondere um die Verkehrsdatenbank und die Verkehrsdatenauswertung sowie um die Ansteuerung der Aktorik des VAMOS-Systems (z. B. Verkehrsinformationstafeln, dynamische Wegweiser und Parkpfeile, sowie spezielle LSA-Steuerungen, wie Signalprogrammauswahl bzw. verkehrslageabhängige Schaltung von LSA-Freigabefenstern für den ÖPNV). Darüber hinaus werden die Weiterentwicklung des Systems und die Ergänzung neuer Komponenten von der TU konzipiert und teilweise entwickelt, wie z. B. das grafische Elbbrückeninformationssystem.

1.3   Organisation

Das VAMOS-System stellt einerseits eine Verbindung zwischen den verschiedenen Komponenten der einzelnen Partner her, andererseits wurden im Rahmen des Aufbaus des VAMOS-Systems neue Verkehrsmanagementkomponenten entwickelt und in die Praxis überführt. Im Abb. 1 ist eine schematische Übersicht des VAMOS-Systems dargestellt.

So gab es bereits vor dem Aufbau des VAMOS-Systems im STA der Stadt Dresden eine Leitzentrale zur Betriebsüberwachung der Lichtsignalanlagen, ein dynamisches Parkleit- und Informationssystem und Detektoren zur statistischen Verkehrserfassung. Bei den Verkehrsbetrieben existierte ein RBL-System, und auf der BAB A4 gab es eine VBA und eine Leitzentrale. Eine Aufgabe des Forschungsprojektes *intermobil* war die Vernetzung der einzelnen Zentralen, um den gegenseitigen Datenaustausch zu ermöglichen. Um die Vernetzung der vorhandenen Zentralen zu realisieren, wurde auf vorhandene Datenübertragungsleitungen des STA im Stadtgebiet zurückgegriffen und dies auf Glasfasertechnologie umgerüstet. Zudem wurde der Ausbau von Verkehrsinfrastrukturanlagen wie der Neubau der A17 und verschiedener Autobahnzubringer für die Realisierung der Zentralenverbindungen zwischen der Stadt und dem Autobahnamt genutzt.

Darüber hinaus wurden weitere Komponenten und Funktionalitäten für das Verkehrsmanagementsystem neu aufgebaut und ergänzt, wie das Verkehrsinformationssystem oder das dynamische Wegweisungssystem.

Somit stellt sich das VAMOS-System als ein vernetztes System mehrerer Verkehrsmanagementzentralen dar, über die einerseits Verkehrsdaten der einzelnen Partner erfasst werden andererseits Verkehrsinformationen verbreitet oder Verkehrssteuerungsmaßnahmen umgesetzt werden. Zu den im VAMOS-System vernetzten Systemen gehören die

* Verkehrsmanagementzentrale des STA Dresden und die VAMOS-Zentrale an der TU,
* RBL-Zentrale der DVB,
* Leitzentrale für die Verkehrsbeeinflussungsanlage (VBA) A4 und Streckenbeeinflussungsanlage (SBA) A17 im LASuV,
* Leitzentrale der Taxi-Genossenschaft sowie
* Landesmeldestelle des sächsischen Innenministeriums (Verkehrsfunk).

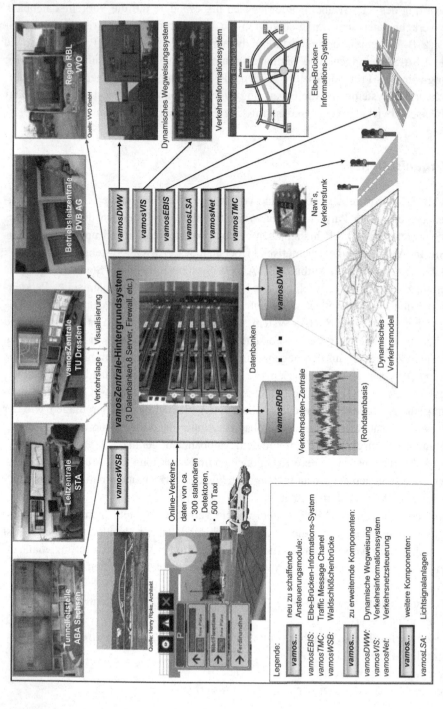

Abb. 1 Schematische Übersicht des VAMOS-Systems. (Quelle: TU Dresden – Lehrstuhl für Verkehrsleitsysteme und -prozessautomatisierung)

Die Verkehrsmanagementzentrale im STA Dresden und die VAMOS-Zentrale an der TU stellen die Hauptkomponenten des VAMOS-Systems dar. In der VMZ des STA sind sämtliche Systeme für die Verkehrsdatenerfassung und für die Verkehrssteuerung miteinander vernetzt. Das betrifft neben den Detektionssystemen für die Dauerzählstellen und die Infrarotdetektoren (TEU) das Überwachungssystem für die LSA, das Parkleit- und -informationssystem, die Tunnelüberwachungs- und Steuerungssysteme, das dynamische Verkehrsinformationssystem, das dynamische Wegweisungssystem und das Elbbrückeninformationssystem. In der VAMOS-Zentrale sind der zentrale Verkehrsdatenbankserver sowie die Server zur Auswertung der Verkehrsdaten und Ermittlung der Gesamtverkehrslage und zur Auswahl der Schalt- und Steuerungsstrategien für die einzelnen Systeme installiert. Von der VAMOS-Zentrale aus erfolgen somit zunächst über das Datennetz des STA die Steuerung der einzelnen Verkehrsmanagementkomponenten und die Beeinflussung des Verkehrs und der Verkehrsteilnehmer.

1.4 Finanzierung

Die Entwicklung und der Aufbau der ersten Stufe des VAMOS-Systems in der Region Dresden erfolgten im Rahmen des Forschungsprojektes *intermobil* Region Dresden, welches vom BMBF gefördert und mit Eigenmitteln des Bundeslandes Sachsen kofinanziert wurde. Für diese Stufe wurden neben Neuentwicklungen auch vorhandene Komponenten, wie z. B. bereits installierte Detektoren, die lediglich vernetzt werden mussten, die VBA auf der A4 oder das LSA-Betriebsüberwachungssystem, genutzt und erweitert. Zur flächendeckenden Einführung der entwickelten Funktionalitäten und dem Aufbau weiterer Systeme in der Praxis wurde anschließend ein Förderprogramm des Landes mit einer Co-Finanzierung der Stadt genutzt. Dazu gab es entsprechende Beschlüsse des Stadtrates der Stadt Dresden. Für Weiterentwicklungen werden momentan auch Förderprogramme der EU mit entsprechender Eigenbeteiligung der Partner genutzt. In allen Entwicklungsstufen wurden soweit möglich, sowieso stattfindende Ausbauvorhaben bzw. Infrastrukturprojekte auch für die Erweiterung der Funktionalität des VAMOS-Systems genutzt.

2 Verkehrstechnisches System

2.1 Systemanforderungen

Die Hauptaufgabe von VAMOS ist es, mit den Möglichkeiten intelligenter Verkehrssysteme, also der Verkehrstelematik einschließlich kooperativer Systeme, einen Beitrag zur bestmöglichen Nutzung der Verkehrsinfrastrukturen in und um Dresden zu leisten.

Hierzu werden im Ballungsraum Dresden die Verkehrszustände fortlaufend und flächendeckend erfasst, verarbeitet und bewertet. Basierend auf den Ergebnissen dieser permanenten Verkehrslageanalyse werden aus dem Portfolio sämtlicher Verkehrsmanagement-Maßnahmen jeweils diejenigen ausgewählt und zur Anwendung gebracht, welche zur Optimierung der Verkehrszustände beitragen.

VAMOS beinhaltet die folgenden funktionalen Eigenschaften:

- VAMOS verschafft den Überblick: Das Verkehrsmanagementsystem stellt Kapazitäts-engpässe oder Behinderungen innerhalb der Verkehrsinfrastrukturen z. B. aufgrund von Staus oder Sperrungen selbstständig fest, ermittelt geeignete Strategien zur Verbesserung der Verkehrslage und bringt diese in der Regel automatisiert zur Anwendung. Dies schließt die Erfolgskontrolle und ggf. erforderliche Nachjustierung ein.

- VAMOS implementiert Intermodalität ab dem ersten Bit: verkehrsträgerübergreifende Vernetzung von Datenerfassungs- und -verarbeitungsprozessen sind ebenso selbstver-ständlich, wie die übergreifende Datenausgabe an die Verkehrsmanagement-Aktorik sowie die synchronisierte Darstellung von Verkehrsinformationssystemen des ÖV und des MIV.

- VAMOS verbindet Baulastträger: Hinsichtlich der Optimierung von Verkehrszuständen stehen die verkehrlichen Wirkungen und Zusammenhänge im Gesamtverkehrssystem im Vordergrund. Speziellen Anforderungen und Eigenschaften, welche sich u. a. auf-grund unterschiedlicher Baulastträgerschaften ergeben, werden von VAMOS geeignete und spezifisch angepasste Lösungen gegenübergestellt. Insgesamt können damit Ent-scheidungen auf einem gemeinsamen Abstraktionslevel getroffen und z. B. für ver-schiedene Baulastträger in Form spezifischer Aktivitäten umgesetzt werden.

- VAMOS vernetzt (in) die Region: der Wirkungsraum von VAMOS soll dem Bedarf des wachsenden Ballungsraums Dresden entsprechen – dies gilt sowohl erfassungsseitig (Detektorik/Sensorik) als auch bei der Verarbeitung und Ausgabe. Damit verbunden sind von vornherein die Forderung nach Möglichkeiten zur
  a. fachlich-verkehrlichen (z. B. algorithmischen),
  b. technologischen (z. B. kooperative LSA) sowie
  c. geografischen Erweiterbarkeit des VAMOS-Systems bis hin zur regionalen Ver-kehrsdaten- und -managementzentrale.

- VAMOS nutzt die Reproduzierbarkeit: Einmal verkehrsrechtlich angeordnete Maßnah-men des Verkehrs- und Mobilitätsmanagements werden unter definierten Bedingungen (Situation) erneut aufgerufen und die erforderlichen Schalthandlungen zur Aktivierung einer vordefinierten Strategie (im Regelfall) ohne Eingriff des Bedienpersonals aus-geführt (unterschiedliche Szenarien). Die zur Aktivierung einer Verkehrsmanagement-Strategie erforderlichen Schalthandlungen können sich dabei auf mehrere vamos-Mo-dule sowie unterschiedliche Subsysteme erstrecken.

- VAMOS arbeitet ohne Wiedersprüche: Die konsequente Anwendung des Single-Source-Prinzips sichert jederzeit ein konsistentes Analyseergebnis für die Prüfung der Verkehrslage. VAMOS erlaubt es, die gesamte Verkehrsmanagement-Aktorik – von der Beeinflussung der Steuerungen wie z. B. an einzelnen oder mehreren LSA, über die gezielte Verbreitung von Informationen über Verkehrsinformationstafeln oder TMC bis hin zum adaptiven Routing mittels Wechselwegweisung oder Übertragung der Routinginformationen bis ins Fahrzeug – perfekt aufeinander abzustimmen.

- VAMOS erlaubt Individualität: VAMOS ermöglicht es, die z. B. aus örtlichen Besonderheiten resultierenden Problem- oder Fragestellungen durch individuell angepasste Konzepte aufzulösen. VAMOS-Module sind daher grundsätzlich frei konfigurierbar, die sogar auf Modulebene durch spezifisch angepasste Module ausgetauscht oder durch solche ergänzt werden können.
- VAMOS erarbeitet Expertise: Aus den datentechnisch erfassten Situationen, den daraufhin angewandten Strategien und dem Vergleich zwischen Prognose und erzielter verkehrlicher Wirkung können Handlungsoptionen und -verbesserungen abgeleitet werden. Dies betrifft nicht nur Nutzung von Telematikanwendungen sondern auch die Rückkopplung an planende Institutionen bspw. der Landeshauptstadt Dresden.

Darüber hinaus bestehen die folgenden nicht funktionalen Anforderungen an das VAMOS-Verkehrsmanagementsystem:

- VAMOS arbeitet vollautomatisch.
- VAMOS erlaubt es, jederzeit akute Schalthandlungen manuell vorzunehmen.
- VAMOS verhält sich robust z. B. gegenüber Fehlern von Subsystemen.
- VAMOS führt über die Abläufe und Entscheidungsprozesse Protokoll.
- VAMOS erlaubt es, Bedienplätze unabhängig von klassischen Zentralen einzurichten.
- VAMOS kann unabhängig von konkreten Endgeräten bedient werden.
- VAMOS wird grundsätzlich – bei voller Funktionalität – webbasiert bedient.
- VAMOS erlaubt es, Bedienhandlungen zu klassifizieren und nach den Maßgaben eines Rechtemanagements zu autorisieren oder zu verweigern.
- VAMOS ist modular aufgebaut; einzelne Module können mit Hilfe abstrahierter Schnittstellen durch kompatible Implementierungen desselben Moduls ersetzt werden.
- VAMOS nutzt (wiederverwendbare) Softwarekomponenten. Verbesserungen einer Komponente können in andere Module, die ebenfalls diese Komponente nutzen, zurückgespiegelt werden.

2.2 Hard- und Softwarearchitektur

Die Anforderungen, die VAMOS an die zugrunde liegende Hardware stellt, leiten sich im Wesentlichen aus Kundenwünschen ab. Empfohlen wird, als Hintergrundsystem auf moderne Serversysteme zurückzugreifen, welche den Anforderungen eines 24-Stunden-Betriebes genügen. Die Anzahl und Ausstattung der Serverkomponenten richtet sich danach, welche Softwaremodule zum Einsatz kommen. Je nach gewünschtem Ausbaugrad kann hier eine nahezu beliebige Skalierung vorgenommen werden.

Ähnlich gestalten sich die Anforderungen, welche an die notwendige Vernetzung aller Komponenten gestellt werden. Wie die Serversysteme sind die aktiven Netzwerkelemente

ebenfalls für den Dauerbetrieb zu spezifizieren. Empfohlen wird, unabhängig vom Ausbaugrad, zunächst einen leistungsfähigen Backbone aufzubauen. Damit ist zunächst ein
autarker Betrieb gewährleistet.

Werden externe Systeme, wie beispielsweise weit entfernte Verkehrssteuerungen oder
Datenquellen angebunden, darf die Netzwerksicherheit nicht außer Acht gelassen werden.
Als Mindestanforderung gilt hier der Einsatz einer geeigneten Firewall-Lösung. Weitere
Maßnahmen sind hier von Einsatz zu Einsatz spezifisch zu prüfen und abhängig vom „Be-
drohungspotential" zu planen.

Genau wie die Hardware ist auch die Software modular und unabhängig von einer
Plattform aufgebaut. Die Verteilung der Software auf unterschiedliche Hardware ist dadurch gegeben, dass zwischen den Modulen Client-Server-Beziehungen bestehen. Auch
dieser Ansatz trägt zu einer sinnvollen Skalierung des gesamten Systems bei.

Es existieren einige wenige Kernmodule, die für den Betrieb von VAMOS unablässig
sind. Alle darüber hinausgehenden Funktionalitäten sind optional und werden kunden-
spezifisch angeboten. Das kann sowohl die Ansteuerung einer speziellen Hardware sein,
die Anbindung und Aufbereitung einer neuen Datenquelle oder ein speziell angepasstes
Modul zur Datenfusion. Damit bleibt stets eine hohe Flexibilität gewahrt, die eine individuelle Anpassung an unterschiedliche Einsatzfälle gewährleistet.

Einmal eingerichtet ist das System darauf ausgelegt, automatisch und im Hintergrund
seinen Dienst zu leisten. Zur Visualisierung, Parametrierung und Handeingabe steht dem
Nutzer ein Management-Portal zur Verfügung. In dieser webbasierten Nutzeroberfläche
können verschiedene Nutzer, abhängig von zuvor durch einen Administrator zentral ver-
gebenen Rechten, Eingriffe im System vornehmen, Parameter oder/und Prozesszustände
einsehen. Die entsprechende netzwerktechnische Anbindung vorausgesetzt kann ein Operator Bedienhandlungen von einem beliebigen Ort aus vornehmen und ist somit nicht an
einen bestimmten Arbeitsplatz gebunden.

2.3   Technische Grundlagen und Basistechnologien

2.3.1   Datenerfassung

Für die Aufgaben des Dresdner Straßen- und Tiefbauamts und des Landesamtes für Straßenbau und Verkehr als Baulastträger sowie der Dresdner Verkehrsbetriebe als lokales
öffentliches Verkehrsunternehmen kommen Verkehrsdetektionssysteme verschiedener
Ausprägung zum Einsatz. Es werden Kenngrößen des fließenden und ruhenden MIV als
auch des ÖPNV in Dresden erfasst und in VAMOS einbezogen.

Initial handelt es sich bei der Detektion des fließenden Straßenverkehrs um die Identifikation der Anwesenheit von Fahrzeugen im Detektionsbereich von Erfassungseinheiten
verschiedener Wirkprinzipien bzw. die Ermittlung der Positionskoordinaten von Fahrzeugen mittels GNSS-Empfänger.

Den einfachsten Anwendungsfall stellt für stationäre Detektoren die Nutzung einer
Präsenzinformation dar. So wird z. B. mittels Einzel-Induktionsschleifen oder virtuellen

Detektoren bei einer Videoerfassung mit Bildauswertung die verkehrsabhängige Steuerung von LSA realisiert. Da nahezu alle ca. 500 LSA in Dresden verkehrsabhängig betrieben werden, handelt es sich um mehrere Hundert dieser Detektoren.

Wird für die Präsenz deren zeitlicher Verlauf betrachtet, also die Abfolge von Belegung und Nicht-Belegung, so kann die Verkehrsmenge ermittelt und ins VAMOS- Verkehrsmengenabbild eingebunden werden.

Befinden sich zwei Detektoren mit einem bekannten Abstand direkt benachbart (klassische Doppelinduktionsschleifen nach TLS), so kann mit Hilfe des zeitlichen Versatzes der Aktivierung der Detektoren bei Überfahrt eines Fahrzeugs auf dessen Geschwindigkeit geschlossen werden. Wichtigster Vertreter dieses Detektionstyps sind Doppelinduktionsschleifen (ca. 150 im Stadtgebiet und ebenso ca. 150 auf den Autobahnen) sowie Infrarotdetektoren (ca. 60). Typischer Weise sind sie an Stauschwerpunkten lokalisiert und bilden den Kern der Verkehrslageerfassung von VAMOS. Unter Kenntnis der Eigenschaften des Netzelements auf welchem sich die Detektionseinheit befindet, kann zusätzlich auf die Reisezeit geschlossen werden. Dies ist für die Wahl von Prognosehorizonten bei der Verkehrsinformation von Bedeutung.

Ergänzt wird das Verkehrslagebild durch Informationen eines streckenbezogen FCD-Systems. Von Taxis werden die alle maximal 5 s erfassten Positionsdaten an VAMOS übermittelt, ein Map-Matching vorgenommen, Geschwindigkeiten ermittelt und darauf aufsetzend Fahrprofile abgeleitet, die letztendlich eine Verkehrslageaussage zulassen. Die Datenbereitstellung erfolgt von ca. 500 Fahrzeugen. Aus den ermittelten Geschwindigkeiten können wiederum Fahrzeitinformationen gewonnen werden. Deren Bündelung zu Tagesganglinien für alle Netzelemente bildet den Kern des Reisezeitabbilds in VAMOS.

Informationen zum Ruhenden Verkehr werden mittels Induktionsschleifen bzw. Schranken in den Ein- und Ausfahrtbereichen von Parkplätzen gewonnen. Eine Überfahrt der Schleifen bzw. der Öffnungsvorgang einer Schranke wird jeweils als Ein- bzw. Ausfahrvorgang interpretiert und auf das Belegungssaldo der Parkierungseinrichtung angerechnet.

Bei Betrachtungen zum ÖPNV stehen die Positionsdaten von Fahrzeugen aus einer Koppelnavigation für Informationen zur Fahrplanlage, Dispositionszwecke, zur Anmeldung an LSA und der Optimierung des Fahrtregimes für energieeffiziente Fahrweisen im Fokus.

2.3.2 Datenverarbeitung

Die Ansteuerung der Aktorik von Verkehrsinformation und Verkehrssteuerung (siehe Kap. 3) erfolgt nach definierten Regeln. Dabei werden Verkehrslageaussagen mit bestimmtem Raumbezug interpretiert bzw. gegeneinander abgewogen.

Die zugrunde liegende Verkehrslagemodellierung in VAMOS basiert auf den Teilkomponenten zur Modellierung des Verkehrsgeschehens und dem Infrastrukturabbild, erfordert aber auch eigene Datenaufbereitungsschritte.

Zur Generierung des Infrastrukturabbilds sind die Infrastrukturdatengewinnung und die aufsetzende Infrastrukturmodellierung erforderlich. Ferner sind Aktualisierungsschritte dieser Kategorie der Datenaufbereitung zuzuordnen.

Der Modellierung des Verkehrsgeschehens sind u. a. die grundlegenden Aufbereitungs-schritte

- Verkehrsdatenerfassung
- Verkehrsdatenarchivierung
- Detektorverwaltung und die
- Detektorüberwachung

zuzurechnen.

Schnittstelle für auf die Rohdaten aufsetzende Veredelungen bildet ein zentraler Daten-pool. Es erfolgten Harmonisierungs- und Interpretationsschritte, die Ableitung weiterer Verkehrskenngrößen als auch die Generierung von Prognosewerten. Aufbereitungsschritte in diesem Kontext sind u. a.

- Verkehrsdatenergänzung,
- Verkehrslageermittlung und
- Verkehrsprognose.

Aufgaben der Verkehrslagemodellierung sind die Aufstellung einer Gesamtmodellierung als auch Fusionsschritte zur Zusammenführung einzelner Verkehrslageinformationen.

Auch für die Verkehrsabläufe des ÖPNV werden Erfassungs-, Aufbereitungs- und Mo-dellierungsschritte durchgeführt. Zur exakten Ankunftszeitprognose der ÖPNV-Fahrzeu-ge an den Lichtsignalen (siehe Abschn. 3.1.5) ist in Dresden ein eigens dafür entwickeltes Annäherungsmodell im Einsatz. Dieses wird durch

- direkt empfangene R09.16 Telegramme,
- von der LSA empfangene und direkt an das Modell übertragene R09.16-Telegramme,
- die Positionsmeldungen der Fahrzeuge aus dem RBL-System,
- die aktuelle Fahrplan-/Verspätungslage und
- Ganglinien der Haltestellenaufenthaltszeiten

gespeist. Diese Ankunftszeitprognose wird u. a. verwendet, um sehr kurze, zeitgenaue Fenster für die ÖPNV-Fahrzeuge an Lichtsignalanlagen zu schalten (siehe Abschn. 3.1.5)

2.3.3   Kommunikation und Datenübertragung

Grundsätzlich werden die Übertragungsmedien je nach den örtlichen Gegebenheiten (oder den aufgrund von bestehenden Fremd-Subsystemen existierenden Vorgaben) ausgewählt, weshalb im VAMOS sowohl Leitungen (Lichtwellenleiter, Kupfer) als auch funkbasierte Systeme (Bündelfunk, Mobilfunk) zum Einsatz kommen. Zentralensysteme, deren kom-munikationstechnische Anbindung mit einem hohen Datenaufkommen verbunden ist, werden vorzugsweise über das LWL-Netz angeschlossen.

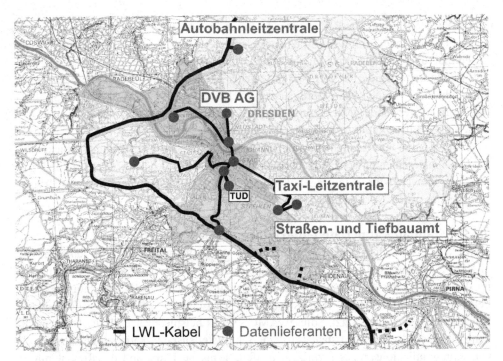

Abb. 2 Backbone der an VAMOS beteiligten und mit VAMOS vernetzten Zentralensysteme. (Quelle: TU Dresden – Lehrstuhl für Verkehrsleitsysteme und -prozessautomatisierung)

VAMOS profitiert insofern vom Lichtwellenleiter-Projekt (LWL-Projekt) der Landeshauptstadt Dresden, welches vor mehr als einem Jahrzehnt im Rahmen des Projekts intermobil Region Dresden gestartet wurde. Heute sind die wesentlichen im Dresdner Verkehrsmanagement vernetzten Zentralensysteme an das LWL-Netzwerk der Landeshauptstadt Dresden angebunden, selbstverständlich auch das Verkehrsmanagementsystem VAMOS (s. Abb. 2).

Das LWL-Netzwerk arbeitet getrennt von sonstigen Netzwerken, die der Außenwirksamkeit von Internetauftritten oder ähnlichen öffentlichkeitswirksamen Aufgaben dienen. Es ist insofern – wenn auch nicht explizit der kritischen Infrastruktur zugeordnet – nicht direkt von nachfragebedingten Auslastungsspitzen betroffen.

Die datentechnische Integration der in Abb. 2 dargestellten sowie weiterer Zentralensysteme erfolgt auf Basis unterschiedlicher virtueller privater Netzwerke (VPN, Virtual Private Network) und jeweils unter mehrstufiger Abgrenzung mittels Firewall und demilitarisierter Zonen (DMZ).

2.3.4 Räumliches Referenzierungssystem

Jegliche modellierte Objekte im Kontext des Straßenverkehrsmanagements werden als Modellierungselemente abgebildet. Diese besitzen in der Regel einen Raumbezug. Ihre inhaltlichen Eigenschaften werden durch Anlagerung von Attributen beschrieben.

Bei der Herstellung des Raumbezugs kommen in VAMOS zwei Ansätze zur Anwendung. Für die Modellierung der Straßennetzelemente erfolgt ausschließlich eine absolute Referenzierung, also die Hinterlegung von Koordinaten. U. a. für die Georeferenzierung von Detektoren, Standorten von Verkehrszeichen und der räumlichen Lage der Aktorik wird neben der Angabe von Koordinaten die relative Position bezüglich eines Straßennetzelements verwendet. Mit dieser bewussten Redundanz wird den differierenden Anforderungen aufsetzender Anwendungen Genüge getan.

Bedingt durch unterschiedliche Quellen liegen für die zu modellierenden Objekte initial Datenmaterialien unterschiedlicher Koordinatensysteme vor. Diese werden durch Anwendung von Transformationsregeln harmonisiert. In VAMOS findet das Gauß-Krüger-Koordinatensystem Verwendung.

2.3.5 Standards zum Daten- und Informationsaustausch

VAMOS gliedert sich in eine Vielzahl hardware- und softwaretechnischer Elemente. Wie in Kap. 2.3.3 dargestellt, erfolgt der Datenaustausch zwischen den Zentralenelementen im Wesentlichen basierend auf Ethernet-Technologie sowie TCP-/IP. Die Anbindung von Feldgeräten obliegt externen Subsystemen und wird daher nach Vorgaben der Landeshauptstadt Dresden umgesetzt. Sofern VAMOS selbst beispielsweise für die Datenanbindung zuständig ist, wird auf standardisierte Schnittstellenspezifikationen und Protokolle und Kommunikationsprozesse zurückgegriffen. Typische Fälle sind die Rohdatenlieferung nach TLS sowie die Integration von LSA-Daten über OCIT.

Aus funktionaler Sicht ist VAMOS modular aufgebaut, wobei zwischen den einzelnen Modulen standardisierte, auf Webservices basierende Schnittstellen eingesetzt werden (Nutzung von SOAP, XML, WSDL etc. zur Abstraktion). Auf diese Art und Weise wird es möglich, ganze Module austauschbar zu gestalten (vgl. Abb. 3). Trotz der in den letzten

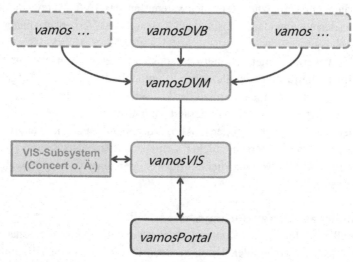

Abb. 3 Abhängigkeiten des Moduls vamosVIS von anderen vamosModulen und externen Subsystemen. (Quelle: TU Dresden – Lehrstuhl für Verkehrsleitsysteme und -prozessautomatisierung)

zehn Jahren erlangten Komplexität des VAMOS-Systems wird es dadurch möglich, bei geringer gegenseitiger Beeinflussung der Module Wartungsarbeiten und Erweiterungen vorzunehmen.

Grundsätzlich gilt außerdem, dass sich vamosModule immer weiter zerlegen lassen, bis im Wesentlichen viele einzelne IT-Dienste verbleiben. Aus softwaretechnischer Sicht handelt es sich um wiederverwendbare Komponenten, die mittels Schnittstellen miteinander verbunden werden.

VAMOS verwendet grundsätzlich vorzugsweise standardisierte Schnittstellen, wobei einzelne Bestands-Sub- oder -Fremdsystemen auch über proprietäre Schnittstellen bedient werden müssen. VAMOS selbst weicht in diesen Fällen nicht von der o. g. Abstraktion und intern nicht von der Verwendung standardisierter Schnittstellen ab. Stattdessen werden „Umwandler" o. Ä. implementiert, die auf einer Seite mit der standardisierten Schnittstelle des VAMOS-Systems und auf der anderen Seite mit der proprietären Schnittstelle des Bestandssystems kommunizieren können.

Nachfolgend wird das Zusammenwirken der VAMOS-Elemente vom IT-Dienst über VM-Dienste bis zum vamosModul erläutert:

1. VAMOS-IT-Dienst

   In VAMOS ist ein IT-Dienst als ein nicht terminierendes Programm (Service) definiert, welches(r) eine bestimmte IT-technische Funktionalität bereitstellt. Ein Beispiel ist das Eintragen von Verkehrsdaten in eine Datenbank (DB), wenn ein bestimmtes Ereignis eintritt. Das Eintragen in die DB liefert selbst noch keinen direkten Mehrwert für das Verkehrsmanagement. Allerdings ist beispielsweise das Eintragen in die DB eine essenzielle Voraussetzung dafür, dass ein auf diese DB zugreifender anderer IT-Dienst ordnungsgemäß funktioniert. Diese Abhängigkeit gilt insbesondere auch für VM-Dienste: Erst wenn alle IT-Dienste gemäß Spezifikation arbeiten, kann der VM-Dienst ordnungsgemäß funktionieren.

   Ein Beispiel soll das verdeutlichen. Die Visualisierung von Daten (z. B. Ganglinie) in einem VM-Dienst setzt verschiedene IT-Dienste für die Entgegennahme, Speicherung und Verarbeitung der Daten voraus. Es kann für jede der Aufgaben mehrere Dienste geben, beispielsweise wenn Daten verschiedenartiger Detektoren an unterschiedlichen Schnittstellen bereitgestellt werden. Aus Sicht des Akteurs (Betreibers) handelt es sich aber um einen bestimmten VM-Dienst – in diesem Fall die Visualisierung von Ganglinien.

   Insbesondere innerhalb der *vamos*-Kernmodule kann es mehrere Instanzen desselben IT-Diensts geben. Jede Instanz eines nicht terminierenden Programms könnte beispielsweise auf die in der jeweiligen Konfiguration hinterlegte Schnittstelle gleicher Art zugreifen.

2. VAMOS-VM-Dienst

   Ein VAMOS-VM-Dienst stellt eine bestimmte Funktionalität bereit. Ein Beispiel ist die Ausgabe des LOS (level of service) an einer definierten Schnittstelle. Die Funktionalität wäre in diesem Fall die Datenbereitstellung. Ein VM-Dienst kann mehrere IT-Dienste benötigen, um korrekt zu funktionieren. Im genannten Beispiel könnten verschiedene IT-Dienste die jeweilige Datenentgegennahme und -eintragung sowie die Berechnung des LOS durchführen. Ein VM-Dienst bedient mindestens ein *vamosModul*.

3. vamosModul

Ein vamosModul orientiert sich an einer bestimmten Gruppe von Funktionalitäten und implementiert diese in vamos. Ein Modul kann dabei Bestandteile in allen Ebenen der vamos-Struktur aufweisen (z. B. eigene IT-Dienste, eigene VM-Dienste, Integration in das vamos -Portal, Integration in die automatisierte Strategiesteuerung).

Aus Sicht des Anwenders fasst ein Modul die für diese Gruppe der Funktionalitäten benötigten VM-Dienste zusammen. Ein Beispiel für ein Modul ist *vamosVIS* (s. Abb. 3). Benötigte Funktionalitäten sind in diesem Beispiel die Visualisierung der Schaltzustände, das manuelle Senden von Schaltbefehlen inkl. Quittierung sowie die Ausführung automatischer Schalthandlungen zur Umsetzung vordefinierter Strategien (inkl. Quittierung).

Ein Modul greift ggf. auf ein ursprünglich einzeln betriebenes Subsystem zu, stellt dessen Dienste und Funktionalitäten im *vamosPortal* zur Verfügung und greift zur Ausführung von Schalthandlungen auf die bereitgestellten Funktionalitäten zu.

Häufig entspricht die Definition und Implementierung eines Moduls einem bestimmten Teil der Verkehrsmanagement-Aktorik. Das Modul *vamosVIS* im genannten Beispiel greift zur Ausführung von Schalthandlungen insbesondere auf VM-Aktoren in Form von VIS-Tafeln zu. Unbenommen davon kann ein Modul je nach umzusetzender Funktionalität auf verschiedene Subsysteme zugreifen oder Schnittstellen zu anderen Modulen besitzen.

2.3.5.1 Subsystem

Der Begriff Subsystem bezeichnet im *vamos*-Kontext ein grundsätzlich eigenständig funktionstüchtiges System. Da *vamos* auch Bestandssysteme integriert, kann es sich um ein ursprünglich solitäres Einzelsystem handeln, welches nachträglich in *vamos* integriert wurde. Neuere Subsysteme werden meist von Beginn an in *vamos* integriert. Die Integration des Subsystems in *vamos* erfolgt mit Hilfe eines *vamosModuls*.

Aus Betreibersicht des Gesamtsystems (Straßen- und Tiefbauamt der Landeshauptstadt Dresden) umfasst das *vamosModul* das eigenständige Subsystem und sorgt für dessen Integration im (Gesamt-)System. Ein Subsystem kann innerhalb von *vamos* Daten bereitstellen oder Daten empfangen und insofern ggf. durch *vamos* beeinflusst werden. Ein Beispiel ist das Parkleitsystem.

Im Fall von *vamosVIS* stellen die Außenanlagen und deren kommunikationstechnische Anbindung (Hardware und Software) ein Subsystem dar und werden im konkreten Fall von einem anderen Anbieter gewartet. Das Subsystem arbeitet teilweise auch ohne die in *vamos* hinterlegten übergreifenden Strategien, beispielsweise auf Basis manueller Schalthandlungen eines anderweitigen Bedienplatzes oder mittels Default-Einstellungen. Die

Funktionalitäten des Subsystems sind in diesem Fall ggf. eingeschränkt und steuernde/ regelnde Eingriffe sind ggf. auf die Abhängigkeit von im Subsystem eigens vorhandener Sensorik eingegrenzt.

Sobald die kommunikationstechnische Anbindung an *vamos* genutzt wird, um Betriebsstati, Schaltzustände und dergleichen innerhalb des *vamosPortals* darzustellen oder Schalthandlungen ausführen zu lassen, wird neben dem Subsystem das eigentliche *vamosModul* genutzt. Das trifft auch dann zu, wenn manuelle Schaltbefehle mit Hilfe des *vamosPortals* zur Ausführung übertragen werden.

2.3.5.2 Kernmodul

vamos verfolgt grundsätzlich das „Single-Source-Prinzip" und trägt damit Sorge für eine konsistente und integere Daten- und Informationsbasis.

Die in *vamos* vorhandenen Funktionalitäten setzen die Verfügbarkeit und Funktionstüchtigkeit der entsprechenden Module voraus. Teilweise wird auf die Funktionalität anderer *vamosModule* zurückgegriffen, so dass zwischen den einzelnen Modulen Abhängigkeiten bestehen können. In den meisten Fällen ist der Betrieb eines Moduls beispielsweise in einer Rückfallebene auch ohne Zugriff auf die Funktionalität eines anderen Moduls möglich.

Ein Teil der in *vamos* vorhandenen Module ist für den Betrieb jedweder Module erforderlich. Hierzu gehören beispielsweise die Anbindung an die Datenversorgung und Datenhaltung ebenso wie der Zugriff auf das Dynamische Verkehrsmodell. Aus diesem Grund werden diese Module als Kernmodul bezeichnet. Im Abb. 3 wurde die auf das Dynamische Verkehrsmodell *vamosDVM* wirkende Ebene aufgrund ihrer Komplexität lediglich skizziert. Tatsächlich umfasst und integriert *vamosDVM* gemäß dem Single-Source-Prinzip eine Vielzahl von Daten und Informationen wie z. B. *vamosDVB*, die Rohdatenbasis usw.

2.3.6 Verkehrsmodelle

In den Logiken der Aktorik von VAMOS wird die Verkehrslage auf Straßenzügen genutzt. Dies bedingt die Verknüpfung von Infrastruktur- und Verkehrslageinformationen. Bei der Modellierung des Straßenverkehrsgeschehens werden deshalb zwei grundlegende Ansätze vereint. Zum ersten wird ein spurfeines Infrastrukturabbild erzeugt. Dieses ermöglicht es u. a., stationäre Detektoren exakt verorten zu können. Weiterhin wird für die Abbildung der Verkehrsströme ein makroskopisches Knoten-Kanten-Modell aufgebaut (Abb. 4).

Beide Modellierungsansätze werden aus derselben Rohdatenbasis abgeleitet und sind über Referenzierungen miteinander verknüpft. So ist es möglich, einzelne Verkehrslageaussagen für Straßenzüge zu identifizieren, zu bündeln und den aufsetzenden Anwendungen zur Verfügung zu stellen.

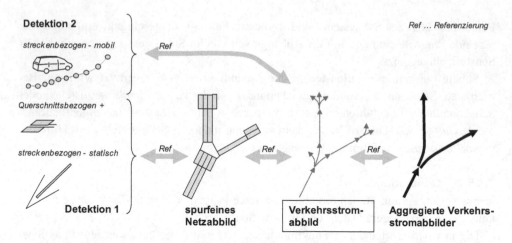

Abb. 4 Grundsätzlicher Aufbau des Dynamischen Verkehrsmodells (DVM) in VAMOS (vamosDVM). (Quelle: Matthias Körner; Tagungsband zum VDI Wissensforum: Automation 2011 (VDI-Bericht Nr. 2143); Schaffung optimaler Rahmenbedingungen für die Datenfusion im operativen Straßenverkehrsmanagement; Baden-Baden 2011)

2.4   Verkehrs- und betriebstechnische Funktionen

Das im Raum Dresden agierende operative Verkehrsmanagementsystem VAMOS wurde nach folgenden Prinzipien konzipiert und aufgebaut:

- Bereits vorhandene Verkehrssensorik und -aktorik sollte weiterhin genutzt und in das Gesamtsystem integriert werden, damit aufeinander abgestimmte Verkehrssteuerungsmaßnahmen auf der Grundlage einer breit aufgestellten Verkehrslageerfassung ermöglicht werden. Zur Integration dieser Systeme und -kompo-nenten werden vorrangig standardisierte Schnittstellen verwendet. In Einzelfällen wurden auch spezielle Lösungen erarbeitet, um alle vorhandenen Systeme einbinden zu können. Dies sieht das VAMOS-Gesamtkonzept auch so vor.
- Das System ist offen für die Integration neuer sowie zu Zeit noch nicht bekannter zukünftiger Systeme zur Verkehrssteuerung, -lenkung und -information.
- Das System erarbeitet auf der Grundlage aller einlaufenden Informationen eine gemeinsame aktuelle und prognostizierte Verkehrslage, die Grundlage für den koordinierten Einsatz aller operativen Verkehrsmanagementmaßnahmen ist.
- Das System arbeitet Verkehrsträger- und Baulastträger-übergreifend. Es steuert verschiedene Verkehrssteuerungssysteme direkt selbst, anderen Komponenten werden Steuerungsbefehle oder -vorschläge übermittelt.
- Einheitlich ist die Übertragung der Statusmeldungen der verschiedenen angeschlossenen Steuerungssysteme über die aktuell aktiven Anzeige- und Maßnahmenzustände. Auf der Grundlage übermittelter Informationen über den technischen Zustand der

Systeme bzw. Fehlermeldungen wird auch eine effiziente und zeitnahe Wartung bzw. Reparatur der Systemkomponenten ermöglicht.

- Das System VAMOS ist so konzipiert, dass das operative Verkehrsmanagement auf der Grundlage der ermittelten Verkehrslage weitestgehend vollautomatisch arbeitet. Ein manuelles Eingreifen ist nur in Sondersituationen erforderlich, die durch die angeschlossene Sensorik nicht erfasst bzw. über andere Informationsquellen nicht bereitgestellt und automatisch verarbeitet werden können. Für dieses manuelle Eingreifen sowie für die Überwachung des Verkehrsgeschehens und des angeschlossenen Systems ist eine effizient nutzbare Visualisierungs- und Bedienoberfläche erforderlich.

- Das System VAMOS stellt eine konsistente Visualisierungs- und Bedienoberfläche sowohl für das Gesamtsystem als auch für die angeschlossenen Einzelsysteme zur Verfügung.

- Die Visualisierungs- und Bedienoberfläche von VAMOS ist web-basiert und somit von verschiedenen Standorten aus flexibel nutzbar. Dies reicht von einer oder auch mehreren Verkehrsleitzentralen bis zum mobilen Laptop. Die notwendige technische Voraussetzung eines VAMOS-Bedienterminals ist lediglich ein Web-Browser.

- Diese Flexibilität setzt eine leistungsfähige Nutzerverwaltung voraus, die das System VAMOS anbietet. Jedem Nutzer des Systems können verschiedene Nutzungsrechte zugeordnet werden. Beispielsweise kann einem Nutzer nur die Visualisierung bestimmter Daten bzw. Systemkomponenten erlaubt werden. Andererseits ist beispielsweise einem anderen Nutzer die Ausführung von Schalthandlungen von einzelnen oder gar von allen angeschlossenen Systemkomponenten erlaubt. Durch diese Flexibilität und die angebotene Nutzbarkeit mehrerer/vieler Bedienstationen wird beispielsweise auch eine für den jeweiligen Einsatzort effektive Aufgabenteilung unterstützt (z. B. Zusammenlegung der Operator-Funktionen Verkehrslageüberwachung und Maintenance oder deren Aufteilung auf zwei verschiedene Arbeitsplätze).

- Das System VAMOS verfügt über ein umfangreiches Protokollierungssystem. Neben allen durchgeführten Schalthandlungen (vollautomatisch oder manuell) werden beispielsweise bei manuellen Schalthandlungen auch die jeweils veranlassenden Nutzer protokolliert.

- Das System VAMOS erlaubt für verschiedene Verkehrssteuerungs- und -erfassungssysteme die Fern-Parametrierung und Optimierung.

- Ein seit Beginn der Systementwicklung stets durchgängig implementiertes und stets mitgeführtes Qualitätsmaß für alle erfassten und ermittelten Verkehrskenngrößen ermöglicht ein durchgängiges Qualitätsmanagement von der Verkehrsdatenerfassung bis zur Verkehrssteuerung auf hohem Niveau.

- Das System VAMOS bietet eine Vielzahl von Archivierungsmöglichkeiten für verschiedene Daten und Datenarten an. Dies reicht von den Rohdaten der angeschlossenen Verkehrsdetektoren über hochauflösende Taxi-FCD (5-sekündliche Positionsdaten von ca. 500 Taxi-Fahrzeugen) bis hin zu speziellen Verkehrslagedaten, die die verschiedenen Schalthandlungen im Automatikbetrieb auslösen. Über entsprechende VAMOS-Tools können diese Archivdaten visualisiert und für nachfolgende Untersuchungen,

Projekte oder Analysen auch exportiert werden. Darüber hinaus bietet VAMOS auch Möglichkeiten zur Statistik-Erstellung an.

Folgende Verkehrssteuerungs- und -leit- und Informationssysteme sind in das Dresdner VAMOS-System integriert (detaillierte Informationen zu den Einzelsystemen siehe Abschn. 3.1):

- vollautomatisch gesteuertes Dynamisches Wegweisungssystem (Netzbeeinflussung innerorts; siehe Abschn. 3.1.1),
- Verkehrsinformationssystem VIS mit zur Zeit zwölf Matrix-Anzeigetafeln (siehe Abschn. 3.2.2),
- Elb-Brücken-Informations-System EBIS mit Graphik-Anzeige der Verkehrslage auf den Dresdner Elbbrücken (siehe Abschn. 3.2.2),
- Lichtsignalsteuerungen (System von ca. 480 Lichtsignalanlagen; siehe Abschn. 3.1.5), u. a. mit Elementen der Netzsteuerung und einer innovativen direkten verkehrslageabhängigen Ansteuerung unter Berücksichtigung der großräumigen MIV- und ÖPNV-Verkehrslage (Projekt NSV, siehe Abschn. 3.1.5),
- Parkleit- und Informationssystem (siehe Abschn. 3.1.6),u. a. mit innovativer verkehrslageabhängiger Pfeilsteuerung zur optimalen Wegeführung zu den Parkierungseinrichtungen (integrierte dynamische Wegweisung; siehe Abschn. 3.1.1),
- Tunnelsteuerungen im innerstädtischen Bereich incl. Streckenbeeinflussung (siehe Abschn.e 3.1.2 und 3.1.4),
- Netzbeeinflussung auf Autobahnen im Raum Dresden (siehe Abschn. 3.1.1),
- Streckenbeeinflussung auf Autobahnen im Raum Dresden (BAB A4, A13, A17; siehe Abschn. 3.1.2) sowie
- Tunnelsteuerungen auf Bundesautobahnen im Raum Dresden (siehe Abschn. 3.1.4).

3 Systemkomponenten

3.1 Verkehrssteuerung/-lenkung

3.1.1 Netzbeeinflussung

Im Großraum Dresden sind drei Netzbeeinflussungssysteme in Betrieb. Es handelt sich dabei um:

- die Dynamische Wegweisung auf den Autobahnen,
- die Dynamischen Wegweisung im Stadtgebiet und
- die Dynamische Wegweisungskomponente im Parkinformations- und -leitsystem.

Grundlegender Ansatz der Netzbeeinflussungssysteme ist die Definition von staugefährdeten Routen, für welche leistungsfähige Alternativen vorliegen. All diese werden auf

Staus und Sperrungen überwacht. Tritt auf der Nominalroute ein solches Negativereignis ein und ist die Alternativroute uneingeschränkt verfügbar, so wird letztere empfohlen. Mittel zum Zweck sind im Fall der Dynamischen Wegweisungssysteme auf den Autobahnen und in der Stadt in die Tafeln der Zielführung integrierte Prismenwender. Die Fahrzielinformation wird zwischen den relevanten Fahrtrichtungsangaben ausgetauscht. Bei der dynamischen Wegweisungskomponente des ruhenden Verkehrs (Parkleitsystem) wird die Richtungsangabe mittels eines mit Stellmotor ausgerüsteten Pfeils realisiert.

Dieses Vorgehen trägt dazu bei, dass bestehende Behinderungen nicht verschärft werden bzw. diese sich möglichst rasch auflösen können. Wesentlicher Aspekt ist, dass noch nicht von der Behinderung betroffene Autofahrer ihr Fahrtziel behinderungsfrei erreichen können.

Der Betreib dieser Systeme erfolgt vollautomatisch, manuelle Eingriffe sind aber grundsätzlich möglich.

Entlang der Autobahnen sind neun Tafeln mit variablen Inhalten und an den Anschlussstellen, im Bereich der Zufahrten, weitere vier Tafeln installiert. Damit ist eine Streckenlänge ca. 18 km abgedeckt (Abb. 5).

Im Stadtgebiet befinden sich 50 Tafeln mit Prismenwendern an 22 Knotenzufahrten. Die abgedeckte Streckenlänge beträgt mehr als 60 km. Wesentlich ist, dass alle Alternativrouten durch die Verkehrsbehörde verkehrsrechtlich angeordnet und damit auch hervorragend geeignet sind für die individuelle Beeinflussung der einzelnen Verkehrsteilnehmer

Im Parkinformations- und -leitsystem sind vier Standorte mit den drehbaren Richtungspfeilen ausgestattet. Das damit beeinflusste Netz hat eine Länge von ca. 12 km. Eine direkte Erweiterung ist vorgesehen

Abb. 5 dynamischer Wegweiser an der Autobahn A4 am Dreieck Dresden-West. (Quelle: TU Dresden – Lehrstuhl für Verkehrsleitsysteme und -prozessautomatisierung)

Abb. 6 dynamischer Wegweiser an der B170/Bergstraße im Stadtgebiet von Dresden. (Quelle: TU Dresden – Lehrstuhl für Verkehrsleitsysteme und -prozessautomatisierung)

Abb. 7 drehbarer Richtungspfeil am Standort Magdeburger Straße in Dresden. (Quelle: TU Dresden – Lehrstuhl für Verkehrsleitsysteme und -prozessautomatisierung)

In Vorbereitung befindet sich eine Schnittstelle für Strategiekonformes Routing zur Aufwertung der Routingservices von BMW. Typischer Weise wird als Routingkriterium das Fahrzeitminimum genutzt. Mit Informationen zu den aktuellen Anzeigezuständen der Netzbeeinflussungsanlagen ist es möglich, Wünsche zur verkehrslageabhängigen Verkehrslenkung der Baulastträger bei der Routenfindung zu beachten. Der elektronische Horizont kann damit erweitert werden (Abb. 6 und 7).

3.1.2 Streckenbeeinflussung

Streckenbeeinflussung ist ein Instrument der Verkehrssteuerung auf Verkehrstrassen, um deren Durchlassfähigkeit zu erhöhen und die Verkehrssicherheit sicherzustellen. Im Raum Dresden sind Anlagen zur Streckenbeeinflussung sowohl im innerstädtischen Bereich als auch auf den Autobahnen installiert. Alle Systeme sind in das Operative Verkehrsmanagementsystem VAMOS eingebunden.

Auf den Bundesautobahnen A4, A13 und A17 im Raum Dresden sind mehrere Anlagen aktiv. Dies betrifft sowohl hochbelastete Abschnitte auf der sechsspurigen A4 als auch die Autobahndreiecke „Dresden Nord" (A13) und „Dresden West" (A17). Außerdem sind Streckenbeeinflussungsanlagen Bestandteil der Tunnelsteuerungen in den drei Tunneln der BAB A17 zwischen den Anschlussstellen Dresden-Gorbitz und Dresden-Südvorstadt. Die Streckenbeeinflussungsanlagen werden über die entsprechenden Anlagen des zuständigen Baulastträgers (Landesamt für Straßenwesen und Verkehr) gesteuert. Über eine Lichtwellenleiter-Verbindung stehen dem System VAMOS alle Statusdaten der Streckenbeeinflussungsanlagen sowie weitere Daten, wie Verkehrsdaten zur Verfügung. Alle Anzeigeelemente mit ihren jeweiligen aktuellen Anzeigeinhalten sind in die VAMOS-Visualisierungs- und Bedienoberfläche integriert. Auftretende Geschwindigkeitsbeschränkungen werden ausgewertet und zur korrekten Ermittlung der Verkehrslage (LOS) mit herangezogen. Sperrungen von Fahrstreifen oder Vollsperrungen von Autobahnabschnitten werden ebenfalls automatisch ausgewertet und tragen als wichtige Eingangsgröße zur Ermittlung optimaler Steuerungsstrategien für den gesamten Stadtverkehr bei. So reagiert u. a. das innerstädtische Dynamische Wegweisungssystem (siehe 3.1.1) vollautomatisch auf solche Verkehrsraumeinschränkungen mit entsprechend sinnvollen Verlagerungen von Verkehrsströmen. Auch die anderen Verkehrssteuerungs- und -Informationssysteme reagieren koordiniert auf diesen Input.

Im Stadtgebiet Dresden sind Streckenbeeinflussungsanlagen im Bereich der innerstädtischen Tunnel:

* Tunnel Wiener Platz,
* Tunnel Bramsch-Straße und
* Tunnel Verkehrszug Waldschlößchenbrücke

im Einsatz. Die Steuerung erfolgt durch die jeweiligen Verkehrsbeeinflussungsanlagen, die hier vom Baulastträger Landeshauptstadt Dresden betrieben werden. Die Streckenbeeinflussungsanlage des Verkehrszuges Waldschlößchenbrücke ist an das System VAMOS angeschlossen, und der aktuelle Anzeigestatus der verschiedenen Steuerungskomponenten ist in der Visualisierungs- und Bedienoberfläche von VAMOS verfügbar.

3.1.3 Knotenbeeinflussung

Eine Knotenbeeinflussung ist in Dresden nicht realisiert.

3.1.4 Tunnelsysteme

Der Betrieb von Straßentunneln ist u. a. aus Gründen der Sicherheit durch eine Reihe von gesetzlichen Vorschriften geregelt. Dies trifft auch auf die notwendige technische Ausrüstung zu. Beleuchtung, Belüftung, Versorgung mit Löschwasser, Entsorgung, Versorgung mit Radio und Mobilfunk, Kommunikation per Lautsprecher und Radio von der Betriebsleitstelle in den Tunnel sind wichtige Aufgaben. Das schnelle Erkennen von Feuer und von gefährlichen Situationen im Verkehrsablauf führen zu entsprechend intensiver Ausrüstung der Tunnel mit verschiedener Sensortechnik und mit Kameras. Ab einer bestimmten Tunnelgröße ist eine 24-Stunden-Tunnelüberwachung mit entsprechendem Personal in einer Tunnelleitstelle erforderlich. Eine erkannte Gefahr (Feuer, Probleme beim Verkehrsablauf u. a.) führt automatisch oder manuell initiiert zur Aktivierung verschiedener Maßnahmen. Unter anderem werden ggf. eine oder beide Tunnelröhren gesperrt (rotes Kreuz, Signalgeber, Schranke) oder über die Anzeigeelemente der integrierten Streckenbeeinflussungsanlagen wird der Verkehr angemessen sinnvoll geregelt.

Zu den Streckenbeeinflussungsanlagen wurden im Abschn. 3.1.2 bereits entsprechende Ausführungen gemacht.

Folgende Straßentunnel im Raum Dresden sind an das operative Verkehrsmanagementsystem VAMOS angeschlossen:

- der Tunnel „Altfranken" (345 m) auf der BAB A17,
- der Tunnel „Dölzschen" (1070 m) auf der BAB A17,
- der Tunnel „Coschütz" (2332 m) auf der BAB A17 sowie
- der Tunnel im Verkehrszug „Waldschlößchenbrücke" (innerstädtisch, Haupttunnel ca. 400 m, Nebentunnel 285 und 45 m).

Der Anschluss der innerstädtischen Tunnel Wiener Platz und Bramsch-Straße ist in Vorbereitung.

3.1.5 Lichtsignalsteuerung

Die Lichtsignalsteuerung findet in vielfältiger Form Anwendung im VAMOS-System. Im Einzelnen sind folgende Komponenten realisiert:

1. Anzeige Betriebsstatus,
2. Netzsteuerung,
3. Schaltung von Umleitungsvarianten,
4. Kooperative Lichtsignalsteuerung sowie
5. Grünzeitprognosen verkehrsabhängig geschalteter LSA.

1. Anzeige Betriebsstatus
   Die Betriebszustandsdaten werden komplett ausgewertet und in unterschiedlicher Form zur Anzeige gebracht. In der vamosKarte ist der grundsätzliche Status (störungsfreier Betrieb, Störung, abgerüsteter Betrieb, wie beispielsweise Festzeitsteuerung) dargestellt. Weitergehende Informationen sind in Textform über das vamosPortal erhältlich.

2. Netzsteuerung

Die Netzsteuerung ist auf verschiedenen koordinierten Streckenzügen realisiert bzw. in Vorbereitung. Dabei kommen verschiedene Verfahren zum Einsatz. Grundsätzlich erfolgt in allen Verfahren eine verkehrsabhängige Signalprogrammauswahl, in der Regel von 4 bis 7 koordinierten Signalzeitenplänen, die in Abhängigkeit der Verkehrsbelastungen, des Flutrichtungsverkehrs und von Ereignissen geschaltet werden. Des Weiteren werden einzelne Parameter angepasst und bei Überlastung einzelne signalisierte Knotenpunkte aus der Koordinierung herausgenommen und mit dem Ziel der Maximierung der Leistungsfähigkeit voll verkehrsabhängig gesteuert.

3. Schaltung von Umleitungsvarianten

In Kooperation mit der dynamischen Wegweisung erfolgt die Schaltung spezieller auf die jeweilige Umleitungsvariante der dynamischen Wegweisung angepasster Signalzeitenpläne der Lichtsignalanlagen. Beispielsweise werden bei größeren Behinderungen im Tunnelbereich der A17 auf der innerstädtischen Umleitungsroute (Bergstraße, Nürnberger Straße, Nordtangente Gorbitz) je nach Behinderung richtungsbezogene hinsichtlich der Leistungsfähigkeit optimierte oder für beide Richtungen optimierte Signalprogramme ausgewählt und geschaltet.

4. kooperative Lichtsignalsteuerung

Die Kooperation erfolgt vorrangig aus Sicht des ÖPNV. In Abhängigkeit der Fahrplanlage des ÖPNV, möglicher dynamischer Anschlüsse, technologisch bedingter Einfädelreihenfolgen von Straßenbahnen mit nachfolgend gemeinsamen Streckenabschnitt und der Verkehrslage des motorisierten Individualverkehrs wird in einem multi-kriteriellen Entscheidungsalgorithmus die Freigabezeit des ÖPNV an der oder den nächsten LSA berechnet und durch einmalige Beeinflussung des Signalprogrammablaufes in den LSA realisiert. Mittels Fahrerassistenzsystem wird dem Fahrer der Straßenbahn zusätzlich eine Geschwindigkeit empfohlen, bei deren Einhaltung er die folgenden LSA sicher bei Grün passiert.

Dieses System ist an 5 LSA prototypisch realisiert und wird beginnend mit der Nord-Süd-Verbindung (weitere 14 LSA) schrittweise auf das Stadtgebiet von Dresden erweitert (Abb. 8).

5. Grünzeitprognosen verkehrsabhängig geschalteter LSA

Im Rahmen des vom BMBF geförderten Projektes EFA2014/2 ist als Bestandteil von VAMOS eine Grünzeitprognose koordiniert verkehrsabhängig geschalteter LSA realisiert. Diese Prognosedaten werden vom Projektpartner BMW in die Fahrzeuge eingespielt, um Energie sparende Fahrweisen umzusetzen. Ergänzt werden die Grünzeitprognosen durch einen eigens dafür entwickelten Rückstaulängenschätzer. Eine Teststrecke von insgesamt 17 LSA und einer Länge von ca. 10 km wurde entsprechend ausgerüstet.

3.1.6 Parkleitsysteme

Das Dresdner dynamische Parkinformations- und -leitsystem dient zur Information über die Auslastung von Parkmöglichkeiten in der Dresdner Innenstadt. Die Zielführung zu

Abb. 8 Lichtsignalanlage in Verbindung mit dynamischer Wegweisung. (Quelle: TU Dresden –
Lehrstuhl für Verkehrsleitsysteme und -prozessautomatisierung)

freien Parkplätzen erfolgt gestaffelt, d. h. erst zu einem der Parkbereiche (Innere Altstadt,
Prager Straße oder Neustadt), danach zu den einzelnen Parkhäusern, Tiefgaragen und
Parkplätzen. Vor Kreuzungen, an denen Fahrtmöglichkeiten zu mehreren Parkplätzen bestehen, befinden sich Informationstafeln mit integrierten Displays. Die Tafeln beinhalten
neben der Angabe der Fahrtrichtung die dynamische Anzeige der Anzahl freier Stellplätze
des jeweils ausgeschilderten Parkbereichs oder Parkplatzes.

Mehr als 50 Standorte sind mit dynamischen Anzeigen ausgestattet und noch einmal
so viele statische Tafeln sind vorhanden. Die gesamte beschilderte Streckenlänge beläuft
sich auf über 50 km (Abb. 9).

3.2 Verkehrsinformationen

3.2.1 Pre-Trip-Informationen

Zur Information der Verkehrsteilnehmer über Störungen im Verkehrsfluss vor Fahrtantritt
bieten sich u. a. an:

- der gesprochene Verkehrsfunk in Radioprogrammen,
- die Nutzung des TMC-Service mittels Navigationssystem sowie
- die Verdeutlichung der Verkehrslage im Internet mit attributierten Straßennetz-Karten-
  darstellungen.

Zur Versorgung von TMC und gesprochenem Verkehrsfunk befindet sich ein Demonstra-
tor in Betrieb. Dieser wird aktuell erweitert und in den Testbetrieb überführt. Der Anwen-

Abb. 9 Standort St. Peters-
burger Straße des dynamischen
Parkleitsystems. (Quelle:
TU Dresden – Lehrstuhl für
Verkehrsleitsysteme und
-prozessautomatisierung)

dungsfokus liegt auf der Informationsbereitstellung zu hochbelasteten kritischen Infrastrukturen, wie beispielsweise zu Brücken und Tunnels.

Auch die Kartendarstellung im Internet wird als Option gesehen. Hier wird initial ebenso auf Informationen zu kritischen Infrastrukturen abgezielt.

3.2.2 On-Trip-Informationen

Zu den wesentlichen kollektiven Informationskanälen des VAMOS-Systems gehören das
Elbbrückeninformationssystem, angesteuert über das Modul vamosEBIS sowie das Verkehrsinformationssystem VIS, angesteuert über das Modul vamosVIS.

Abbildung 10 zeigt die erste der EBIS-Tafeln, welche an den Zufahrtsradialen zu den
fünf Elbbrücken in Dresden positioniert werden. Neben der farblichen Markierung der
Brückenzüge werden auch die wesentlichen Zugangswege mit betrachtet, weil sich diese
in Folge von Brückensperrungen oder -überlastungen schnell als Engpass erweisen können. Den Verkehrsteilnehmern kann somit bei Annäherung rechtzeitig eine (großräumige)
Umfahrung empfohlen werden. Neben der bildhaften Darstellung verfügen die Anzeiger
über eine zweizeilige LED-Matrix zur Ausgabe zusätzlicher Hinweise.

Abbildung 11 zeigt eine der Verkehrsinformationstafeln zur Darstellung von Freitext,
wie sie im Großraum Dresden eingesetzt werden. In der nachfolgenden Abbildung ist die

Abb. 10 Standort Radeburger Straße des Dresdner Elbbrückeninformationssystems EBIS. (Quelle: TU Dresden – Lehrstuhl für Verkehrsleitsysteme und -prozessautomatisierung)

Abb. 11 Textausgabe auf einer Freitexttafel des Verkehrsinformationssystems VIS. (Quelle: Straßen- und Tiefbauamt der Landeshauptstadt Dresden)

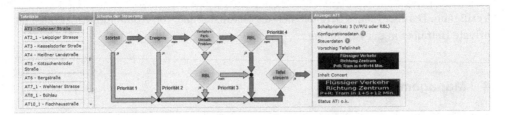

Abb. 12 Schematische Darstellung VIS-Inhalte in Abhängigkeit von der übergreifenden Steuerungslogik. (Quelle: TU Dresden – Lehrstuhl für Verkehrsleitsysteme und -prozessautomatisierung)

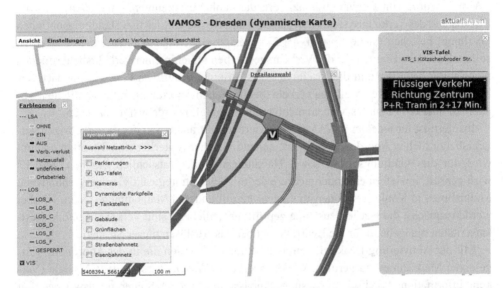

Abb. 13 VIS-Tafel mit Inhalt und Position auf der Knoten-Kanten-Modell vamosKarte. (Quelle: TU Dresden – Lehrstuhl für Verkehrsleitsysteme und -prozessautomatisierung)

komplexe Entscheidungslogik zur Ansteuerung der Verkehrsinformationstafel unter Berücksichtigung einer Vielzahl von Daten anderer vamosModule – beispielsweise auch aus dem Ereignismanagement oder dem RBL der Dresdner Verkehrsbetriebe AG schematisch dargestellt (Abb. 12).

Jeder der zwölf VIS-Standorte ist in den tabellarischen Ansichten, in der schematischen Darstellung der Steuerungslogik sowie im Dynamischen Verkehrsmodell referenziert und abgebildet. Im Fall der Darstellung auf der vamosKarte wird der aktuelle Anzeigezustand im Informationspanel rechts eingeblendet, sobald der Bearbeiter mit dem Mauszeiger das VIS-Symbol berührt. Das folgende Abb. 13 zeigt außerdem einen komplexen Knotenpunkt mit exakter Positionsangabe der VIS-Tafel.

Unbenommen vom Verkehrsinformationssystem VIS und dem Elbbrückeninformationssystem EBIS stehen die bereits in Kap. 3.2.1 beschriebenen Verbreitungskanäle via TMC, gesprochenem Verkehrsfunk in Radioprogramm sowie dem Internet ebenfalls zur

Verfügung. Darüber hinaus befindet sich die Bereitstellung von Routinginformationen an
private Betreiber in der Erprobung.

4 Managementprozesse

4.1 Strategiemanagement

4.1.1 Prozessschritte

VAMOS wurde von Beginn so konzipiert, dass anhand erkannter Situationen, die vom
Zielzustand des Verkehrssystems abweichen – und für die kurzfristige Handlungsoptionen
überhaupt bestehen (siehe Abschn. 4.1.3) – gezielt Gegenmaßnahmen ergriffen werden
sollen. Da solche Eingriffe in das Verkehrsgeschehen ohnehin einer verkehrsbehördlichen
Anordnung bedürfen und die Erteilung mit Abstimmungsaufwand inkl. Zeitbedarf verbunden ist, müssen die jeweiligen verkehrsbehördlichen Anordnungen für sämtliche Maßnahmen oder ein gesamtes Maßnahmenbündel (Strategie) vorgefertigt vorliegen.

Insofern ist für jede der in VAMOS aktivierbaren Strategien in der dazugehörigen verkehrsbehördlichen Anordnung definiert, anhand welcher Kriterien eine Situation erkannt
wird, für die Handlungsbedarf sowie Handlungsoptionen tatsächlich gegeben sind. Es
wird geprüft, inwiefern eine oder mehrere der mit einer Strategieaktivierung verbundenen
Maßnahmen in Konkurrenz oder im Gegensatz mit anderen Maßnahmen stehen. Hierbei
werden zunächst die Betriebszustände geprüft; anschließend sind Verkehrslage und Rest-
kapazitäten maßgebend für die Beurteilung über das Auslösen dieser Strategie.

Mit der Aktivierung/Deaktivierung einer Strategie werden die in der Anordnung festgelegten Maßnahmen aufgerufen, wobei innerhalb VAMOS verschiedene Module (Verkehrsinformation, Wechselwegweisung, Anpassung der LSA-Steuerung usw.) beteiligt
sind. Jedes der Module kommuniziert im Hintergrund ggf. mit nachgeordneten/Fremd-
systemen und prüft in diesem Fall die korrekte Ausführung der Maßnahmen. Außerdem
werden die Verkehrskenngrößen ebenso wie vor der Aktivierung der Strategie überwacht,
so dass zwar einerseits ein zu schnelles Schalten und damit Schwingen des Systems vermieden wird. Andererseits wird nach Erlöschen der anfangs erfüllten Bedingung die Strategie mitsamt ihren Maßnahmen zurückgenommen und die korrekte Ausführung ebenfalls
geprüft.

In VAMOS sind die einzelnen Prozessschritte jederzeit nachvollziehbar, aufgrund des
langjährigen erfolgreichen Automatikbetriebs für das Bedienpersonal aber kaum noch von
praktischer Bedeutung. Die Verkehrsmanagement-Operatoren sind insofern vor allem bei
der initialen Definition zusätzlicher Strategien wie beispielsweise nach der Inbetriebnahme neuer Verkehrszüge.

Das VAMOS-Strategiemanagement wurde von Anfang an verkehrsträger- und baulast-
trägerübergreifend durchgeführt, in dem unter Moderation der TU alle Partner die Funk-
tionaltäten und auch die einzelnen Strategien der VAMOS-Komponenten abgestimmt haben.

4.1.2 Strategisches Netz

Für das Straßenverkehrsmanagement im Großraum Dresden liegt die baulastträgerüber-greifende Definition eines Vorrangnetzes vor. Dieses beinhaltet den Teil des Hauptstra-ßennetzes, auf dessen Management die Maßnahmen der Verkehrsinformation und Ver-kehrssteuerung abzielen. Bei der Auswahl wurden sowohl Aspekte aus dem Blickwinkel der Verkehrsteilnehmer, wie die Relevanz für Routenentscheidungen, und aus dem Blick-winkel der Betreiber, wie z. B. Kategorie, Leistungsfähigkeit als auch die Detektions- und Steuerbereiche der Aktorik, einbezogen. Das Vorrangnetz im Ballungsraum Dresden be-sitzt eine Länge von mehr als 500 km, was einem Anteil von knapp 20 % des Gesamtstra-ßennetzes entspricht.

4.1.3 Handlungsspektrum

Das automatisierte Strategiemanagement in VAMOS konzentriert sich auf kurzfristige Maßnahmen, die jeweils speziellen und klar definierten Situationen zugeordnet werden können. Dennoch erwächst auch aus der teilweise wiederkehrenden Anwendung der hin-terlegten Strategien eine Wissensbasis, die eine mittel- oder sogar langfristige Anpassung/ Veränderung zur Folge haben kann.

Das gilt natürlich für das kurzfristige dynamische Verkehrsmanagement selbst – näm-lich dann, wenn z. B. aufgrund eines geänderten Verkehrsgeschehens eine Strategie nicht mehr als optimal erscheint und (mittelfristig) Anpassungen erforderlich werden. Es gilt auch dann, wenn eine bessere Beurteilung einer Situation oder eine gezieltere Beeinflus-sung des Verkehrsgeschehens durch die Hinzunahme/Verbesserung der vorhandenen Sen-sorik/Detektorik inkl. Verkehrsinformationskomponenten möglich erscheint.

Schließlich wurde in der VAMOS-Projektplanungsgruppe schon häufiger der Aus-tausch mit der Straßenverkehrsplanung für die Landeshauptstadt Dresden gesucht. Bei-spielsweise kann eine Abstimmung zu geplanten Änderungen zu neuem Potenzial für das Verkehrsmanagement führen. Im Umkehrschluss kann es aber ebenso der Fall sein, dass eine bauliche oder verkehrsrechtliche Änderung wie z. B. durch eine statische Beschilde-rung im Widerspruch zu Verkehrsmanagementstrategien steht. Die Erfahrungen aus der langjährigen Kooperation der verschiedenen Verkehrs- und Baulastträger ist bei diesen Abstimmungsprozessen von großem Vorteil (siehe Abschn. 4.1.4).

4.1.4 Strategieentwicklung

Die Prozesse für den Aufbau und die Weiterentwicklung sowie den Betrieb des VAMOS-Systems und der vernetzten weiteren Systeme der beteiligten Partner wurden immer in enger Abstimmung zwischen den handelnden Akteuren und der TU Dresden geführt. Der Ursprung dieser Zusammenarbeit liegt in gemeinsam bearbeiteten Projekten noch im Vor-feld des Forschungsprojektes *intermobil*, wodurch gegenseitiges Vertrauen entstanden ist, das in den weiteren Schritten intensiviert und gefestigt wurde. Der TU Dresden kam bei unterschiedlichen inhaltlichen Sichtweisen der Praxispartner teilweise auch eine neutra-le Vermittlerrolle, die zusätzlich auch durch die wissenschaftliche Sichtweise getragen wurde, zu. Nicht zuletzt dadurch konnten einzelne Entwicklungen gemeinsam umgesetzt werden bzw. gelang die Nutzung bestimmter Förderprogramme.

4.1.5 Strategieumsetzung

Die in VAMOS hinterlegten Strategien sind im Vorfeld soweit mit den beteiligten Partnern abgestimmt, dass eine systemübergreifende Bestätigung vor der konkreten Aktivierung einer Strategie nicht erforderlich ist. Das gilt auch im Fall von Szenarien mit BAB- oder ÖPNV-Beteiligung. Die Kriterien für die Aktivierung sind so eng wie erforderlich gesetzt, dass unter diesen Bedingungen sämtliche beteiligte Institutionen die Kompetenz zum Aktivieren oder Deaktivieren dieser Strategie dem VAMOS-Verkehrsmanagementsystem zusprechen.

4.2 Ereignismanagement

4.2.1 Baustellen

Die jeweils gültigen verkehrsrechtlichen Anordnungen inkl. verkehrsrelevanter Baustelleninformationen werden täglich vom Straßen- und Tiefbauamt der Landeshauptstadt Dresden erfasst und in einem GIS-System hinterlegt. Die Verwaltung im GIS für die Auskunft an die Bürger wird den mit VAMOS verbundenen Anforderungen eines ganzheitlichen, integrativen und intermodalen Verkehrsmanagements allerdings nur begrenzt gerecht. – Beispielsweise verlangt VAMOS die fahrstreifenfeine Erfassung der Kapazitätsänderungen sowie die Zuordnung fahrtrichtungs- oder zielkorridorabhängiger Umleitungsrouten.

Die mit Baumaßnahmen einhergehenden Verkehrsraumeinschränkungen können im Dynamischen Verkehrsmodell von VAMOS nach zeitlichen, räumlichen sowie logischen/verkehrlichen Maßgaben durch Anpassung der jeweils verfügbaren (Rest)-Kapazitäten abgebildet werden.

Da VAMOS einen immer größeren geografischen Bereich abdeckt, wird es zunehmend schwieriger, verkehrlich relevante Daten wie die Baustelleninformationen auf Basis mehrerer GIS mit unterschiedlichen Eigenschaften (Genauigkeit, Aktualität, Belastbarkeit der Informationen) zu erfassen. Der Freistaat Sachsen hat dies erkannt und führt derzeit flächendeckend ein Sperrinformationssystem „SperrInfoSys" ein, welches diese Daten auf Basis einer amtlichen und im Freistaat fortlaufend an zentraler Stelle gepflegten digitalen Karte inkl. vorgegebener Stationierung erfasst (basierend auf SIB sowie ATKIS).

Dadurch wird es zukünftig auch in VAMOS möglich, nicht nur für systeminterne sondern auch für übergreifende Routen verlässliche Aussagen zu deren Beeinträchtigungen zu erhalten/zu liefern.

Konzepte zum zukünftigen Verkehrsinformationsmanagement, zum Datenaustausch auf offenen Plattformen oder auch die Anbindungen an übergeordnete Systeme wie beispielsweise VEMAGS berücksichtigen ebenfalls die Zuordnung von verkehrlich relevanten Daten zu amtlichen digitalen Karten des Freistaats.

4.2.2 Veranstaltungen

Der in VAMOS hinterlegte Wochenkalender erlaubt es, Großereignisse wie Veranstaltungen aber auch vorhersehbare kritische Beeinträchtigungen so abzuspeichern, dass eine Berücksichtigung bei der Verkehrslageanalyse automatisch erfolgt. Baustellen- und ereignisbezogene Daten werden zunächst ebenso beschreibend wie beispielsweise die Koordinaten eines Detektorstandorts erfasst. Die tatsächliche Existenz oder Wirkungsintensität einer Beeinträchtigung/eines Ereignisses kann insofern nur selten durch ortsfeste Detektionssysteme verifiziert werden. VAMOS bietet daher außerdem die Möglichkeit zur Kontrolle der Existenz/Wirkungsintensität auf Basis von FCD-Daten (Taxi-FCD, HD-FCD). Mit Hilfe der so erfassten online-Daten können die aus vorab erfolgten Planungen oder (im Störfall) aus kurzfristigen Lagemeldungen resultierenden Daten ergänzt werden und geben zusätzlichen Aufschluss über im Streckennetz vorhandene Beeinträchtigungen.

Grundsätzlich gilt, dass das Bekanntwerden jedweder Beeinträchtigung einer in VAMOS hinterlegten Verkehrsinfrastruktur zur Abarbeitung situativ zugeordneter Strategien und damit ggf. zur Aktivierung verschiedener Maßnahmen führt. Prominente Vertreter der kollektiven Informationssysteme sind das VAMOS-Verkehrsinformationssysteme (vamosVIS), Routenempfehlungen mittels dynamischer Wechselwegweiser (vamosDWW) oder der TMC-Meldungsgenerator (vamosTMC). Zunehmend werden diese kollektiven Informationen synchron an datentechnischen Schnittstellen angeboten, um beispielsweise in Navigationssystemen nach individuellen oder in speziellen Diensten sogar nach personalisierten Anforderungen Berücksichtigung zu finden.

4.3 Störfallmanagement

Für VAMOS gilt: Baustellen, Veranstaltungen sowie „Störfälle" im Sinne von nicht ausreichenden Kapazitäten der Verkehrsinfrastrukturen (die nicht vorhersehbar waren) werden grundsätzlich ähnlich behandelt und verarbeitet, besitzen aber völlig unterschiedliche Prioritäten. Da jede der drei genannten Untergruppen zur Gruppe der Ereignisse gehört, werden sie nach Möglichkeit und Datenlage jeweils vollumfänglich mit ihren Eigenschaften erfasst.

Das Störfallmanagement stellt dann einen Sonderfall dar, wenn aufgrund anderweitiger Handlungserfordernisse mit höherer Priorität nur wenige wichtige Bedienhandlungen ausgeführt werden können. Als „Störfall mit Sofort-Schalthandlung" wird insofern nicht ein eingetretenes, vorab bekanntes und anhand einer definierten Situation zu identifizierendes Szenario verstanden, bei welchem mit ebenso definierten Strategien bestmöglich reagiert werden kann. In diesem Fall würde das Strategiemanagement in VAMOS zwar mit Priorität 1 aktiv werden, aber im Vollautomatikbetrieb verbleibend die bestmöglich passende Strategie ausführen und ihre Wirkung nachprüfen.

Ein „Störfall mit Sofortschalthandlung" tritt dann ein, wenn es aus nicht vorherzusehenden oder zumindest nicht in den Situations- und Maßnahmenkatalogen des strategischen Verkehrsmanagements hinterlegten Gründen zur Überlastung der Verkehrsinfrastrukturen

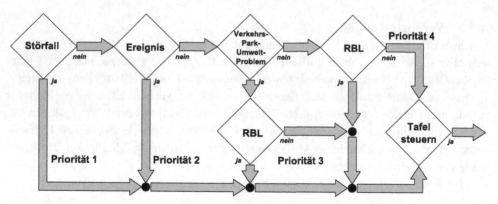

Abb. 14 Prinzipieller Aufbau des Steuerungsschemas im Modul vamosVIS. (Quelle: TU Dresden – Lehrstuhl für Verkehrsleitsysteme und -prozessautomatisierung)

und damit zum Erliegen des Verkehrsflusses kommt. In der Folge ist nach Maßgabe manueller Prozesse zu prüfen, ob es sich beispielsweise um ein Katastrophenszenario o. ä. handelt. Da dies nicht mit Sicherheit ausgeschlossen werden kann, stellt VAMOS hierfür eine Möglichkeit zum direkten und unmittelbaren Durchgriff auf die Verkehrsmanagement-Aktorik ohne zeitliche Verzögerung bereit (Sofort-Schalthandlung). Das Abb. 14 sowie die nachfolgenden Ausführungen erläutern die Abarbeitung der einzelnen Prioritäten am Beispiel der anzusteuernden Verkehrsmanagement-Aktorik vamosVIS für die kollektive Verkehrsinformation mittels Freitexttafeln (VIS-Tafel).

Die Prüfung der steuerungsrelevanten Einflussgrößen erfolgt nach einem vorgegebenen Steuerungsschema (Abb. 14). Links oben beginnend werden die aus unterschiedlichen Datenquellen stammenden Einflussgrößen darauf geprüft, welche Inhalte der jeweilige VIS-Anzeiger zum gegenwärtigen Zeitpunkt darstellen soll.

1. Priorität 1
   Priorität 1 stellt die oberste Priorität der Steuerungslogik dar. Wird es aufgrund eines Störfalls erforderlich, auf die VIS-Anzeiger einzuwirken, werden die anderen Einflussgrößen niedrigerer Priorität ignoriert. Störfälle können durch verschiedene Module des *vamosPortals* bekannt werden und sind für das übergreifende strategische Verkehrsmanagement von Bedeutung.
2. Priorität 2
   Sofern für einen VIS-Anzeiger kein Störfall oder sonstiges Ereignis der Priorität 1 festzustellen ist, wird mit der Abarbeitung des Steuerungsschemas fortgefahren. Zur Priorität 2 gehören Ereignisse, die im Wochenkalender hinterlegt wurden – beispielsweise Großveranstaltungen, Baustellen oder Sperrmaßnahmen aus sonstigen Gründen. Ereignisse können eine Gültigkeit für mehrere VIS-Tafeln besitzen, werden aber spezifisch für jede VIS-Tafel ausgewertet berücksichtigt oder ignoriert. Das im Wochenkalender hinterlegte Ereignis definiert u. a., welche Inhalte auf den betroffenen VIS-Anzei-

gern dargestellt werden sollen. Das VIS-Subsystem wird vom *vamosVIS* entsprechend beeinflusst.

3. Priorität 3

Wird für einen VIS-Anzeiger keine Beeinflussung der Priorität 2 erforderlich, wird die Prüfung auf Ebene der Priorität 3 fortgesetzt. Auf dieser Prioritätsebene sind zwei wesentliche Einflussgrößen steuerungsrelevant: Die im *vamosPortal* (und insbesondere dessen Verkehrsmodell *vamosDVM*) bekannten Verkehrs-, Park oder Umweltproblemlagen sowie die aus dem rechnergestützten Betriebsleitsystem der DVB AG resultierenden Informationen zu aktuellen Abfahrtszeiten beispielsweise an P+R-Plätzen. Beide Einflussgrößen werden unabhängig voneinander berücksichtigt, da ihnen auf dem jeweiligen VIS-Anzeiger verschiedene Anzeigebereiche zugeordnet sind. Die Kombination dieser Informationen wird entsprechend an das VIS-Subsystem übermittelt.

4. Priorität 4

Sofern keine der beiden Einflussgrößen der Prioritätsebene 3 eine Zusatzinformation für einen VIS-Anzeiger bereitstellt oder eine Beeinflussung des VIS-Subsystems erfordert, wird automatisch die Ebene der Priorität 4 erreicht. Auch in diesem Fall wird mit dem VIS-Subsystem kommuniziert und mitgeteilt, dass keine Informationen über vorrangige oder Zusatzinformationen vorliegen. Dem VIS-Subsystem liegen insofern die benötigten Informationen vor, die ggf. auf dem Subsystem hinterlegte Logik zu aktivieren und bis auf weiteres eigenständig zu agieren.

5. Sofort-Schalthandlungen

vamosVIS stellt dem Nutzer außerdem die Funktionalität zum sofortigen Ausführen von Schalthandlungen zur Verfügung. Hierzu können im Wochenkalender Ereignisse eingetragen werden, die ab sofort gelten und von der Steuerung automatisch umgehend berücksichtigt werden. Das gleichzeitige Adressieren mehrerer oder aller VIS-Anzeiger ist möglich.

5 Kooperationspartner

5.1 Grundlagen und Formen der Zusammenarbeit

Die Kooperationspartner für den Aufbau und den Betrieb des VAMOS-Systems sind die in der Region Dresden handelnden Akteure im Verkehrsbereich, also das städtische Straßen- und Tiefbauamt, die Dresdner Verkehrsbetriebe, das Landesamt für Straßenbau und Verkehr des Freistaates Sachsen sowie die TU Dresden, die Taxigenossenschaft, der Verkehrsverbund Oberelbe und weitere Akteure (siehe auch Abschn. 1.2). Gemeinsam wurde der Aufbau der verkehrs- und baulastträgerübergreifenden Verkehrsmanagementzentrale für die gesamte Region Dresden realisiert, die integrativ und kooperativ zentrale als auch dezentrale Funktionalitäten umfasst und die intermodal ausgerichtet ist.

5.2 Regionale Verkehrszentralen

Im Dresdner Verkehrsmanagementsystem VAMOS sind die Zentralen der einzelnen beteiligten Partner miteinander vernetzt. Es werden gegenseitig Daten über die aktuelle Verkehrssituation, über Verkehrssteuerungs- und -beeinflussungsmaßnahmen über die Verkehrs- und Betriebslage ausgetauscht. Zu den im VAMOS-System miteinander über LWL verbundenen Zentralen gehören die

- Verkehrsmanagementzentrale des STA inklusive der Tunnelleitzentrale,
- die VAMOS-Zentrale der TU,
- die RBL-Zentrale der DVB,
- die BAB-Tunnel- und Verkehrsleitzentrale Sachsen,
- die Taxi-Leitstelle und
- das Lagezentrum des Innenministeriums des Freistaates Sachsen.

Über diese Zentralen werden für jedes System die Verkehrsdatenerfassung und die Verkehrssteuerung für die entsprechenden Verkehrsteilnehmer und der Daten und Informationsaustausch mit den anderen Zentralen realisiert.

5.3 Verkehrsunternehmen im Öffentlichen Verkehr

Das VAMOS-System ist direkt mit dem RBL-System der Dresdner Verkehrsbetriebe (DVB) vernetzt. Ausgetauscht werden Daten zur Lichtsignalsteuerung, Positionsdaten der ÖV-Fahrzeuge, die aktuelle Fahrplanlage jedes ÖPNV-Fahrzeugs sowie weitere technologisch wichtige Daten und Vorgaben seitens des ÖPNV. Die Zielstellung ist eine intelligente Verbindung beider Systeme zur Realisierung einer innovativen LSA-Steuerung als Gesamtoptimum für den Individualverkehr und den Öffentlichen-Personen-Nahverkehr, wie in Abb. 15 schematisch dargestellt.

Zum einen werden aktuelle Abfahrtszeiten an den Verkehrsinformationstafeln angezeigt (Abschn. 3.2.2), und zum anderen werden in Abhängigkeit der Gesamtverkehrslage, der Fahrplanlage der ÖV-Fahrzeuge und weiterer technologisch bedingter Vorgaben an ausgewählten LSA spezielle Bevorrechtigungsmaßnahmen im Konsens mit der Gesamtverkehrslage geschaltet (Abschn. 3.1.5). Durch diese Maßnahmen wird die Attraktivität des ÖV gesteigert und dem Gesamtziel eines intermodalen Verkehrsmanagementsystems Rechnung getragen.

5.4 Polizei

Das Verkehrsmanagementsystem VAMOS hat eine Datenverbindung zum Lagezentrum des sächsischen Innenministeriums, über die die Informationen des Verkehrsfunks für den

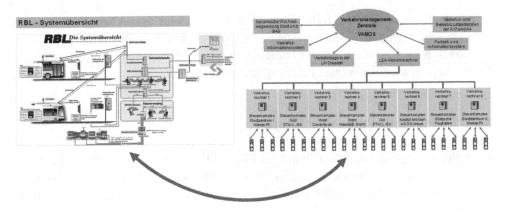

Abb. 15 Verbindung des VAMOS-Systems mit dem RBL-System der DVB. (Quelle: TU Dresden – Lehrstuhl für Verkehrsleitsysteme und -prozessautomatisierung)

Freistaat Sachsen an VAMOS übertragen werden. Im Gegenzug kann VAMOS auf Grund der großen Datenbasis für die Region Dresden sehr fein aufgelöste TMC-Meldungen erzeugen und diese an das Lagezentrum übertragen.

5.5 Rundfunkanstalten

VAMOS bietet prinzipiell die technischen Möglichkeiten zur Verbreitung von Verkehrsinformationen über zusätzliche Kanäle und Medien. Eine Filterung oder separate Aufbereitung von Verkehrsinformationen für die Rundfunkanstalten erfolgt jedoch nicht. Die Entscheidung über die für die Informationsverbreitung genutzten Medien obliegt der Landeshauptstadt Dresden. Unbenommen davon können die Radiosender auf die per TMC verbreiteten ebenfalls öffentlichen Verkehrsinformationen zurückgreifen.

5.6 Private Dienstleister

Im Rahmen von Forschungsprojekten erfolgt eine enge Zusammenarbeit mit BMW. Für eine Pilotstrecke von 17 LSA sind für alle LSA eine Grünzeitprognose verkehrsabhängig geschalteter LSA sowie eine Rückstaulängenschätzung realisiert. Aus diesen Daten wird eine Fahrempfehlung berechnet, die in die Fahrzeuge eingespielt wird, um eine Energie effiziente Annäherung der Fahrzeuge an die LSA zu ermöglichen.

Die mit Hilfe der Verkehrsmanagement-Aktorik und insbesondere den kollektiven Wegweisungs- sowie Verkehrsinformationssystemen verbreiteten Informationen (WWW, WVZ, VIS) können prinzipiell auch über Datenschnittstellen des VAMOS-Systems abgefragt werden. Beispielsweise wurde (neben der Formatspezifikation für DATEX II) die Architektur zur Bereitstellung von strategischen Routinginformationen an private Betreiber bereits prototypisch implementiert und hat erste Testläufe erfolgreich absolviert.

Mit Hilfe derartiger datentechnischer Schnittstellen wird es zukünftig zunehmend möglich sein, nach individuellen Gesichtspunkten (Standort, Route, Konfiguration und/ oder Bedürfnisse) auf die in VAMOS generierten Inhalte zuzugreifen – profitieren könnten davon beispielsweise weitere Fahrzeughersteller.

5.7 Bedeutende Verkehrserzeuger

Die Landeshauptstadt Dresden stellt mit gut 530.000 Einwohnern (Stand 2013) in der Region das Oberzentrum dar. Zusammen mit dem Umland weist die Region ca. 1 Mio. Einwohner auf. In der Stadt Dresden werden viele Funktionen eines Oberzentrums bedient, die auch ein entsprechendes Verkehrsaufkommen erzeugen. Weiterhin ist Dresden eine Studienstadt mit insgesamt ca. 50.000 Studenten. Als Kunst- und Kulturstadt hat Dresden einen weltweiten Ruf, so dass auch der Tourismus eine wichtige Rolle für die Stadt und auch für das Verkehrsaufkommen spielt. Dresden verfügt über einen internationalen Flughafen und liegt im Kreuzungspunkt der Europastraßen E40 und E55. Im Norden der Stadt befinden sich größere Industrieansiedlungen u. a. aus dem Bereich der Mikroelektronik mit mehreren Tausend Beschäftigten.

5.8 Betreiber von Verkehrsanlagen

In der Region Dresden gibt es mit dem STA, der DVB und dem LASuV drei relevante Betreiber von Verkehrsanlagen, die direkte gegenseitige Wechselwirkungen aufweisen und die alle im VAMOS-System miteinander vernetzt sind. Die Deutsche Bahn verfügt in der Region Dresden größtenteils über einen Bahnkörper in der + 1-Ebene, so dass es kaum zu direkten gegenseitigen Beeinflussungen zwischen dem Eisenbahnverkehr und dem städtischen bzw. regionalen Verkehr kommt.

6 Qualität und Wirkungen

6.1 Qualitätsmanagement organisatorischer Prozesse

Das VAMOS-Verkehrsmanagement-System befindet sich dauernd in der Weiterentwicklung. Dies ist einerseits der Tatsache geschuldet, dass die Bevölkerungsentwicklung in Dresden insgesamt durch steigende Einwohnerzahlen gekennzeichnet ist. Außerdem sind in den letzten Jahren einige größere Bauvorhaben abgeschlossen worden. Teile davon, wie zuletzt der Verkehrszug Waldschlößchenbrücke, haben deutliche Auswirkungen auf das Verkehrsgeschehen, sind mit umfangreichen telematischen Einrichtungen ausgerüstet und werden daher in das ganzheitliche Verkehrsmanagement integriert.

Andererseits entstand das VAMOS-Verkehrsmanagement-System im Rahmen eines Forschungsvorhabens. Ausgehend davon wurde eine enge Kooperation zwischen der Landeshauptstadt Dresden und der Technischen Universität Dresden aufgebaut und verstetigt. Praxisprobleme werden mit innovativen Ansätzen aus dem Forschungsumfeld gelöst – wissenschaftlich erarbeitete Theorien anhand der Anforderungen des Alltags bestätigt oder widerlegt.

Seit der Inbetriebnahme wurde das VAMOS-System permanent modernisiert und erweitert. Dies führte dazu, dass inzwischen im 14-tägigen Jour Fixe die nächsten Ausbauschritte in der Projektplanungsgruppe abgestimmt werden. Besonderheit der Projektplanungsgruppe ist dabei, dass diese Abstimmung nicht ausschließlich zwischen den an der Umsetzung und dem Betrieb des Verkehrsmanagementsystems beteiligten Institutionen erfolgt. Vielmehr wird durch die Beteiligung der Landeshauptstadt Dresden dafür Sorge getragen, dass auch die Synchronisation mit der Planung und Umsetzung der baulichen Vorhaben erfolgt.

Schließlich bietet der eingerichtete Jour Fixe zusätzlich den Raum, Fragestellungen der täglichen Praxis ebenfalls innerhalb der Projektplanungsgruppe zu erörtern. Dies führt einerseits zu einem permanenten Informationsfluss in Richtung der beteiligten Projektpartner. Andererseits erhalten die Projektpartner die Möglichkeit, auf Unstimmigkeiten hinzuweisen. Im Ergebnis werden kritische Pfade frühzeitig erkannt und unter Moderation durch die Landeshauptstadt aufgelöst. Hierzu zählen auch die Erprobung von Verkehrsmanagementeinrichtungen vor der Inbetriebnahme neuer Verkehrszüge sowie die termingerechte Verfügbarkeit ab Verkehrsfreigabe im Verkehrsmanagementsystem.

6.2   Qualitätsmanagement technischer Prozesse

Im laufenden Betrieb werden sowohl Datenquellen als auch Dienste auf mögliche Ausfälle überwacht. Dies beginnt im einfachsten Fall auf Systemebene (Rechner/Virtuelle Maschinen etc.), wobei die Verfügbarkeit dieser „Systeme" sowie ihre kommunikationstechnische Anbindung fortlaufend überwacht werden. Für die VAMOS-Kernmodule werden außerdem Alarmmeldungen an den VAMOS-Support ausgelöst, sofern tatsächlich kritische Systemzustände erreicht werden. Dies könnte beispielsweise bei gleichzeitigem Ausfall der Hardware und deren Redundanzsysteme passieren.

Ebenso erfolgt eine Protokollierung und Fehleraufzeichnung für einzelne VM- oder IT-Dienste. Grundsätzlich erfolgt diese Überwachung gemäß der Wünsche der Landeshauptstadt Dresden. Typischerweise wird aber – auch aufgrund der dynamischen Systemweiterentwicklung und zur unbedingten Qualitätssicherung aus Sicht des Instituts für Verkehrstelematik der TU Dresden – meist eine zusätzliche Stufe der Überwachung aktiviert.

Die maximale Ausbaustufe der Überwachung wird schließlich auf Ebene einzelner Kenngrößen erreicht: Für alle modellierten Kenngrößen werden durchgängig Verfügbarkeit, Vollständigkeit, und Aktualität geprüft. Das Ergebnis wird jeweils in Form einer integrierten Qualitätsaussage hinterlegt, welche insbesondere bei der Datenfusion Bedeutung besitzt. Für diese qualitativen Betriebskennwerte erfolgt außerdem eine Visualisierung im VAMOS-Portal. Die Verkehrsmanagement-Operatoren werden damit zusätzlich in die Lage versetzt, Fehler zu identifizieren und ggf. Abhilfe zu schaffen.

Für das Gesamtsystem erfolgt eine kontinuierliche Systempflege. Nachkalibrierungen und Parameteranpassungen bei Auswertungstools sind im laufenden Betrieb möglich. Zwischen Entwicklern und Betreibern findet darüber hinaus ein stetiger Erfahrungsaustausch statt, welcher in Verbesserungen und Weiterentwicklungen mündet (siehe Abschn. 6.1).

Alle Aktivitäten, wie z. B. bei Subsystemen das Erlangen oder Ändern der Systemzustände sowie die Zustände und Zustandsänderungen der Detektorik, der verarbeitenden Einheiten und der Aktorik werden protokolliert. Im Ergebnis sind daher alle Schalthandlungen und deren Ursächlichkeit immer nachvollziehbar. Dies ermöglicht es gleichermaßen, Fehler abzufangen, versteckte Fehler mit Hilfe von Analysen zu entdecken und schließlich sichtbar zu machen. Da Fehler häufig nicht erst auf Ebene Aktorik entstehen, wird somit neben der Fehlererkennung ein wesentlicher Beitrag zur Fehlervermeidung geleistet. Aus den vorhandenen umfangreichen Erfahrungswerten heraus werden Module mindestens nach planmäßigen Änderungen getestet, ab Inbetriebnahme gesondert beobachtet und ggf. mögliche Fehler identifiziert.

Darüber hinaus hilft der modulare Aufbau von VAMOS, Fehlerfortpflanzungen zu unterbinden: Beispielsweise ist das Verkehrsinformationssystem *vamosVIS* grundsätzlich robust gegenüber dem Ausfall anderer Module oder externer Subsysteme. Die Nutzer des *vamosPortals* können auch dann noch mit *vamosVIS* arbeiten, wenn die Kommunikation mit dem VIS-Subsystem gestört sein sollte. *vamosVIS* erlaubt es überhaupt erst, den Verkehrsmanagement-Akteuren mögliche Kommunikationsfehler oder den Ausfall von Subsystemen vollautomatisch zu visualisieren, um rechtzeitig entsprechende Ersatz-, Reparatur- und Verbesserungsmaßnahmen einleiten zu können.

6.3   Evaluierung verkehrstechnischer Maßnahmen

Im Hinblick auf die Bewertung der verkehrstechnischen und Verkehrsmanagement-Maßnahmen profitieren die Kooperationspartner vom eigenen Kompetenznetzwerk. Von Vorteil wirkt sich in diesem Fall die Nähe zur TU Dresden und dem Institut für Verkehrstelematik, Professur für Verkehrsleitsysteme und -prozessautomatisierung aus: Über die bereits als Bestandteil des VAMOS-Systems implementierten und teilweise automatisiert ausgeführten Überwachungs- und Analysemöglichkeiten hinaus beschäftigen sich umfangreiche wissenschaftliche Arbeiten mit der Wirkung und Qualität der ergriffenen Verkehrsmanagementmaßnahmen. Dies beginnt auf der Ebene einzelner Daten, betrifft die Steuerung einzelner verkehrstechnischer Systeme wie beispielsweise LSA-Steuerungen und reicht bis zur Bewertung von Befolgungsgraden für Verkehrslenkungsmaßnahmen (z. B. dynamische Wechselwegweisung).

VAMOS wurde und wird im Hinblick auf diese Fragestellungen weiter ertüchtigt und unterstützt den für die Qualitätssicherung erforderlichen Evaluierungsprozess. In den

Roh- und Protokollierungsdatenbanken des VAMOS-Systems ist eine umfassende Daten-
grundlage vorhanden, die u. a. Schaltprotokolle und das für verschiedene Steuerungsinst-
rumente spezifische Verkehrslagearchiv enthält. Darauf aufsetzende Visualisierungs- und
Bedienoberfläche für Analysen stehen den Wissenschaftlern entweder bereits zur Verfügung oder befinden sich derzeit noch in Vorbereitung.

Neu implementierte Module des VAMOS-Systems werden permanent in ihrer verkehrlichen Wirkung überwacht. Das Erfordernis hierzu ergibt sich vor allem auch deshalb,
weil verkehrsträgerübergreifend kooperierende Institutionen Klarheit über die Ursächlichkeit verkehrlicher Wirkungen benötigen, unerwünschte Wechselwirkungen z. B. zwischen
unterschiedlichen Verkehrsträgern sicher ausgeschlossen und im Fehlerfall schnellstmöglich geklärt werden sollen. Im Fall von VAMOS tragen insofern vor allem die intermodal
ausgerichteten Vorhaben zum zügigen Ausbau der Qualitätsbewertungs- und -sicherungs-
maßnahmen bei, gehören aber inzwischen zur Grundausstattung jedweder neuen Module.

Die Vorgaben für die Einführung von verkehrstechnischen und Verkehrsmanagement-
Maßnahmen werden von der Landeshauptstadt Dresden definiert. Sofern Unsicherheit
im Hinblick auf tatsächlich erschließbare Potenziale besteht, wird dazu im Vorfeld auf
wissenschaftliche Analysen und Machbarkeitsstudien zurückgegriffen. Sofern eine Maßnahme umgesetzt wird, ist diese grundsätzlich auszuwerten und ihre Wirkung sowie Wirksamkeit (gemäß Zielvorgabe) nachzuweisen.

6.4   Bilanz/Wirkung des Maßnahmenverbunds

Die vom Verkehrsmanagementsystem aktivierten Strategien können anhand der Protokollierung nachgeprüft werden. Bei stichprobenhaften Kontrollen wurden bisher keine Fehlschaltungen verzeichnet. Im Umkehrschluss können basierend auf Datenbankauszügen
Auswertungen vorgenommen werden, aus denen fehlerhaft nicht erfolgte Strategieakti-
vierungen hervorgehen. Bisher sind keine derartigen fehlerhaft ausgebliebenen Strategie-
aktivierungen bekannt.

Weiterer Forschungsbedarf besteht indes hinsichtlich der Frage, in welchen Fällen
(ohne erfolgte Strategieauslösung) die Aktivierung einzelner Strategien ebenfalls hilfreich
hätte sein können und mit welchem quantitativen Verbesserungspotenzial dies verbunden
gewesen wäre.

Die Landeshauptstadt Dresden lässt jährlich eine Reisezeitmessung durchführen. Dies
erlaubt die grundsätzliche Aussage, dass die Reisegeschwindigkeiten in Dresden sich seit
Inbetriebnahme des VAMOS-Systems trotz steigender Verkehrszahlen und einer Reihe
von Baustellen auf einem höheren Niveau eingepegelt haben, als vor Inbetriebnahme
von VAMOS. Der Nachweis, welcher Wirkungsanteil direkt oder indirekt auf Maßnahmen des Verkehrsmanagements zurückgeführt werden kann, muss im Detail erst noch
erbracht werden. Klar ist aber zumindest in qualitativer Sicht, dass gerade Großveranstaltungen, saisonabhängige touristische Nachfragespitzen oder Verkehrsbeeinträchtigungen
mit BAB-Beteiligung ohne Verkehrsmanagementsystem nicht mehr zufriedenstellend be-

werkstelligt werden könnten. Eine zusätzliche sicherheitserhöhende Wirkung ist aufgrund durchkonzipierter Wegweisungs-, Routenempfehlungs- und Parkleitsysteme anzunehmen.

Ein weiterer Fortschritt für die Erfolgskontrolle wird aus den aktuellen Forschungsvorhaben erwartet: Das Verkehrsmanagementsystem VAMOS liefert als Testfeld u. a. Daten für die Projekte „Energieeffizientes Fahren" (EFA 2014/2) und „Schaufenster Elektromobilität". Verbunden mit diesen Vorhaben ist die individuelle Nutzung von Daten und Verkehrsinformationen – aber auch die Rückkopplung individueller Entscheidungen z. B. bei der Routenwahl. Insofern erhoffen sich die Verkehrsmanagement-Operatoren neue Erkenntnisse über die Befolgungsgrade von Verkehrsmanagementmaßnahmen.

7 Perspektiven

7.1 Strategische Entwicklungslinie

Aus der erfolgreichen und vertrauensvollen Zusammenarbeit der an der Entwicklung und Umsetzung des VAMOS-Systems beteiligten Partner ist ein Zusammenschluss dieser Partner in der Form eines Kompetenzzentrums für operatives Verkehrsmanagement mit dem Namen ViMOS entstanden, welches im Jahr 2006 gegründet wurde. Seitdem werden regelmäßige Tagungen und Kolloquien organisiert, die dem gegenseitigen Austausch, der Entwicklung von neuen Ideen und Weiterentwicklungen sowie der Vermittlung von Studenten in die Praxis bzw. von studentischen Arbeiten dienen.

Im Rahmen der Entwicklung und des Aufbaus des VAMOS-Systems wurde eine Reihe von Funktionalitäten erfolgreich in die Praxis überführt. Diese Funktionalitäten sollen künftig auch wirtschaftlich vermarktet werden. Zudem ist die weitere räumliche Ausdehnung und weitere inhaltliche Ergänzung des Systems, auch mit neuen Partnern, geplant.

7.2 Konzeptionell-inhaltliche Weiterentwicklung

Das Verkehrsmanagementsystem VAMOS lässt sich in vielfältiger Weise über die bisherigen Anwendungsfälle hinaus einsetzen. So gibt es bereits Konzeptionen über räumliche Erweiterungen im Zuge der Fertigstellung der Ostumfahrung Dresdens. Weiterhin wird großes Potential im Hinblick auf die Nutzung des VAMOS-Systems zur Verkehrsbeeinflussung bei erhöhten Schadstoffbelastungen bzw. sogar zur Vermeidung von Grenzwertüberschreitungen gesehen. Dazu werden zurzeit erste Arbeiten durchgeführt. Auch eine breitere Veröffentlichung der in VAMOS verfügbaren Informationen, z. B. in Form einer interaktiven Karte, sind möglich. Dadurch lassen sich eine noch bessere Akzeptanz und ein höherer Bekanntheitsgrad in der Dresdner Bevölkerung herstellen. In gleicher Weise lässt sich VAMOS auch für eine verbesserte Bedienung von Service Providern bzw. Mittlerplattformen einsetzen.

Zudem wird an der Entwicklung individueller Anwendungen, z. B. an sogenannten Ampelassistenten, die auf der Basis von in VAMOS vorliegenden Informationen funktionieren, gearbeitet. Diese LSA-Assistenzsysteme lassen sich im Bereich des MIV, aber auch zur fahrplanlageabhängigen Beeinflussung des ÖPNV einsetzen.

Durch die fortlaufende Beteiligung der verkehrswissenschaftlich orientierten TU Dresden besteht in VAMOS jederzeit die Möglichkeit, inhaltliche Erweiterungen für das System zu entwickeln, konzeptionell umzusetzen und auf ihre Wirksamkeit hin zu untersuchen.

ERRATUM

Einleitung

© Springer Fachmedien Wiesbaden 2014, M. Sandrock, G. Riegelhuth (Hrsg.), *Verkehrsmanagementzentralen in Kommunen*, DOI 10.1007/978-3-658-04391-9

DOI 10.1007/978-3-658-04391-9_7

Versehentlich wurde im Buch die falsche Dienstzugehörigkeit genannt: Herr Riegelhuth ist nicht bei TelematicsPRO e. V., sondern bei Hessen Mobil, Wiesbaden, Deutschland tätig."

S. XIII:
Gerd Riegelhuth Hessen Mobil, Wiesbaden, Deutschland

S. 1:
G. Riegelhuth
Hessen Mobil, Wiesbaden, Deutschland

Die Online Version des ursprüngliches Buches ist unter folgendem Link Verfügbar
http://dx.doi.org/ DOI 10.1007/978-3-658-04391-9_1

© Springer Fachmedien Wiesbaden 2014
M. Sandrock, G. Riegelhuth (Hrsg.), *Verkehrsmanagementzentralen in Kommunen*,
DOI 10.1007/978-3-658-04391-9_7